普通高等学校体育专业教材

啦啦操运动

李育林　李亚楠　主编

高等教育出版社·北京

内容简介

本教材根据啦啦操的运动特点，秉持健康、青春、活力、创新的教学理念，遵循啦啦操动作技术发展趋势及最新国际规则，从啦啦操概述、基本术语与技术、成套创编、教学与训练、竞赛组织与规则、校园展演活动等多方面入手，深入浅出地阐释了啦啦操运动的相关内容。全书结合丰富的教学经验和最新的理论成果，以图、表及二维码关联动作视频等方式展示了丰富的教学案例和生动直观的技术示范，有助于学习者深入学习和体验。

本书可作为普通高等学校体育教育、社会体育指导与管理、休闲体育等本科专业及高职院校体育专业啦啦操课程教材，也可作为大学公共体育选项课教材，还可以作为大众啦啦操爱好者的参考用书。

图书在版编目（CIP）数据

啦啦操运动 / 李育林，李亚楠主编. -- 北京 : 高等教育出版社，2021.10（2022.5 重印）
ISBN 978-7-04-057096-0

Ⅰ. ①啦… Ⅱ. ①李… ②李… Ⅲ. ①健身运动-基本知识 Ⅳ. ①G883

中国版本图书馆CIP数据核字(2021)第200175号

Lalacao Yundong

策划编辑 范 峰　　责任编辑 汪 鹂　　封面设计 王凌波　　版式设计 于 婕
插图绘制 于 博　　责任校对 张 薇　　责任印制 存 怡

出版发行 高等教育出版社
社　　址 北京市西城区德外大街 4 号
邮政编码 100120
印　　刷 北京市大天乐投资管理有限公司
开　　本 787mm × 960mm　1/16
印　　张 18.25
字　　数 330 千字
购书热线 010-58581118
咨询电话 400-810-0598
网　　址 http://www.hep.edu.cn
　　　　 http://www.hep.com.cn
网上订购 http://www.hepmall.com.cn
　　　　 http://www.hepmall.com
　　　　 http://www.hepmall.cn
版　　次 2021 年 10 月第 1 版
印　　次 2022 年 5 月第 2 次印刷
定　　价 36.80 元

物 料 号 57096-00

编写成员

顾　　问　刁在箴　华中师范大学

主　　审　黄宽柔　华南师范大学
　　　　　周建社　湖南师范大学
　　　　　李　捷　广东省体育局

主　　编　李育林　河海大学
　　　　　李亚楠　河南中医药大学

副 主 编　李　利　中国蹦床与技巧协会啦啦操分会
　　　　　方熙嫦　福建师范大学
　　　　　李先雄　湖南师范大学

参编人员　李雪梅　云南师范大学
　　　　　寇　磊　南京航空航天大学
　　　　　陶成武　湖南大众传媒职业技术学院
　　　　　刘小静　北京体育大学
　　　　　方　奇　厦门理工学院
　　　　　李洪波　武汉体育学院

张　讴　西华大学
区　峻　广西师范大学
宋　波　广州体育学院
翟　伟　新疆师范大学
周伯岳　中国蹦床与技巧协会啦啦操分会
金晓阳　沈阳大学
王操惠　武汉体育学院
武　博　北京工商大学
刘秀霞　福建师范大学体育科学学院
杨玉茹　西南大学
高　翔　中国蹦床与技巧协会啦啦操分会
李　萍　湖南大众传媒职业技术学院
王奉涛　贵州师范学院
彭　雨　湖南理工学院
陈　峰　张家界市第一中学
乐清莉　邵阳学院体育学院
吴辉扬　太原师范学院
杜熙茹　广州体育学院
简妮娜　华南农业大学珠江学院
王　敏　重庆市第二十九中学校
范金金　郑州市第七十一中学
巩　凡　郑州市第十四高级中学
甘　蕊　云南师范大学

影像教材编制　张昆宇　中国蹦床与技巧协会啦啦操分会
卫　婕　中国蹦床与技巧协会啦啦操分会
孙　凯　郑州西亚斯学院
曹佳祎　中国蹦床与技巧协会啦啦操分会

前言

啦啦操运动起源于美国，1998年引入中国后，逐渐呈现出本土化和国际化的双向、快速发展态势。青少年啦啦操的蓬勃发展逐渐引起社会的广泛关注。2009年，国家体育总局体操运动管理中心开始正式管理啦啦操项目，陆续成立了全国啦啦操推广委员会和全国啦啦操竞赛委员会。迄今，经历了近20年的推广与发展，这项突出积极进取及团队合作的新兴体育项目以其时尚、激昂、活力、合作、进取的精神内涵，逐渐成为一种代表青春文化的新型的教育方式和体育文化载体，并从早期的简单呐喊形式演变成一项独立、规范、科学的律动竞技比赛项目。2013年，教育部体育卫生与艺术教育司和国家体育总局体操运动管理中心组织召开了“全国校园健身项目展示活动”，正式开启了全国“啦啦操进校园”的序幕。经过数年推动，初步形成了“以学校为基地，以教师为主体，以专家为指导”的推广模式，通过对课程进行加工、改造，使之更加符合学生的需求和学校的特点，啦啦操已成为具有鲜明特色的学校课程。

为促进啦啦操课程建设，推动啦啦操教学与训练科学有序地发展，我们将啦啦操运动开展以来，深度参与并具有丰富经验的“啦啦操人”聚集在一起，组织编写了本教材。本教材凝聚了啦啦操领域众多一线教师、教练员的心血，是他们长期实践经验的总结和理论研究的升华。期待本书能够为相关领域的学习者和研究者提供专业支持和帮助。

一本好的啦啦操教材不仅要充分体现教材应有的基础性、示范性和权威性，还要融入国际啦啦操训练的认知体系，正确把握国际规则导向、教学内容和课程体系的开展模式，处理好理论与实践、继承与创新、广度与深度、知识与技能、利学与利教的关系，成为掌握科学方法、开拓专项视野、引导共同探索、鼓励创新与实践的工具。

本教材共分八章，主要内容包括啦啦操概述、啦啦操基本术语与技术、啦啦操创编、啦啦操教学、啦啦操训练、啦啦操竞赛组织与规则、校园啦啦操展演活动、啦啦操动作组合选编等。在内容编写上主要有以下几方面的特色：首先，突出实用性，在理论和实践内容的设计上，遵循由浅入深的编写原则，注重实际应用能力的培养，收录了大量啦啦操教学、技术示范的视频和图片。其次，紧密联系国际规则，所有项目分类、概念界定和技术讲解均符合国际规则导向，严格按照国际规则细则阐释所涵盖的内容，可以与国际规则搭配学习。最后，本书的训练部分在教材中首次引入先进的竞技表现系统训练理论，形成围绕运动健康，全面提升运动表现能力，涵盖技巧啦啦操和舞蹈啦啦操的赛事组织、创编、训练与教学实践、各个单项详解及其技术技巧动作的特色教学知识体系，内容丰富、翔实，具有很强的实践操作和学习参考价值。

本教材由河海大学李育林教授、河南中医药大学李亚楠教授主编并负责全书的统稿，由中国蹦床与技巧协会啦啦操分会李利老师、福建师范大学方熙嫦老师、湖南师范大学李先雄老师担任副主编。

感谢顾问刁在箴女士，主审黄宽柔女士、周建社女士、李捷先生对本书的指导；感谢清华大学周涛老师、天津体育学院杨巧静老师、河北体育学院蓝涛老师、吉林体育学院范美艳老师、杭州师范大学钱江学院吴丽华老师、安徽医科大学陈晓荣老师、南昌大学李旻老师、山东体育学院李恩琦老师、西安体育学院张蕊老师、广西财经学院杜小娟老师、青岛大学张英老师等编者对本书付出的心血；感谢为本教材拍摄图片与视频付出辛勤劳动的郑州市第七十一中学以及郑州西亚斯学院的老师和学生。此外，本书参考和引用了部分文献资料，对相关作者也表示诚挚的感谢！

最后，感谢国家体育总局体操运动管理中心、教育部体育卫生与艺术教育司、高等教育出版社的大力支持，感谢中国蹦床与技巧协会啦啦操分会及参编人员的热心帮助。欢迎广大读者使用本书并探讨，如有不妥之处，恳请批评指正。

编写组

2021 年 7 月

目录

第一章 啦啦操概述

本章导读

你看过 NBA 赛场上啦啦宝贝们的精彩表演吗?

你是否曾被他们丰富多彩的表演、活力四射的动作、激情澎湃的呐喊所吸引?

你是否知道这也是一项独立的体育运动项目?

若想了解更丰富、更专业的啦啦操知识，本章将为你打开一扇门，

引领你进入精彩的啦啦操世界。

学习目标

1. 了解啦啦操运动的起源与发展，知晓啦啦操发展进程中具有里程碑意义的重大事件。

2. 掌握啦啦操运动的分类、特点与价值。

3. 体验啦啦操文化，感受啦啦操运动的独特魅力。

第一节 啦啦操运动的起源与发展

如今的啦啦操是以团队、时尚、活力的形象展现在众人面前的。那么最初的啦啦操是什么样子的？它起源于哪个国家？又是如何一步步发展而来的呢？通过第一节的学习，你将会了解啦啦操运动的起源与发展。

一、啦啦操运动的起源

啦啦操（cheerleading）来源于早期部落社会的仪式。其中 cheer 的部分，有振奋精神、提振士气的意思。为激励外出打仗或打猎的战士们，人们通常会举行一种仪式，仪式中以族人欢呼、手舞足蹈的表演来鼓励战士，希望他们能胜利归来。各种形式的啦啦操运动萌芽已经存在了数千年。

啦啦操运动项目起源于美国，由一些美国大学生和教职员工发起，距今已有 120 多年的历史。从 19 世纪后期开始，美国大学生和教师们在各自的大学体育赛事上用歌声、欢呼声引导和鼓舞观众。后来，啦啦操从最初为美式足球呐喊助威的活动逐步发展成一项独立的体育运动项目，并受到全世界人民的喜爱。

早在 19 世纪 60 年代，啦啦队出现在“常春藤联盟”的体育赛事报道中。报道描述了大学生坐在会场的座位上欢呼和喊口号，鼓励自己的运动队走向胜利。常春藤普林斯顿大学 1882 届毕业生托马斯·皮布尔斯来到明尼苏达，并带来了啦啦操运动的思想。他与组织好的人群一起为在美国明尼苏达大学的美式足球比赛喝彩加油。从此，啦啦操的舞台搭建起来了。当热情的有组织的喝彩声环绕整个校园时，啦啦操这项运动正式开启了。

知识链接

历史上第一位啦啦操队员

1898 年 11 月 2 日星期六，明尼苏达大学的一名学生——约翰尼·坎贝尔从座位上跳了起来，来到美式橄榄球赛（明尼苏达大学 VS 西北大学）的场地上，开始带领人群欢呼雀跃。约翰尼·坎贝尔的啦啦队取得了巨大的成功，明尼苏达大学赢得了比赛，约翰尼·坎贝尔成为历史上第一个啦啦操运动员。

二、国际啦啦操运动的发展

啦啦操运动自 1898 年诞生以来，经历了在美国本土的成长与发展，并逐步向全球范围扩大，现已发展成为一项具有广泛国际影响力的体育运动项目。国际啦啦操的发展历程可分为以下几个阶段：

（一）成长与发展

跟随约翰尼·坎贝尔的脚步，在接下来的几十年里，啦啦操的概念及其游戏娱乐文化传播到了美国其他大学、中学的体育赛事中。随着啦啦操新技术的不断开发，这项运动给人们带来了更多的娱乐和激励。他们通过使用标志、旗帜、扩音器、花球等道具，运用手臂动作、简单的搭档、技巧及翻滚技能等表演形式，进一步提高了啦啦操运动的表演性和观赏性。

随着啦啦操运动在美国受欢迎程度不断提高，来自美国中南部得州的凯·蒂尔·克劳福德女士和格西·内尔·戴维斯女士为了增强学校体育赛事中的娱乐性，在开发啦啦操运动的新领域上发挥了重要作用。当时行军风格在以学校为基础的预备役军官训练学员中非常流行且具有娱乐性。一定程度上受到这个风格的启发，同时也为了吸引更多女性运动员参与体育赛事，这两人创建了名为“训练队”的新项目。

1930 年，美国得克萨斯州爱丁堡高中的学生凯·蒂尔·克劳福德创立了一种新的啦啦操运动风格，将啦啦操与 20 世纪 30 年代流行的娱乐性高踢腿以及行军风格相结合，并首次将爱丁堡高中的“瑟格涅特”（Seargenettes）引入比赛，在整个比赛过程中以学校的行进乐队伴奏，从此，“高踢腿啦啦操”开始发展流行起来。

在同一时代，得克萨斯州的一名体育教师格西·内尔·戴维斯，在任教于美国基尔戈尔学院（Kilgore College）时组建了一个全女子啦啦操队伍，在基尔戈尔学院的体育比赛暂停和中场休息时进行表演。1939 年，在基尔戈尔学院的美式足球比赛中，格西·内尔·戴维斯引进了基尔戈尔学院的“兰格涅特”（Rangerettes）表演范式，并且很快就取得了成功，成为当时著名的表演方式。这种“操练队式 + 高踢腿风格”啦啦操迅速风靡全美。

除了传统的啦啦操队伍，全美中学和大学都在组建新队伍。随着“操练队式 + 高踢腿风格”啦啦操的形成，这些队伍也增加了这种新的啦啦操表演风格，并为观众提供了更多高价值和多样性的娱乐。手持式的花球已经在传统啦啦队中流行起来，也成为许多“操练队式＋高踢腿风格”啦啦操组合的一部分，花球啦啦操几乎在每一项体育赛事中都成为特殊的表演项目。

（二）女性成为啦啦操队的主力

起初在20世纪30年代，无论是传统的啦啦队还是女性运动员居多的舞蹈啦啦队，美国的大多数啦啦队队长（也称为“欢呼队长”）主要由男性运动员担任。然而，1941年美国开始加入第二次世界大战，许多男性离开美国去服兵役，因此啦啦队就转变为多由女性运动员（约占85%）组成，女性运动员在啦啦操项目中开始占主导地位，这一现象也延续至今。

（三）啦啦操培训组织的兴起

在第二次世界大战之后，啦啦操的持续发展与高人气触发了美国各地运动员对学习专业啦啦操技术的强烈需求。劳伦斯·赫基默曾在得州担任过高中及大学啦啦操队长，1949年她受邀在得克萨斯师范学院（现为萨姆休斯顿州立大学）开设啦啦操教学试验课，有52名啦啦操运动员参与了赫基默的首次试验课，在此基础上，第二次课程共有350名啦啦操运动员参与，表明了啦啦操教学在当时需求强烈。

劳伦斯·赫基默成立了名为美国啦啦操协会（以下简称“NCA”）的组织，以便在全美更有效地推广啦啦操的培训。很快全美成千上万的啦啦操运动员纳入NCA管理体系中。由劳伦斯·赫基默领导的NCA为啦啦操项目输送了更好的团队管理模式，并继续进行技术开发，研究出更精致的花球，提高了托举技巧，也提升了引领观众的能力等。这其中还包括以NCA创始人命名的标志性跳跃——赫基默跳跃。随着对啦啦操教学的需求越来越迫切，很快其他组织相继成立。1950年，罗伯特·奥尔姆斯特德在加利福尼亚成立联合精神协会（率先在美国橄榄球联盟比赛中进行啦啦操表演）。凯·蒂尔·克劳福德女士也在继续努力，并于1967年在加利福尼亚成立了女子训练团，进一步促进了舞蹈啦啦操的发展。还有美国其他许多教学组织也为进一步推动啦啦操项目注入了新理念。

（四）开创啦啦操比赛与电视转播

1974年，前俄克拉荷马大学啦啦操队队长、NCA首席导师、NCA副主席、现任国际啦啦操联合会（以下简称“ICU”）主席杰夫·韦伯先生创立了全球啦啦操协会（以下简称“UCA”），旨在进一步提升啦啦操项目的竞技性，提高技术技巧，更重要的是提升啦啦操运动在体育赛事中引领观众的能力和娱乐性。在杰夫·韦伯及其组织的努力下，新的啦啦操技术得到了迅速发展，引入了组成现今啦啦操最基础的技巧，如高位吸腿托举、升降机托举、篮抛、抛接、托举和多样化金字塔技巧等。在 UCA 大学训练营的开幕式上，UCA 教练把这些先进的啦啦操新技巧伴随着音乐进行展示，从此啦啦操比赛的概念诞生了。1982 年，杰夫·韦伯将音乐与技巧啦啦操或舞蹈啦啦操结合的比赛形式投放到国家级电视台（ESPN），技巧与舞蹈啦啦操比赛在美国迅速普及，并很快通过 ESPN 电视台在世界范围内传播。

20 世纪 70 年代，美国各地的啦啦队和表演活动越来越受欢迎。同时，城市文化和嘻哈文化也开始流行；美国城市中心的学校开始引入一种新的“城市啦啦”，它与城市文化和嘻哈文化的流行相呼应，并与娱乐性非常强的市中心学校的音乐游行乐队联系在一起。城市啦啦在整个美国迅速传播，持续增长，并对今天所有风格的啦啦操表演具有重要的影响。

20 世纪 80 年代，啦啦操运动继续在美国各地扩张，特别是在体育赛事中增加了对娱乐性和多样化的需求。在美式足球、篮球等体育赛事上，啦啦操队员穿着她们所支持球队的球衣在比赛开场前或比赛间歇进行啦啦操表演。啦啦操运动的蓬勃发展极大地丰富了美国的校园体育活动形式。

（五）全球传播

随着 ESPN 对啦啦操赛事的全球广播，以及大众对体育赛事娱乐性需求的不断增长，世界各地的人们对啦啦操这一运动项目的兴趣开始急剧增长，啦啦操迅速传播到世界其他国家，包括日本、智利、德国、英国、芬兰、瑞典和挪威等。此外，由于美国校园啦啦操运动员人数的激增，一大批校园啦啦操社团和体育俱乐部（称为“全明星”）得以创立，同时还有很多体育娱乐联盟和美国各地的社区俱乐部等都共同满足了大众对啦啦操的迫切需求。啦啦操运动已经达到了一个爆发点，在美国几乎每个周末都在举行啦啦操赛事，每年啦啦操比赛多达千场。

知识链接

多位美国总统、影星曾是啦啦操队员

随着啦啦操在全球的传播，这项运动开始风靡世界，受到从总统首相到公司白领以及在校学生的喜爱。美国、日本多任总统、首相等高官都兼任啦啦操推广联盟的发起者和推广者。不少人在求学时期将投身到啦啦队中视为一种荣誉，这包括美国前总统艾森豪威尔、罗纳德·里根、小布什，影星柯克·道格拉斯、卡梅隆·迪亚兹、桑德拉·布鲁克等。

（六）开展广泛合作、交流与国际认证

进入21世纪，随着啦啦操国际化的步伐不断加快，为了进一步规范啦啦操项目，扩大啦啦操的国际影响力，2003年，美国全明星联盟（USASF）建立，提高了全明星规则的一致性，并开始举办世界啦啦操锦标赛。2004年，国际啦啦操联盟（ICU）正式成立。2009年，ICU向国际单项体育联盟（Sport Accord）提交了其体育项目认证的第一份申请。2010年，ICU也向国际奥林匹克委员会（IOC）提交了其第一份奥委会认证申请。当ICU在国际上不断寻求体育运动认可的同时，在美国出现了两种团队啦啦操的比赛形式。2011年，ICU国家管理组织在美国引入了名为“托举”的新啦啦操规则。美国啦啦操委员会与ICU还联合创立了一种称为“比赛日”的新形式。这是一种由比赛日啦啦操（包含技巧啦啦操和舞蹈啦啦操元素）组成的赛事形式，包括：口号、场边应援、战歌、队歌、中场表演、鼓队表演等各个部分。

知识链接

国际啦啦操联合会（International Cheer Union）

为了争取在全球范围发展啦啦操运动，2004年4月26日，国际啦啦操联盟（ICU）正式成立，并在美国奥兰多举办了第一次会议，全美13个联盟参加。ICU的目标是向全球推广舞蹈啦啦操和技巧啦啦操运动；帮助全美啦啦操联盟发展；提升人们对啦啦操的认识，从而鼓励运动员参与到“啦啦操世界”中以及其他全球赛事中；为各国队伍举行ICU世界锦标赛。截至2020年，ICU在全球有116个会员国，为90多个国家和地区管理大众培训，发起洲际和地区啦啦操锦标赛，作为WADA（世界反兴奋剂机构）的签署方，发起并发展了全球反兴奋剂政策，开创了此项运动的国际认证。

2013年，ICU成为国际单项体育联盟成员，被公认为啦啦操运动在世界范围的管理机构。

2014 年，ICU 成为国际大学生体育协会（FISU）的成员。

2016 年，ICU 获得国际奥委会的三年临时认可。从此 ICU 将能够得到来自国际奥委会的资金用于本项目的发展计划。

2019 年，ICU 正式向国际奥委会提出申请，争取啦啦操成为 2028 年美国洛杉矶奥运会比赛项目。

2021 年 7 月 20 日，国际奥委会在日本东京召开了第 138 次全会。会议通过投票授予国际啦啦操联合会正式认可。

回顾百余年啦啦操运动的发展进程，从本质上讲，啦啦操是一项独特的体育运动项目，有着特定技术、历史和文化。啦啦操是一项团队运动，不论男女，不受年龄限制，适合各种类型的运动员参与。ICU 已把啦啦操运动的参与人群扩大到包括特殊运动员（如身体和智力缺陷运动员）和所有适龄阶段的运动员，并明确提出了啦啦操不仅仅是为了竞争、比赛，还兼具娱乐性，是一种深受人们喜爱的生活方式。

三、中国啦啦操运动的发展

就我国而言，啦啦操是一项新兴的体育运动项目，从无到有、从弱变强，经过 20 余年的发展，中国啦啦操取得了令人瞩目的成绩。

（一）引进期（1998—2007 年）

啦啦操通过 NBA 传入我国，首先在高校发展。自 1998 年全国大学生篮球联赛（CUBA）诞生以来，为其加油呐喊的啦啦操表演应运而生，各高校充满活力和洋溢着青春气息的啦啦操表演给观众留下了深刻的印象，也成为篮球场上一道亮丽的风景线。

2001 年，我国首次举办了全国性啦啦操比赛。当时，中国大学生健美操艺术体操协会（以下简称“两操协会”）在广州举办了迎九运全国首届大学生动感啦啦队挑战赛，共 23 支队伍参加，在全国高校中引起了较大反响，充分展现了大学生青春、动感、健康的一面，也标志着啦啦操在中国体育史上写下了第一页。2004 年，两操协会组织编排了四个成套动作，首次系统地进行了啦啦操运动相关理论和技术的培训，出版了动作教学光碟，并将此项目列为两操协会的正式比赛项目。

2006 年 4 月 21—26 日，我国首次组队参加在美国奥兰多举行的世界啦啦操大赛，本次比赛吸引了来自 20 个国家和地区的 60 多支队伍、上千名运动员参加。初登世界舞台的中国代表团不畏强手、勇于表现，所参加的三个组别都有收获，广西大学附属中学取得了全女子组的亚军，其他五所学校获得两个二等奖、三个三等奖，得到了世界啦啦操同行的关注和认可。

（二）推广期（2008—2013 年）

2008 年，举世瞩目的北京奥运会隆重举行，奥组委提出了北京奥运会“高水平，有特色”的口号，其中“有特色”的体现就是要把主办国的文化结合到体育项目中，这在很大程度上需要依靠体育展示的现场表演。北京奥运会体育展示现场表演形式为啦拉操、民族舞、吉祥物、鼓乐、杂技、武术等，啦啦操与赛场内外的观众进行了互动交流，加深了广大群众对啦啦操项目的认知。

随着北京奥运会的成功举办，全民健身运动得到了蓬勃发展。2009 年，国家体育总局体操运动管理中心开始正式管理啦啦操项目，陆续成立了全国啦啦操推广委员会和全国啦啦操竞赛委员会，并制定了一系列啦啦操规划及管理办法，正式拉开了我国推广啦啦操的序幕。2010 年 4 月，全国啦啦操联赛正式开启，同年，首套全国性啦啦操教材《第一套全国啦啦操规定动作》正式发布，并迅速在全国大、中、小学进行推广普及。为了推动啦啦操运动的科学、健康、可持续发展，2012 年 12 月，国家体育总局体操运动管理中心在江苏无锡举办了“首届全国啦啦操教育科学论文报告会”，共有来自全国各地的 200 多位学者参加，用先进的啦啦操理论引领中国啦啦操的技术发展和改革趋势，把控啦啦技术的脉动。

图 1-1-1　安徽太和二中啦啦操展示

为了将啦啦操运动引入校园，2013 年 5 月，教育部体育卫生与艺术教育司（以下简称“教育部体卫艺司”）和国家体育总局体操运动管理中心组织召开了“全国校园健身项目展示活动”，江苏清江中学和安徽太和二中两所学校进行了全校啦啦操展示（图 1-1-1），各省体卫艺处主要领导参与观摩，对啦啦操项目所展示的青春、活力给予了高度评价，本次展示正式开启了全国“啦啦操进校园”活动。

2013 年之前，国内外啦啦操竞赛规则不一致，在一定程度上制约了我国啦啦操技术水平的提升，为了改变这一现状，2013 年 12 月，国家体育总局体操运动管理中心与国际啦啦操联合会合作，在江苏省南京市举办了首届国际啦啦操竞赛规则培训班，共吸引了来自全国各地的 400 多名啦啦操教练员和裁判员参加，标志着我国与国际啦啦操竞赛规则正式接轨。同一时间，国内首个国际啦啦操赛事——中国（南京）啦啦操公开赛隆重举行，共吸引了来自美国、澳大利亚、德国、韩国等 8 个国家和地区的 500 余名高水平运动员参加。本项赛事的创办，让国内运动员无须走出国门，就可以现场观看国际高水平啦啦操选手风采的愿望成为现实。

（三）发展期（2014 年至今）

对于中国啦啦操的发展来说，2014 年是具有里程碑意义的一年。首先，根据中国啦啦操事业的发展需要，2014 年 1 月，国家体育总局体操运动管理中心与中国大学生体育协会商定，从 2014 年起，"全国啦啦操竞赛委员会"和"全国啦啦操推广委员会"整合为"全国啦啦操委员会"（CCA），全面统筹协调管理全国啦啦操各项事务，随后又陆续在 31 个省 / 自治区 / 直辖市成立了省级啦啦操委员会及 100 多个市级啦啦操委员会。全国、省、市三级委员会的建立，为在基层推广普及啦啦操运动打下了坚实的基础。2014 年 4 月，全国啦啦操委员会经报请教育部体卫艺司和国家体育总局体操运动管理中心，正式启动了"送培到基层"大型公益活动，将啦啦操培训以公益的方式向全国各地推送。继北京奥运会后，2014 年 8 月奥运五环再度来到中华大地，第二届青年奥林匹克运动会在江苏南京举行，啦啦操作为体育展示项目覆盖所有赛场，啦啦宝贝们以青春、活力、健康的形象呈现在每个奥运赛场上，她们精彩的表演赢得了国际奥委会主席巴赫先生的高度赞扬，同时，啦啦操也成了青奥会闭幕式上的主要展示节目。2014 年 10 月，为了推进"足球进校园"和"啦啦操进校园"工作，教育部体卫艺司在江苏省江阴市召开足球啦啦操工作会议，提出了"一校一球一操"发展模式，即"每一所开展校园足球的学校，除了要有足球队，还要组建一支啦啦操队"；提出"生龙活虎踢足球""活力四射跳啦啦"的口号。

为了加强啦啦操运动的媒体宣传工作，让更多的人了解啦啦操，参与啦啦操，喜爱啦啦操，2015 年 1 月，全国啦啦操委员会新闻委员会在北京成立，包括人民日报、新华社、光明日报、中央人民广播电台、中央电视台、工人日报、中国青年报、中国新闻社、中国体育报、中国教育报、中国教育电视台、人民网、新浪体育、搜狐体育等在内的众多主流媒体都参与其中。

2015 年 5 月，啦啦操人期盼已久的《啦啦操运动员技术等级标准》正式获得国家体育总局体操运动管理中心批准，开启了中国啦啦操运动员认证工作。

为进一步落实《国务院办公厅转发教育部等部门关于进一步加强学校体育工作若干意见的通知》精神，顺应国家体育产业发展趋势，配合学校体育改革工作，加快啦啦操的普及和推广，按照体育市场化运作方式建立啦啦操俱乐部，2015 年 8 月，经报请体操中心同意，全国啦啦操委员会在全国组建“啦啦操星级俱乐部”。啦啦操俱乐部根据不同的场地设施条件和专业师资力量分为一星俱乐部至五星俱乐部。注册星级俱乐部由啦啦操专业教师进行授课与指导，为啦啦操运动员专业化训练奠定了良好的基础。截至 2019 年 12 月，已经有近 5 000 个学校或社会团体成功申报了啦啦操星级俱乐部。借鉴国内外体育俱乐部发展经验，未来啦啦操俱乐部将成为我国啦啦操专业化、职业化发展的方向。

为了检验自 2014 年开始的全国啦啦操“送培到基层”公益培训活动成果，2015 年 11 月，教育部体卫艺司在河南省郑州市金水区召开“全国中小学校园啦啦操展演活动”，来自全国 30 个省的 2 000 多名学生进行了校园啦啦操表演，教育部体卫艺司又提出了“一校一品一操”的校园课间啦啦操模式（图 1–1–2），并迅速把啦啦操运动在全国中小学推广开来。

图 1–1–2　金水区校园大课间啦啦操展示

2015 年，国家体育总局体操运动管理中心在民政部正式申请备案了中国蹦床与技巧协会啦啦操分会，使啦啦操的规范管理又上了一个台阶。

为了探索青春、活力、现代的啦啦操运动如何与中国传统文化相结合，2016 年 10 月，教育部体卫艺司和国家体育总局体操运动管理中心在河南省郑州市金水区共同举办“全国啦啦操创意展示大会”，现场展示的活动中，京剧、脸谱、傣族舞、竹竿舞等诸多民族特色文化元素与啦啦操进行了巧妙结合，对中国特色啦啦操文化进行了一次有益的尝试，并取得了很好的效果。

2017 年，全国啦啦操七彩星级培训考级中心（点）在各大城市陆续建立，也开启了少儿啦啦操培训市场。同时，每年全国啦啦操委员会通过举办全国啦啦操校（局）长论坛、中国啦啦操文化建设与推广交流会、全国啦啦操培训考级中心（点）运营管理交流会议等形式，邀请全国各地的专家、学者、俱乐部管理运营负责人就当前啦啦操发展趋势、啦啦操项目推广、俱乐部建设、啦啦操生态环境培育等作了广泛交流。为了进一步弘扬啦啦操文化，引领啦啦操项目的健康发展，2018 年，契合中国啦啦操（CCA）英文数字排列的 3 月 31 日，首届中国啦啦操文化节（图 1–1–3）在山东日照举行，体现出啦啦操运动多元文化内涵和价值。同年 3 月，教育部在两会期间提出“将经典咏流传的曲目作为全国大课间啦啦操的配乐”，为此，国家体育总局体操运动管理中心提出了“力争五年时间，让啦啦操走进 40 万所全国大中小学”的奋斗目标。

图 1–1–3　首届中国啦啦操文化节

2019 年 3 月 31 日，中国残疾人体育运动管理中心与国家体育总局体操运动管理中心正式签署战略合作意向书，在全国范围内推广残疾人士的啦啦操项目。

啦啦操不仅仅适合广大学生，也非常适合在广大职工中开展。2019 年 3 月，中国教科文卫体工会全国委员会与国家体育总局体操运动管理中心签署了战略合作协议，共同努力、全面推动啦啦操运动在教科文卫体系统的普及与推广。全国啦啦操委员会抽调技术专家，共同编撰“‘中国梦 · 劳动美’教科文卫体系统职工啦啦操”系列教材，教材共分三册，即“办公室工间啦啦操”“医护人员啦啦操”“教师啦啦操”。目前，这套教材已正式出版发行，同时在 2019 年底举办了全国教科文卫体系统职工啦啦操培训班。今后双方将密切合作，在全国各地举办“职工啦啦操送培训到基层公益活动”，并适时组织“全国教科文卫体系统职工啦啦操展示活动及比赛”。随着啦啦操在我国的蓬勃发展，这项运动受到了越来越多的关注、喜爱与认可，中国啦啦操将开启发展的新篇章。

（四）中国啦啦操运动未来发展

虽然啦啦操运动在我国起步较晚，但经过 20 多年的快速发展，我国已成为名副其实的啦啦操人口大国，如何早日成为啦啦操强国将是今后的努力方向和目标。

1. 指导思想

全面贯彻落实习近平总书记关于体育工作的重要论述，紧紧围绕体育强国建设目标，坚持以人民为中心的发展思想，深化体教融合，把新发展理念贯穿于各项工作全过程，解放思想、深化改革、开拓创新、激发活力，探索新形势下中国特色啦啦操发展模式，为广大人民群众提供科学、健康、规范的健身选择，努力营造崇尚运动、全民健身的良好氛围，增强人民群众的幸福感和获得感，有效提高全民族健康水平。

2. 发展目标

国家体育总局体操运动管理中心提出中国啦啦操的发展目标是“培养品德好、学习好、气质好、技术好的精英人才”。努力实现啦啦操与中国体育事业的协调发展，全面建设具有中国特色的啦啦操项目发展模式，努力成为世界啦啦操强国。

3. 发展路径

（1）科学构建中国特色啦啦操管理体制。搭建政府统筹推进、部门分工负责、社会广泛参与的管理框架。依据国家关于体育协会改革政策，探索啦啦操项目社会化发展之路。完善啦啦操行业规则，推进标准化和规范化建设，健全监督、执法和仲裁机制；建立啦啦操培训、赛事和活动等服务标准，加强对啦啦操组织、俱乐部、从业人员的指导与服务。

（2）结合我国国情，加强啦啦操文化建设。以普及推广为基础，以立德树人为核心，以技术提高为支撑，以休闲表演为两翼，牢固树立“凝炼卓越体育品质，传承团队奉献精神”的啦啦操发展理念。

（3）扎实做好啦啦操运动在全国的培训与推广工作。重点加强国家青少年啦啦操集训队和共建单位的建设工作，通过科学选拔与训练，全面提升我国高水平啦啦操运动员的技术水平，力争啦啦操整体实力进入世界第一集团。大力开展校园啦啦操、少儿啦啦操、亲子啦啦操、职工啦啦操、社区啦啦操、残疾人啦啦操，努力实现啦啦操适龄人口全覆盖。

（4）加强啦啦操科学研究、课程建设、教材建设。强化学科交叉融合，围绕国内外啦啦操关键领域和重点环节，培养一批专业功底扎实的啦啦操专家。每年定期举办全国性啦啦操科学论文报告会，设立全国性啦啦操研究课题，鼓励开展基础性、前沿性、探索性创新研究。坚持体教融合，引导并扶持全国体育院系开设啦啦操专业或方向，加强啦啦操专业人才培养；加强啦啦操课程建设，组织专家编写全国啦啦操系列教材。

（5）健全完善啦啦操可持续发展机制。激发市场活力，充分调动社会力量，促进资源优化配置，实现啦啦操运动经济效益和社会效益良性循环。通过政府购买服务、企业赞助等多种方式加大对啦啦操赛事、培训、活动的支持力度。充分利用新媒体平台，结合啦啦操项目特点，探索啦啦操网络培训、竞赛等新思路新发展。

中国啦啦操
简介

第二节　啦啦操的基本理论

啦啦操原本是体育竞赛活动中呐喊助威的衍生物，然而在长时间的发展演变中，逐渐超越了场边配角的表演功能，发展成为具有自身文化特质与内涵属性的体育项目。作为独立的体育运动项目，啦啦操的概念该如何定义？内容应怎样分类？具有哪些特点与价值？本节将介绍这些彰显啦啦操内涵属性与文化特质的基础理论知识。

一、啦啦操的概念

随着啦啦操运动的表现形式与价值效应的逐步拓展与彰显，啦啦操的概念和内涵也显得更加丰富。远到古代部落社会的仪式活动，近到现代体育竞赛活动中的加油助威，都可以寻觅到啦啦操的前身与影子。但总体而言，对于啦啦操运动的起源较为一致的认知是衍生于美国大学生橄榄球比赛中的呐喊助威活动，其率先在大学校园得到蓬勃发展，体现的是青春活力与积极向上的团队精神，表现为融竞赛、表演与健身于一体的体育运动。

现代啦啦操的概念主要是指：在音乐或口号的衬托下，借助标语、道具等表达手段，以徒手或手持轻器械的技巧动作或舞蹈动作为基本载体，以团队表演为主要呈现形式，通过展示各种具有强烈鼓动性、感染性的身体动作，体现团队意识与集体主义精神，反映朝气蓬勃的精神面貌，具有竞技性、观赏性与表演性的一项体育运动。它的内容涉及音乐、身体动作、道具与口号，以及其内蕴的团队精神与文化。

知识链接

《2006—2009 国际全明星啦啦操竞赛评分规则》中的啦啦操运动员宣言

我们作为啦啦操运动员，将时刻注意自身的言行举止，树立并传播啦啦操运动及其成员的体育精神和高尚品德。无论国家、民族、性别的差异，我们都将给予支持和帮助；无论技能水平的高低，还是赛场上的竞争对手，我们都将为他／她加油喝彩。团结协作、相互支持是我们胜利的源泉，坚定信念、永不言败是我们永远的信念。

二、啦啦操的分类

啦啦操是动作结构与内容形式较为多元的体育运动，因而依据啦啦操的动作表现、练习对象和表演场地等，形成了多种分类方式。依据动作表现划分，可分为技巧啦啦操与舞蹈啦啦操；依据练习对象划分，可分为校园啦啦操、社区啦啦操、职工啦啦操、亲子啦啦操、残疾人啦啦操；依据表演场地划分，可以分为看台啦啦操与场地啦啦操（图 1-2-1）。

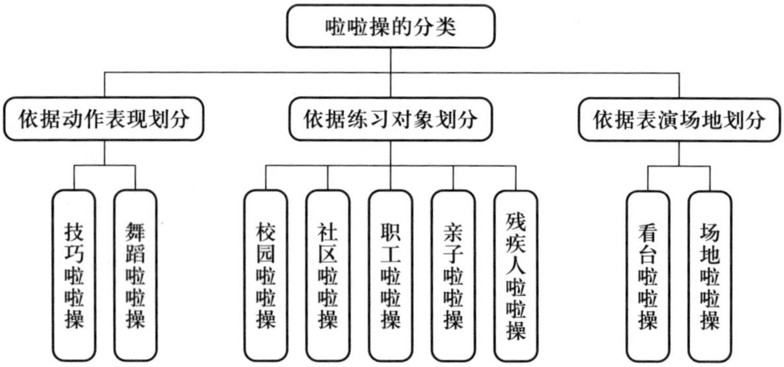

图 1-2-1　啦啦操的分类

（一）依据动作表现划分

依据动作表现划分，可分为技巧啦啦操与舞蹈啦啦操。技巧啦啦操是以翻腾、托举、抛接、金字塔组合、舞蹈动作、过渡连接及口号等形式为基本内容的团队运动，又可分为双人技巧啦啦操、小团体技巧啦啦操和集体技巧啦啦操。舞蹈啦啦操是以舞蹈动作为主，通过展示各种舞蹈技巧和元素，结合道具作为基本内容的团队竞赛项目，又可分为花球啦啦操、街舞啦啦操、爵士啦啦操、高踢腿啦啦操和自由舞蹈啦啦操。

1. 技巧啦啦操（图 1-2-2）

技巧啦啦操是在音乐伴奏下，以跳跃、翻腾、托举、抛接、金字塔组合等技巧性难度动作为主要内容，配合口号、啦啦操基本手位与舞蹈动作，以展示运动员高超的技能技巧，追求团队荣誉的运动。技巧啦啦操的表演形式以团队协作为主，它的成套动作包括难度动作、舞蹈动作、过渡连接与口号等基本内容。其中，难度动作内容包括抛接类、托举类、翻腾类、金字塔类四大类，是参赛运动员技术技能水平的最高展示。成套动作编排包括音乐的选择与制作，口号与道具的使用，队形与造型的设计，难度动作的编排，服饰风格的选配等诸多要素。

图 1-2-2　技巧啦啦操

2. 舞蹈啦啦操

（1）花球啦啦操（图 1-2-3）。花球啦啦操是舞蹈啦啦操中特有的一个项目，其通过集体动作的层次与队形变换形成良好的视觉冲击与美的效果。花球啦啦操的技术包括制动技术与难度技术，其基本动作包括 36 个基本手位，它们有统一的动作规格，且对其动作力度与控制均有很高的要求。

（2）街舞啦啦操（图 1-2-4）。街舞啦啦操是以街舞风格的动作为主要内容的啦啦操，重点强调练习者身体的控制、执行、舞蹈风格的创意、节奏与音

图 1-2-3　花球啦啦操

图 1-2-4　街舞啦啦操

乐旋律的统一性。街舞啦啦操不是单纯的街舞动作与文化的演绎，它是街舞与啦啦操的结合，是通过街舞风格的动作元素诠释啦啦操的文化特质，将街舞中蕴含的个性、帅气与潇洒的街头文化，适时融入啦啦操时尚、活力、青春的团队表演中。

（3）爵士啦啦操（图 1–2–5）。爵士啦啦操是融入了爵士舞蹈技术动作的啦啦操，它强调动作表现的技术、伸张、控制、身体位置、风格，以及连续性与团队的统一性。爵士啦啦操将爵士舞的自由个性与啦啦操的热情奔放、团结协作融为一体，即通过爵士舞的自由活力来展示啦啦操的青春美。

（4）高踢腿啦啦操。高踢腿啦啦操成套动作注重运动员的控制、身体高度的一致性、柔韧性，以及踢腿动作与踢腿组合的创造性与多样性，强调踢腿动作的精度、定时、控制、技术和高度。高踢腿啦啦操表现出情感性、审美性，以及造型美与层次美的艺术特征。

（5）自由舞蹈啦啦操（图 1–2–6）。自由舞蹈啦啦操是舞蹈与啦啦操运动的有机结合，是青少年学生及社会各界人士在紧张学习与工作之余的一种积极性休息，同时也是各行各业文化建设的重要内容。自由舞蹈啦啦操是区别于爵士啦啦操、街舞啦啦操与花球啦啦操的其他任何舞蹈形式的舞蹈啦啦操。它是通过其他的舞蹈风格来展示啦啦操运动的特点与文化，其动作元素包括民族舞、现代流行舞蹈等多种内容，表演形式灵活多变，编排风格可以不拘一格。

图 1–2–5　爵士啦啦操

图 1–2–6　自由舞蹈啦啦操

（二）依据练习对象划分

依据练习对象划分，可分为校园啦啦操、社区啦啦操、职工啦啦操、亲子啦啦操、残疾人啦啦操等。校园啦啦操主要适于青少年学生参与，侧重于丰富校园体育文化，助力学生身心健康成长；社区啦啦操主要面向中老年群体，融入社区体育文化与助力全民健身发展；职工啦啦操主要针对企事业单位职工开展，重在提升练习者的身体健康与增强职工凝聚力；亲子啦啦操主要是以家庭为单位参与的啦啦操，有助于家庭和谐，促进家庭体育的发展；残疾人啦啦操是适用于残疾人身心特点的啦啦操，参与对象主要为残疾人。它们针对不同练习人群的身心特点与需求，编排出适合参与者健身、表演或比赛的啦啦操成套动作，充分发挥啦啦操的健身价值与休闲娱乐价值，同时表现其青春活力与健康快乐的文化特质。

1. 校园啦啦操

校园啦啦操是指在大、中、小学及幼儿园开展的啦啦操课程教学、训练、比赛或大课间活动（图 1–2–7）。2013 年，由教育部体卫艺司与国家体育总局体操运动管理中心联合主办开展了“啦啦操进校园”和“送培到基层”活动，免费为全国多所中小学进行“校园啦啦操”教师培训，推动了校园啦啦操的迅速普及。同时，随着教育部组织开展“一校一球一操”与“一校一品一操”校园体育建设，啦啦操的发展在学校体育中迎来了新的机遇与挑战，形成了“生龙活虎踢足球，活力四射跳啦啦”的特色校园体育文化。

2. 社区啦啦操（图 1-2-8）

社区啦啦操是根据一段完整的歌曲或音乐，以有氧运动为基础，结合啦啦操项目特有的身体练习和多变的步伐为基本手段编成的完整成套动作。社区啦啦操是可以塑造形体、舒缓压力、改善气质、增强协调性、提高健康素质的一种全民健身运动形式。

图 1–2–7　校园啦啦操

图 1–2–8　社区啦啦操

3. 职工啦啦操（图 1-2-9）

职工啦啦操主要是针对政府部门、事业单位、企业等群体开展的啦啦操运动。2019 年 10 月 26—29 日，中国教科文卫体工会全国委员会在江苏句容组织“中国梦·劳动美——全国教科文卫体系统职工啦啦操”和第九套广播体操的教练员培训，有来自全国 30 个省、市、自治区近 270 名文体骨干参加了首轮“种子”培训。中国教科文卫体工会计划用 2 年时间，在各省、市、自治区全面推广这套教材，建立教练员和裁判员人才库，并根据推广进度，组织“全国教科文卫体系统职工啦啦操锦标赛”。

图 1-2-9　职工啦啦操

4. 亲子啦啦操（图 1-2-10）

亲子啦啦操是父母长辈与子女共同参与的啦啦操，能够增加父母长辈陪伴孩子的时间，有助于提升家庭健身氛围，促进居家健身发展，提高家庭成员的身心健康。亲子啦啦操在我国发展较好，体操中心与全国啦啦操委员会编排了亲子啦啦操规定动作，每年举办亲子啦啦操比赛，同时在各级各类啦啦操比赛中也设置有亲子啦啦操项目。

5. 残疾人啦啦操（图 1-2-11）

残疾人啦啦操主要针对残疾人的身心特点，不仅在促进身体健康方面有较好的作用，而且对于调节残疾人心理健康，增强残疾人社会适应能力等方面发挥重要作用。

图 1-2-10　亲子啦啦操

图 1-2-11　残疾人啦啦操

（三）依据表演场地划分

依据表演场地划分，可以分为看台啦啦操与场地啦啦操。看台啦啦操是在指挥员的统一指挥下，观众席上的啦啦操运动员通过口令、道具与变换的图形，完成击掌、人浪等助威动作，集中展示啦啦操运动员助威技巧与风貌的运动。场地啦啦操是在音乐衬托下，通过运动员完成高超的啦啦操特殊运动技巧，结合各种舞蹈动作，集中体现青春活力、健康向上的团队精神，并追求团队荣誉感的一项体育运动。

1. 看台啦啦操（图 1-2-12）

看台啦啦操主要是为了烘托比赛气氛，主要方式为呐喊、唱歌、打鼓等，是赛场上最壮观、最能调动参与者情绪的一种形式。

2. 场地啦啦操（图 1-2-13）

场地啦啦操的发展体现的是啦啦操运动从看台附属运动走向独立成项的探索发展实践，使啦啦操运动成为具有自身内涵属性与客体对象的独立体育竞赛项目。

图 1-2-12　看台啦啦操

图 1-2-13　场地啦啦操

三、啦啦操的特点

啦啦操是追求团队荣誉、倡导奉献精神的体育运动。强调通力合作、集体至上，不仅能塑造练习者积极向上的意志品质，同时还能培养其团结协作、健康向上的精神。啦啦操起源于体育竞赛中的呐喊助威活动，其表演本身就充满了热情奔放、青春活力与积极向上的正能量，不仅有对他人的支持鼓舞，而且能塑造与净化练习者自身的品质。因此，啦啦操的特点主要表现为团队合作、时尚潮流和活力动感。

（一）团队合作

团队合作是啦啦操运动最本质的特点。团队合作指的是一群有能力、有信念的人在特定的团队中，为了一个共同的目标相互支持、合作奋斗的过程。团队精神的核心是协同合作，基础是尊重个人的兴趣和成就，最高境界是全体成员的凝聚力与向心力，内隐着奉献精神、服务精神与大局意识。啦啦操运动的团队合作性主要表现在其练习过程需要团队协作，表演理念是团结拼搏，呈现的是团队成员之间相互激励、相互配合，努力争取团队目标实现的过程。

啦啦操练习或比赛多是以集体形式组织开展的。由于啦啦操运动的表演或比赛有一定的人数要求，使其动作技巧、空间转换、队形变化等具有更多的层次性与创造性，增添了啦啦操在表演或竞赛中的魅力。这就要求啦啦操练习者或表演者在动作技能、成套编排中有更多的经验交流与默契配合。同时，由于啦啦操运动中的托举、抛接、篮抛、金字塔等组合中，具有一定的危险性，更需要运动员之间的团结协作、相互信任与沟通交流，才能使团队的整体机能得到最大限度的发挥。因此，啦啦操运动是团队合作的最佳体现，尖子运动员能否安全地进行高难度动作，取决于底座与保护人员的相关工作是否做得扎实。啦啦操的表演或比赛中，很多不同的手势代表着团结、力量、胜利、自信张扬、勇往直前等含义。奋斗与进取的精神也体现在各种不同风格的标语和口号中，这些充满正能量的精神元素，鼓励着每一位运动员顽强拼搏，不畏艰难，勇往直前，力争取得优异成绩。可见啦啦操的团队合作性是建立在大家共同拼搏向上理念基础上的，因而是健康、积极、牢固的。

（二）时尚潮流

时尚潮流是啦啦操运动最突出的特点。时尚引领潮流，是流行文化的表现。就目前而言，啦啦操运动成为青春与时尚文化的重要代表，它是近年来受青少年青睐的运动项目，也是校园体育文化的重要组成部分，如校园课间啦啦操、校园啦啦操比赛等开展得如火如荼，成为校园体育活动的新宠。从文化内涵来看，啦啦操运动秉持的团队奉献、积极进取、健康快乐的精神内核，促进了其在人格塑造、锤炼意志与享受乐趣等方面的价值实现，顺应了时代发展的潮流。此外，啦啦操运动的服装颜色、款式风格等需要与动作、音乐进行合理搭配，风格各异与新潮时尚的服装，也为啦啦操运动增添了一分时尚元素。

同时，啦啦操运动从其本身来看，36 个基本手位表现得短促有力，充满了朝气蓬勃与青春活力，而且融合了街舞、爵士等多种现代流行舞蹈的动作与音乐元素，更加强化了啦啦操时尚潮流的特质，使其成了时尚潮流的综合表现体。街舞、爵士等现代流行舞蹈本身就是社会潮流文化的一部分，具有很强的包容性与可塑性，可以不断地吸纳其他的流行音乐与舞蹈。因此，啦啦操运动一直以来就对流行文化、舞蹈与音乐敞开大门，积极吸纳各种现代流行元素，成为一种时尚体育运动。

（三）活力动感

活力动感是啦啦操运动最鲜明的特点。啦啦操运动蕴育了朝气蓬勃与健康向上的精神，啦啦操运动员也需要拥有青春阳光的形象、健康的体魄和健美的体形。例如，男运动员要有明显的肌肉线条与匀称体形，女运动员要有明快的肌肉曲线美，上下肢比例匀称，皮肤色泽光亮健康。同时，啦啦操的动作热情奔放、充满活力，音乐多选择动感、时尚与富有激情的摇滚、爵士等音乐。因此，啦啦操的活力动感主要体现在其表演动作的活力与音乐选配的动感两个方面，表现的是运动员的青春活力与健康向上。

啦啦操的动作素材多样，融合了爵士、街舞、现代舞、民族舞、技巧、芭蕾等多种动作元素与理念，表演的形式热情奔放。啦啦操运动中融入的爵士与街舞动作技术和理念，其最明显的特征为追求动感、时尚与活力，带来热情澎湃的感觉。同时，由于啦啦操是为加油鼓劲而诞生，决定了它的动作技术风格和动作的编排均是为加油鼓劲而服务的，其动作具有短暂加速和快速定位的特点，以此来实现集体的快速变化和一致性，从而实现将整个队伍的气场提升，起到加油助威的作用。啦啦操的这种动作表演形式，也使得青春活力能够弥漫于整个赛场，影响到在场的所有运动员和观众。

啦啦操的音乐多选用迪斯科、摇滚、爵士乐等动感、时尚、富有激情的音乐。这些音乐的特点表现为热情奔放，自由活泼，节奏感较强，表现的是内心情感的自然流露。啦啦操音乐通常要表达积极向上的情感与健康快乐的氛围，音乐中不允许出现亵渎性、煽动性与攻击性的元素，也不得出现带有性暗示的音乐。因此，啦啦操的音乐应强调动感的旋律与富有激情的氛围，必须符合青少年的身心健康发展特点，引导其形成正确的世界观、人生观与价值观。

四、啦啦操的价值

啦啦操是一项体育运动，也是一种社会文化活动，它的终极目标是倡导与培育团队精神，弘扬与塑造时尚文化，宣扬与追求青春活力。因此，啦啦操运动既有教育价值与健身价值，也有促进社会发展的审美价值与社会价值。

（一）教育价值

啦啦操运动的教育价值主要表现为对参与者的团队意识与意志品质的培养。啦啦操是以团队协作为核心的运动，特别重视对参与者团队意识的培养。从啦啦操运动本身来看，啦啦操的教学、训练、比赛过程中，均需要所有运动员精诚一致的团结合作，才能完成精彩绝伦的表演，任何一个啦啦操运动员的微小失误都会导致整个队伍的表演失败或造成危险。同时，啦啦操通过整齐划一的动作、振奋人心的口号与带有文化符号的标语，表达了团结就是力量，团结就是胜利的坚定信念。通过长期的啦啦操训练与实践，能够培育啦啦操运动员的集体主义观念与团结合作的精神，实现其心灵的健康成长。

团队文化是啦啦操运动倡导的核心文化，积极进取与健康向上是啦啦操运动发展的基本理念。啦啦操运动蕴含的这些发展理念，使得其训练、表演或竞赛充满了培育个体心灵的价值效应，具体表现为注重团队意识的培养，培育拼搏进取的精神，追求健康向上的生活态度。啦啦操运动倡导培养“品德好、学习好、气质好、技术好”的四好运动员（图 1–2–14），这种理念也与塑造人格、锤炼意志与享受乐趣等学校体育目标相契合。因此，啦啦操运动这种时刻要求运动员以团队荣誉为核心的价值观念与组织形式，在塑造运动员的集体主义观念、团队奉献精神与大局意识等方面具有非常显著的作用。

图 1–2–14　啦啦操“四好运动员”徽章

（二）健身价值

啦啦操的健康价值主要表现在体质健康与心理健康方面的促进。体质健康促进方面，由于啦啦操是由舞蹈动作与技巧动作为主的动作元素构成的，以身体多关节部位大幅度动作表演为主，长时间参与啦啦操运动，能够有效地促进骨骼的发育、肌肉力量的增强和关节活动能力的提高，从而提高全身的协调能力。有研究表明，长期持续练习啦啦操能增强心肺功能，有效地提高呼吸系统的换氧功能，促进肺活量的增长，促进心肌功能；能够提高血液的载氧能力，提升有氧耐力水平，有效改善心血管循环能力。总之，长期进行啦啦操练习能够有效改善和提高练习者的运动系统、呼吸系统以及循环系统，从而促进参与者的体质健康。

心理健康促进方面，啦啦操运动对培养参与者的健康人格与抗挫折能力有重要价值。啦啦操是以团队为组织形式的运动，沟通、合作、团结与毅力是其练习、表演与比赛过程中不可或缺的素养与品质，反映了练习者挑战极限、超越自我的价值追求。练习或表演过程中要求的是全身心投入与团结协作，针对某个动作的反复练习，以及在遭遇不断失败的打击中探索成功之路，这些对于提升练习者或表演者的抗挫折能力，以及培养其坚持不懈的精神品格具有重要作用。

知识链接

练习啦啦操能增进学生的身体与心理健康

根据《舞蹈啦啦操对10—12岁学生身体素质及心理健康相关指标影响的研究》（郑莹莹）表明：舞蹈啦啦操对10—12岁学生的柔韧性、腰腹力量、上肢力量、耐力素质均有显著影响；能够有效增强学生的心理素质，促进心理健康水平，对学生的自我认知、人际关系、乐观情绪、生活态度、意志行为及社会适应都有很好的促进作用。

（三）审美价值

啦啦操运动中的审美体验是运动员感受生命活力与激情的桥梁，也是观众在审美过程中产生的价值体验。啦啦操审美价值的实现过程是一个动态过程，包括主体客体化和客体主体化。啦啦操运动中的审美主体包括运动员、教练员、裁判员、观众，以及其他社会成员等多元主体，审美主体既是审美行为的实施者，亦是体验者。啦啦操表演给人们带来了感官和精神上的愉悦和享受。运动员优美的身体形态代表着健康、力量和美丽，它作为肢体动作的载体，将啦啦操运动员匀称的骨骼、健康的肤色、优美的线条、健美的肌肉、灵巧的肢体动作，以及热情奔放的个性品质充分展示出来，在视觉上能给人以身心之美的感官体验。

啦啦操运动能促进个体身心愉悦与自我提升，是主要的审美体验。一方面，啦啦操运动展示着健康活力之美。经过长期系统的啦啦操练习或训练，可以促进练习者形成优美的身体形态，逐步改善其生理机能，促进其生长发育，使参与者焕发出青春活力与蓬勃生机，彰显出身心健康之美，传达出健康的生活态度和自信乐观的精神气质。另一方面，啦啦操运动展示着力量之美。这种力量之美主要表现为运动员强健、匀称、有力的身体形态，以及所有肢体类动作在运动过程中的短暂加速和定位制动。如舞蹈啦啦操中的跳跃类难度动作，技巧啦啦操中的翻腾、篮抛、金字塔等动作，均有身体力量之美的展示与追求。

（四）社会价值

啦啦操文化的社会价值体现在其推广普及对促进社会和谐发展具有重要作用。首先，啦啦操表现的物质文化、活动内容和形式能满足参与者的身心健康与休闲娱乐的需要。其次，啦啦操运动呈现的制度文化诸如竞赛规则、组织机构与政策法规等，能潜移默化地促进个体或社会相关领域、相关部门等向着理性、规范、法制的和谐社会方向自觉转型。最后，啦啦操运动呈现的精神文化层面，其宣扬的团队、时尚与活力文化逐渐渗透到人们的价值观念体系中，它跨越了民族、宗教、观念之间的差别，增进了社会成员、群体之间的相互交流、相互信任与团结友爱，有助于化解社会矛盾与整合社会关系。

第三节 啦啦操文化

啦啦操文化是啦啦操运动发展实践过程中所积淀与传承的思想精髓与物质表现。它不仅彰显了体育文化的共性，亦呈现出项目特有的内涵特质与内容构成。了解与认识啦啦操的独特文化，是深刻体会啦啦操运动思想理念，感受啦啦操运动独特魅力的必经之路。本节将介绍啦啦操运动传递的理想信念与生命情怀。

一、啦啦操文化的内涵与构成

文化是人类在社会历史实践过程中所创造的物质财富和精神财富的总和。它是一种个体或群体习惯的生活方式与精神价值，是对事物达成的一种社会共识。具体到啦啦操文化，它是啦啦操在历史发展的实践之中，人们通过参与或欣赏啦啦操的练习、训练、表演或比赛，经由不断创造、拓展与革新形成的对啦啦操的物质形态与精神价值的经验认知与实践表达。因而，作为一种社会文化或体育文化，啦啦操文化的内涵属性与内容结构既需遵循文化定义的整体范畴，又要彰显啦啦操运动自身的文化属性与内涵特质，从而表现出啦啦操运动独有的项目文化结构与精神价值。

文化具有多样性与复杂性，因而其分类也没有完全统一的标准。分类划分通常是以某种文化外在的存在样态与内在的价值理念为基本依据，体现的是个体或群体对事物表现形式与价值结构的整体认知与实践过程，具体表现为二层次说（精神文化与物质文化），三层次说（精神文化、制度文化与物质文化），以及四层次说（精神文化、制度文化、行为文化与物质文化）等多种观点。因此，依据啦啦操外在表现形式与内在发展理念的主要特点，可从精神文化、制度文化、行为文化与物质文化四个维度概括啦啦操文化的内容构成（图 1–3–1）。

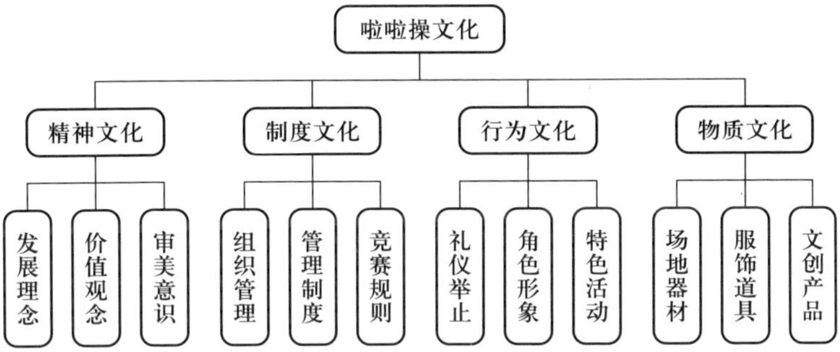

图 1–3–1　啦啦操文化的构成

啦啦操的精神文化以发展理念、价值观念与审美意识为思想内核；制度文化以管理制度、组织管理与竞赛规则为准则规范；行为文化以礼仪举止、角色形象与特色活动为感知标识；物质文化以场地器材、服饰道具与文创产品为器物表现。四个维度之间既相互联系又有区别，共同构成啦啦操文化这一有机整体。此外，由于啦啦操运动的活动场域是以校园为主，参与对象以青少年学生为主，使得校园啦啦操文化也成了校园体育文化的重要组成部分，是展示校园文化与学生精神面貌的重要窗口。

二、啦啦操的精神文化

精神文化是属于精神、思想与观念范畴的文化，它是人们在日常生活中总结出来的经验理论，具体反映的是事物的发展理念、价值取向、心理状态、审美情趣等精神成果的总和。啦啦操的精神文化主要体现在其呈现的发展理念、价值观念与审美意识三个方面，具体表现为啦啦操运动的发展理念、行动目标与风格表现等实际内容，是啦啦操运动持续创新发展的精神向导与内涵深化的思想积淀。

（一）啦啦操的发展理念

啦啦操的发展理念是以“凝炼卓越体育品质，传承团队奉献精神”为基本内核，其目标是培养精英人才。强调团队奉献与协作，培养拼搏进取的体育精神，使其逐步融入“享受乐趣、增强体质、健全人格与锤炼意志”的学校体育目标之中，是啦啦操文化发展与内涵升级的主导思想。团队文化是啦啦操运动最基本的精神文化，即强调运动员要为国家、学校与集体争取荣誉，提高集体意识与大局意识，增强集体荣誉感。这是啦啦操运动的魅力所在，也是其凝心聚力与持续创新发展的思想基础。

知识链接

“凝炼卓越体育品质，传承团队奉献精神”的具体释义

凝——凝注→凝集→凝聚→凝结
炼——锻炼→磨炼→锤炼→熔炼
卓——卓见→卓识→卓望→卓著
越——跨越→穿越→攀越→创越
体——体魄→体态→体验→体认
育——育体→育心→育德→育才
品——品德→品行→品性→品格
质——本质→资质→素质→气质

传——传达→传授→传递→传续
承——承接→承担→承受→承载
团——团员→团结→团体→团队
队——队长→队员→队友→队伍
奉——奉命→奉送→信奉→崇奉
献——贡献→呈献→献艺→献礼
精——精湛→精美→精炼→精诚
神——神态→神采→神情→神奇

（二）啦啦操的价值观念

价值观念是基于人的一定思维感官之上而作出的认知、理解、判断或抉择，也就是认定事物、辨别是非的一种思维或价值取向。啦啦操蕴含着健康快乐、积极进取与团结协作的价值取向，树立了“育体、育心、育全人”的价值理想与思维模式，其价值内涵体现在两方面：一是啦啦操立志于打造“品德好、学习好、气质好、技术好”的精英人才的目标理想，体现了其价值追求不仅是培养啦啦操领域的专门人才，而是放眼为国家与社会培养德才兼备的精英人才，充分发挥其立德树人的育人价值与功能效应。二是啦啦操运动蕴育了追求个体成长成才、拼搏进取与积极向上的博大情怀，如以啦啦操为主题的歌曲“啦啦操之歌——《曙光》”“七彩星级之歌——《未来》”，以及啦啦之星的《未来有你》等，均承载着啦啦操人的激情与梦想。

知识链接

啦啦操之歌——《曙光》

作曲：李化禹

作词：啦啦操姐妹花

曙光，托举希望，抛接梦想，挥洒的汗水是徽章；
成长，七彩星光，花球闪亮，点滴的善举是榜样；
蝴蝶结系上，音乐声响亮，别害怕受伤，让我们给你力量；
青春的赛场，加油声嘹亮，别畏惧失败，让我们为你鼓掌。
Wow……Cheering and dancing in the sun,
Wow……Cheering and dancing in the sun.
Let's go！ Let's go！ Let's go fight win！
Let's go！ Let's go！ Let's go fight win！
Let's go！ Let's go！ Let's go fight win！
Let's go！ Let's go！ Let's go fight win！

（三）啦啦操的审美意识

啦啦操是在音乐伴奏下，以舞蹈、技巧、体操等身体动作展示为主的体育运动，它不仅追求体态健康的身体之美，而且蕴含着团结奋进的心灵之美，终极目标是促进个体身心健康与欢乐幸福的和谐之美。首先，啦啦操运动塑造并展示了练习者的身体之美，健康之美。其次，啦啦操运动追求的团结协作、拼搏进取、积极向上的体育精神，能够培养参与者的集体主义精神与坚强的意志品质。最后，啦啦操运动蕴含的和谐之美，既有个体身心全面发展的自我和谐，也有个体与个体交往协作的良性互动，亦有个体与社会相互交融的拓展深化，其最终目标是促进人与人、人与社会、人与自然的和谐之美。

三、啦啦操制度文化

制度文化是人类为了自身生存、社会发展的需要而主动创制出来的有组织的规范体系。社会的法律制度、政治制度、经济制度以及人与人之间的各种关系准则，都是制度文化的反映。啦啦操的制度文化主要体现在其组织管理、管理制度与竞赛规则等方面。它是啦啦操发展过程中已经成文的或习惯的行为模式与规范，是啦啦操在发展演变过程中逐渐产生与选择而形成的系统价值观念，表现为人们共同遵守的行为准则与制度，并通过社会实践世代相传与延续。概而言之，啦啦操的制度文化既包括了组织管理的实施机制，又涵盖了理性设计的管理制度，亦有通过知识与经验积累形成的竞赛规则体系。

（一）啦啦操的组织管理

我国啦啦操的组织管理体制是由国家体育总局体操中心作为啦啦操项目的政府管理部门，2010 年分别成立了全国啦啦操竞赛委员会和全国啦啦操推广委员会。2014 年，国家体育总局体操运动管理中心与中国大学生体协将上述两个委员会合并共同成立了全国啦啦操委员会。全国啦啦操委员会设有竞赛部、技术部与综合部等机构，并在各省市设有省市级啦啦操委员会，逐渐形成了“全国啦啦操委员会—省级啦啦操委员会—市级啦啦操委员会”的三级管理体制。目前，除港澳台外，每个省都有省级啦啦操委员会，有 100 余个地级市建有市级啦啦操委员会。全国啦啦操委员会主要负责我国啦啦操项目的发展规划与方针政策制定，以及业务培训、赛事组织与人才培养等工作。

（二）啦啦操的管理制度

为了规范我国啦啦操运动的发展，促进啦啦操运动的推广普及与水平提升，针对我国啦啦操的组织管理建立了较为健全的管理制度，具体包括竞赛活动管理制度、教练员与裁判员管理制度、达标与运动员等级制度、推广普及制度四个方面：第一，啦啦操的竞赛与活动制度，包括常规的联赛分站赛与总决赛、锦标赛、冠军赛、邀请赛、公开赛等，以及特色赛事或活动，包括亲子啦啦操比赛、创意展示大会、331 啦啦操文化节、校（局）长论坛、科研论文报告会等。第二，啦啦操的教练员与裁判员管理制度，包括教练员、裁判员、导师与考评员培训与晋级管理办法，啦啦操送培训到基层活动。第三，达标与运动员等级管理制度，包括全国啦啦操达标管理办法、啦啦操七彩星级考级管理办法（图 1–3–2）、啦啦操运动员技术等级管理办法，形成了普及达标与技能提升相结合的运动技能等级体系。第四，推广普及与人才培养制度，包括全国校园大课间啦啦操推广实施单位管理办法，全国啦啦操实验、示范单位评选办法，啦啦操星级俱乐部管理办法，全国啦啦操培训考级中心（点）管理办法，国家（青少年）啦啦操集训队管理办法和国家（青少年）啦啦操集训队共建单位管理办法，“四好”运动员管理办法等。

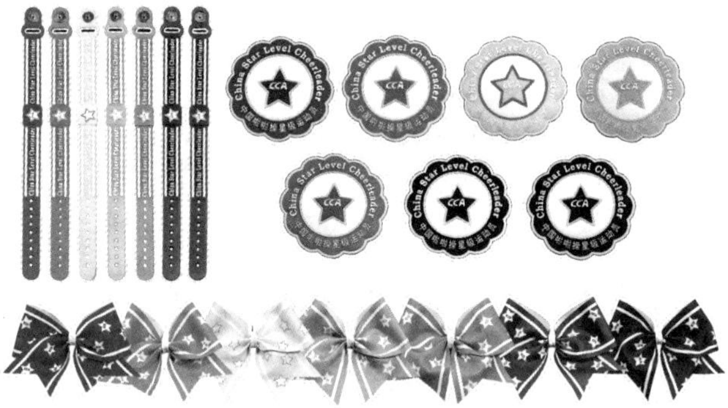

图 1–3–2 啦啦操七彩星级手环与徽标

（三）啦啦操的竞赛规则

啦啦操运动的发展离不开啦啦操竞赛规则的规范与引导。啦啦操运动自 1998 年引入中国以来，其竞赛规则先后经历了 7 次修订（详见表 1–3–1），啦啦操竞赛规则的修订既有主动与国际接轨的引进，又有适应本土特色的创新发展，如拓展了适合中国国情的全国啦啦操比赛规定动作、校园课间啦啦操、自由舞蹈啦啦操、职工啦啦操、亲子啦啦操、残疾人啦啦操等项目与评分规则。啦啦操竞赛规则的创新发展，丰富了啦啦操运动的组织形式与参与对象，使其活动场域逐渐从校园走进了家庭、企业与社会，参与对象从以青少年学生为主拓展为全民参与。

表 1-3-1　啦啦操规则的发展演变

序号	规则名称	修订时间
1	中国学生动感啦啦队竞赛评分规则（第一版）	2001 年
2	中国学生动感啦啦队竞赛评分规则（第二版）	2004 年
3	国际全明星啦啦队竞赛评分规则（2006—2009 年版）	2006 年
4	2010—2013 年全国啦啦操竞赛规则	2010 年
5	啦啦操竞赛规则（2014 年版）	2014 年
6	2017—2020 周期啦啦操竞赛规则	2017 年
7	2021 版啦啦操竞赛规则	2020 年

四、啦啦操行为文化

行为文化是人们日常生活中表现出来的特定行为方式和行为结果，体现着人们的价值取向与所作所为的具体表现。啦啦操行为文化是个体通过参与啦啦操活动所展现出来的行为方式与整体印象，主要表现为啦啦操参与者的礼仪举止、角色形象以及啦啦操特色文化活动。礼仪举止展示的是啦啦操参与者的个性品质与内涵修养；角色形象表达了啦啦操运动给人们带来的青春活力与动感时尚的感知体验；特色活动主要是指啦啦操的亲子活动、文化节等所形成的特有文化氛围。

（一）啦啦操运动培养的礼仪举止

啦啦操运动的发展目标是致力于培养“四好”精英人才，因此尤为重视对参与者思想品德与日常行为的教育。首先，在啦啦操的日常教学、训练、比赛、展演等活动中均贯穿着各种礼仪文化，如教学与训练中的团队文化建设、考级活动中的礼仪、比赛中的开幕式文化与颁奖礼仪等。其次，啦啦操的标语诸如“在团队中成长、在奉献中蜕变”“挥动激情、放飞梦想”等，通常是以积极向上、团结奋进的情感表达为主，渲染的是一种运动、健康、快乐的氛围，能够对学生的思想品德与行为表现起到潜移默化的影响。最后，啦啦操人的行动准则是："用心、用情、用力、用法"；啦啦操的口号是："GO FIGHT WIN（加油、拼搏、必胜）"。概言之，啦啦操运动内蕴着团结拼搏、与人为善、待人优雅与品德高尚的行为礼仪教育。

（二）啦啦操运动催生的角色形象

角色形象是指个体或群体展示出的具有某种特征的特定形象，是一种彰显个体或群体外显行为的方式。啦啦操运动催生的角色形象主要表现在两个方面：一是呈现的是健康而优美的身体形象。啦啦操运动是以舞蹈、体操、技巧等为主要内容的表演性运动，身体形态的塑造是这些运动最为突出的价值功能之一，因而啦啦操运动员呈现给大众的外在形象是匀称、健美的身体姿态和优美的肌肉曲线。二是健康快乐与动感活力的精神面貌。这与其倡导的团队建设活动理念和以街舞、爵士等时尚元素为主的动作风格有直接联系，给人带来的是时尚、青春与活力的整体印象，以及健康向上的行为表现。总而言之，啦啦操运动催生的角色形象体现为身心合一，是身体与精神的共同促进与发展。

（三）啦啦操运动开展的特色活动

1. 中国啦啦操文化节

啦啦操运动形成了独具特色的文化活动，定于每年 3 月 31 日为中国啦啦操文化日，定期举办啦啦操人的盛大庆典活动——中国啦啦操文化节。首届中国啦啦操文化节于 2018 年在山东省日照市举行，第二届中国啦啦操文化节于 2019 年在江苏省句容市举行（图 1–3–3）。其间举行的系列庆祝活动包括："经典咏流传"校园大课间啦啦操推广活动观摩，"中国啦啦操爱心大使"授牌暨捐赠仪式，全国十佳"四好啦啦操运动员"、全国"十佳啦啦操教练员"、全国"十佳啦啦操裁判员"颁奖仪式，发布《职工啦啦操示范套路》与《残疾人啦啦操示范套路》等。

图 1–3–3　第二届中国啦啦操文化节

2. 啦啦操星级俱乐部

2015 年，经国家体育总局批准，全国啦啦操委员组建了"啦啦操星级俱乐部”。俱乐部按星级标准分为：一星、二星、三星、四星、五星俱乐部，依据不同的标准报批审定（表 1-3-2）。俱乐部实行注册制，每个俱乐部享有唯一注册号。俱乐部可使用个性化中文名称（如清华大学未来之星俱乐部），同时还可根据自己的俱乐部文化使用英文名称。各级各类大学、中学、小学和幼儿园，以及社会团体和教育机构，凡符合一定条件，均有资格申报加盟全国啦啦操俱乐部。

表 1-3-2　全国啦啦操俱乐部软件配备标准

级别	教练人数	年参加全国比赛	注册运动员数	教练级别要求
一星	至少 1 人	1 次	30～60 人	至少 1 名三级教练
二星	至少 2 人	1 次	60～90 人	至少 1 名二级教练或 1 名见习导师
三星	至少 3 人	2 次	90～120 人	至少 1 名一级教练或 1 名铜牌导师或 2 名见习导师
四星	至少 4 人	3 次	150～180 人	至少 1 名高级教练或 1 名银牌导师或 2 名铜牌导师
五星	至少 5 人	4 次+1 次国际比赛	200 人以上	至少 1 名国家级教练或 1 名金牌导师
说明	1. 教练员级别不达标的俱乐部，须通过参加 CCA 培训 2 年内完成达标 2. 教练员可以兼职外聘			

3. 啦啦操创意展示大会

2016 年，首届全国啦啦操创意展示大会在郑州市金水区举办（图 1-3-4），全国各级各类开展校园啦啦操或大课间操特色学校的相关负责人和来自全国各省（市、自治区）的 57 支啦啦操代表队近 2 000 名运动员齐聚金水，共同展示这项深受大家喜爱的体育运动。时任体操中心副主任指出：本次全国啦啦操创意展示大会，是教育部体卫艺司和国家体育总局体操运动管理中心在“探索校园体育改革，立足于新兴学校体育和大课间活动研究、

图 1-3-4　首届全国啦啦操创意展示大会

发挥校园体育培养功能和艺术观赏性”所做的一次有益尝试。2018 年 9 月，第二届全国啦啦操创意展示大会“经典咏流传”进校园暨“一球一操”四年成果展在江苏省无锡市江阴体育馆举行，来自全国各地的 72 支代表队 2 000 多名运动员参与了展示活动。

五、啦啦操物质文化

物质文化是为了满足人类生存和发展需要所创造的物质产品及其所表现出来的文化特征，它也是人们在相互交往中获得知识、技能、体验、观念与情感的过程。啦啦操作为一项体育运动，其代表的物质文化主要表现为场地器材、服饰道具与文创产品方面。啦啦操的物质文化表现的是其器物文化的特征，也即啦啦操的场地、道具、衍生产品与文化产品等的实物呈现与具体要求，是啦啦操运动最典型的文化特征之一。

（一）啦啦操运动的场地器材

依据运动场地划分，可以将啦啦操分为场地啦啦操与看台啦啦操。场地啦啦操的表演与练习一般需要在标准的专业比赛板上进行，后面有背景遮挡，并清楚地标出 14 米 ×14 米的比赛区域。标志带是 5 厘米宽的红色或白色带，是场地的一部分，出界不视为违规，也不会被扣分，队伍可以在比赛区域内的任何位置开始表演或比赛。看台啦啦操是一种特殊的啦啦操形式，表演或比赛场地是在体育馆或体育场的看台上。裁判员坐在比赛场地的正前方，统一着 CCA 官方制服。表演或比赛场地所需的其他器材包括音箱、话筒、灯光、电脑或 DVD 播放设备，技巧啦啦操比赛还需配备保护员。啦啦操的比赛场地、器材的选用，以及啦啦操训练的器械与装备，如啦啦操垫、柔韧专项训练器、啦啦操“航母”训练器、啦啦操专项阻力带等（图 1–3–5），均呈现出项目特色的要求。

（二）啦啦操运动的服饰道具

啦啦操是充满时尚、活力的运动项目，其服饰道具的特征也别具一格。

1. 运动员服饰

服装方面，既有表现啦啦操运动特色的技巧啦啦操专用服装、考级服装等，也有彰显啦啦操运动个性、时尚与创新的不限款式的舞蹈啦啦操服装（图 1–3–6）。技巧啦啦操服装以弹性面料为主，通常有固定的款式与样式，比赛鞋袜要求为具有牢固软胶底的白色运动鞋及白色运动袜。舞蹈啦啦操的服

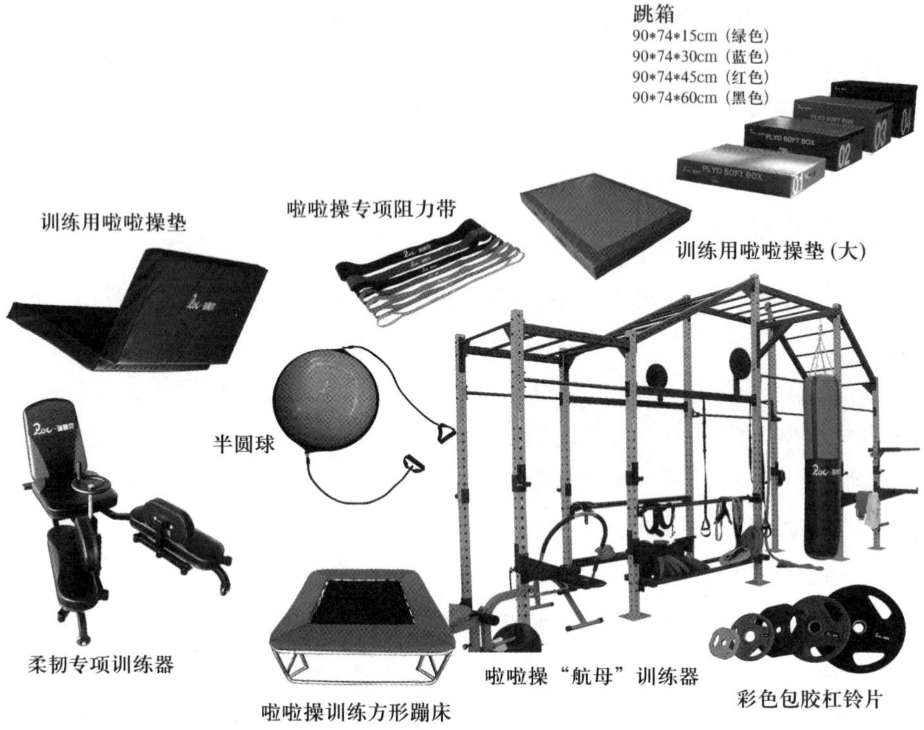

图 1-3-5　啦啦操专用训练器械

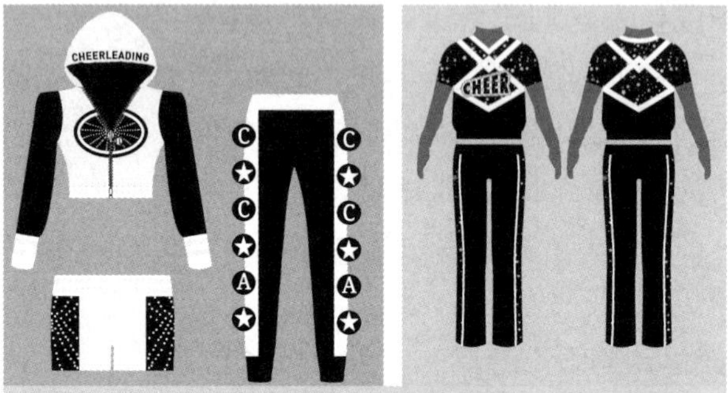

图 1-3-6　啦啦操服装

装以弹性面料为主，可穿与动作风格相吻合的款式不限的服装，配以舞蹈鞋或爵士舞鞋。

2. 道具

道具方面，技巧啦啦操允许使用的道具包括旗、横幅、标志牌、花球、扩音器；舞蹈啦啦操仅允许使用花球作为道具（图1-3-7）。运动员的外表要求整洁、大方，可以化妆与佩戴规定的饰物，舞蹈啦啦操可根据舞蹈内容、风格需要适当夸张化妆或佩戴饰物。此外，所有服装与道具中不得出现不文明、不安全的元素。总之，啦啦操运动的服装与道具既有体现啦啦操风格的整体性要求，又有不失个性创新发展的特色性展示。

图 1-3-7　啦啦操花球

3. 裁判员、工作人员服饰

在啦啦操比赛中建议所有的裁判员、工作人员着 CCA 官方制服。男裁判员着藏蓝色或黑色西装套装，全白色衬衣，黑色皮鞋及领带；女裁判员着藏蓝色或黑色西服（裙）套装，全白色衬衣与黑色皮鞋。

知识链接

CCA 官方制服简介

CCA 官方制服由衬衣、西装组成。衬衣为白色法式长袖，左胸绣“CCA”字母，配 CCA 专制袖扣，右手袖口绣有“cheer leading”。西装的扣子均为刻有“CCA”字样的定制扣子，内衬均有 CCA 内标。女式西装还专门预留了插挂徽章的左上袋。

（三）啦啦操运动的文创产品

随着啦啦操运动的快速发展，从中衍生出的彰显啦啦操运动特色与文化理念的文化创意产品也日渐丰富，成了展示啦啦操文化的重要元素。啦啦操的文创产品包括队名、队徽、队旗、队歌、口号与吉祥物等，它代表的是啦啦操的文化形象与团队发展理念。我国啦啦操的发展形成以“CCA”为文化标识的徽标（图 1-3-8），设计了啦啦宝贝吉祥物（图 1-3-9），推出了啦啦操“姐妹花”与中国啦啦操爱心大使。同时，结合啦啦操运动特色，推出了啦啦操文化衫，包括教练服、裁判服、导师服，七彩星级啦啦操手环、勋章，以及用于宣传啦啦操特色的各类纪念品。

图 1-3-8　中国啦啦操徽标

图 1-3-9　啦啦操吉祥物

思考与实践

1. 啦啦操诞生于哪个国家？中国啦啦操发展历程包括哪些阶段？
2. 简述啦啦操的分类和特点。
3. 啦啦操文化包含哪些方面？请举例说明。

第二章 啦啦操基本术语与技术

本章导读

你知道技巧啦啦操中那些高超的难度动作都怎么称呼吗？

你知道舞蹈啦啦操中那些优美又精彩的旋转都叫什么名字吗？

基本术语就像一把金钥匙帮你打开啦啦操的梦想大门，基本技术就像一块块积木帮你搭建起通向啦啦操梦想王国的桥梁。

本章将围绕啦啦操基本术语与技术展开介绍。

学习目标

1. 熟知啦啦操基本术语的中英文名称。
2. 正确掌握啦啦操基本技术。
3. 领悟啦啦操基本术语和基本技术在教学、训练、编排和评分中的重要性。

第一节 啦啦操通用基本术语及专有名词

术语是专业特有的，具有严谨性、准确性的行业通用语言。啦啦操通用基本术语包括基本姿态与位置描述、人员分工和道具两个部分（图 2-1-1），是技巧啦啦操和舞蹈啦啦操入门所需的基本信息。

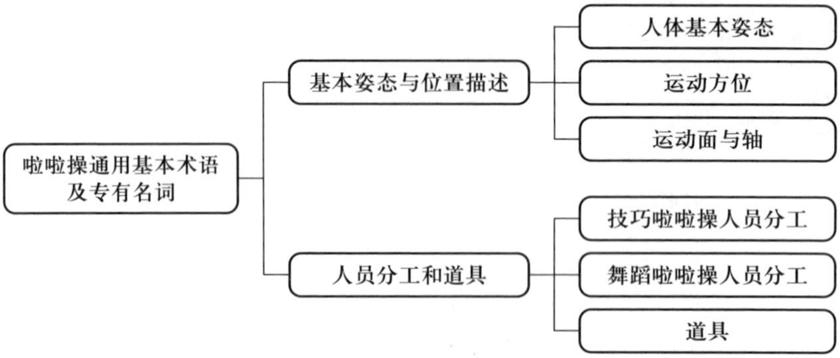

图 2-1-1　啦啦操通用基本术语及专有名词

一、基本姿态与位置描述

（一）人体基本姿态

1. 俯卧（Prone）

俯卧是指身体前侧朝向地面，后背朝上。

2. 仰卧（Supine）

仰卧是指身体背部朝向地面，身体前侧朝上。

3. 倒置（Inverted/inversion）

倒置在技巧啦啦操和舞蹈啦啦操中定义不同。

（1）技巧啦啦操中的倒置。

① 倒置（Inverted）：当运动员的双肩低于腰部且至少一只脚位于头部之上的状态（图 2-1-2）。

图 2-1-2　倒置

② 非倒置姿态（Non-Inverted Position）：尖子身体姿态符合下列任一条即可：身体直立；肩部高于腰

部，且双脚低于头部。

③ 向下的倒置动作（Downward Inversions）：托举和金字塔中，一个倒置的尖子重心朝表演地面移动。

（2）舞蹈啦啦操中的倒置。

① 倒置 / 倒立（Inversion/Inverted）：腰部、臀部和双脚高于头部和双肩的动作。

② 倒置动作（Inverted Skills）：腰部、臀部和双脚高于头部和双肩的动作，且在完成这个动作时有停顿、停滞或动作速度的变化。

③ 垂直倒置（Perpendicular Inversion）：倒置的时候，头部、颈部和双肩与地面呈 90° 的垂直状态。

④ 肩部倒置（Shoulder Inversion）：完成者的肩部和上半背部与地面接触，同时腰部、臀部和双脚高于头部和双肩的动作。

（二）运动方位

运动方位是用来描述运动员完成动作时面向的位置，采用八点定位（图 2-1-3）。

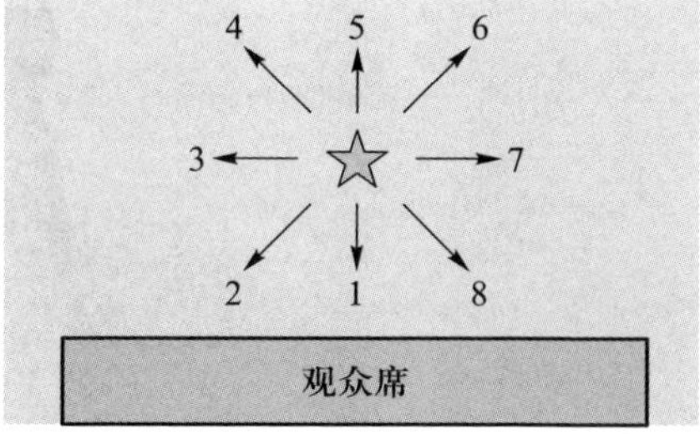

图 2-1-3　八点定位

（三）技术动作位置

技术动作位置指的是完成技术技巧的位置，这是测量空间位置的大概高度，不因个人的屈膝或倒立而改变。

1. 技巧啦啦操技术动作位置（图 2-1-4）

（1）地面位（Ground Level）：运动员位于表演地面。

（2）髋位（Waist Level）：托举中，当底座和尖子主要承重连接处在地面位以上和预备位以下，或尖子至少一只脚在预备位以下，这是由底座的高度和位置决定的。例：四角凳底座托举、团身凳底座托举均是髋位托举。根据尖子与底座的连接点，椅式托举和坐肩托举被视为预备位托举，而非髋位托举（托举术语解析详见本章第二节“技巧啦啦操特有术语和技术”部分）。

（3）预备位（Prep-Level）：底座与尖子的连接点在髋位以上、高位以下（如分腿坐肩托举）。部分托举中底座手臂高举过头顶，但仍被视为预备位而非高位，原因是尖子的身体姿态并非站立姿态，而是仰卧、俯撑、坐姿等非站立姿态（如平躺式、椅式、T 字托举和分腿坐肩托举等）。

特别说明：如果尖子至少有一只主要承重的支撑脚在髋位，那么该托举被视为预备位以下。这是由尖子与底座的连接点决定的。

（4）肩位（Shoulder Level）：托举中底座与尖子的连接点位于底座肩部的高度。

（5）高位：托举中底座与尖子的连接点高于头部且在肩位以上，底座双臂或单臂成伸直状态。

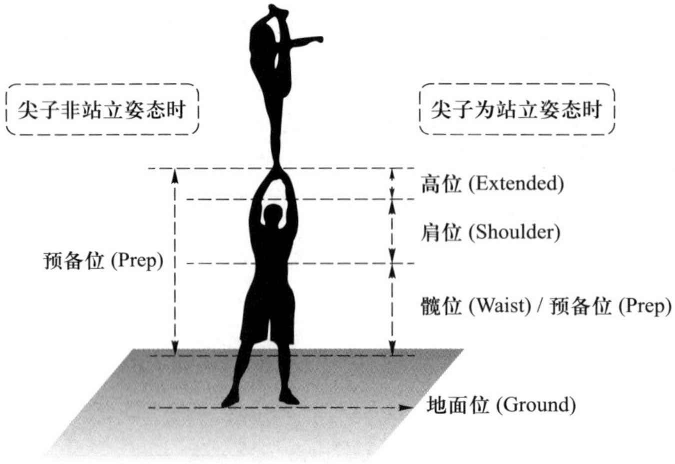

图 2-1-4　技巧啦啦操技术动作位置

2. 舞蹈啦啦操技术动作位置（图 2-1-5）

（1）头位：一人站立时，头顶所处位置（以平均身高为指导）。

（2）肩位：一人站立时，肩部所处位置（以平均身高为指导）。

图 2-1-5　舞蹈啦啦操技术动作位置

（3）臀位：一人站立时，臀部所处位置（以平均身高为指导）。

（四）运动面与轴（图 2-1-6）

1. 运动面（Plane）

按照人体的解剖学方位，人体有三个相互垂直的基本面。即矢状面、额状面和水平面。

（1）矢状面（Sagital Plane）：将身体分为左右两部分、与水平面垂直的切面。

（2）额状面（Frontal Plane）：将身体分为前后两部分、与水平面垂直的切面。

（3）水平面（Horizontal Plane）：将身体分为上下两部分，与矢状面和额状面垂直的切面。

2. 运动轴（Axis）

运动轴是在啦啦操中常用于描述转体和翻腾动作的假想轴，三个轴形在三维立体空间上相互垂直，包括额状轴、垂直轴和矢状轴。

（1）额状轴（Horizontal Axis）：指一条无形的线，从左到右穿过身体的轴。翻腾中常用的旋转轴。

（2）垂直轴（Vertical Axis）：指一条从翻腾的运动员或尖子的身体的头部到脚的无形的线。托举或翻腾加转体时常用的旋转轴。

（3）矢状轴（Sagital Axis）：指前到后穿过肚脐的轴，与水平面平行，与额状面垂直的轴。

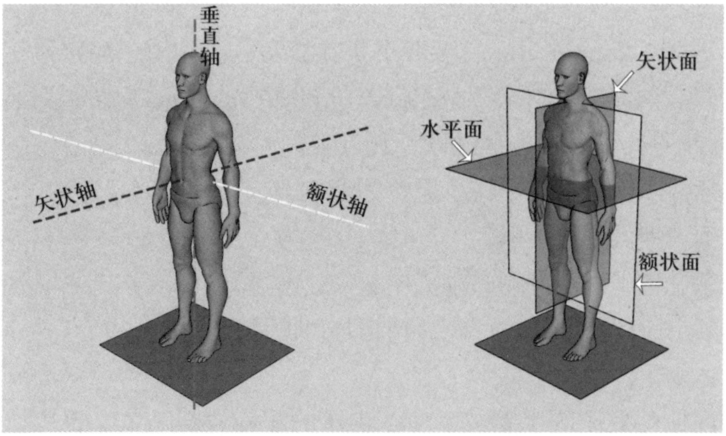

图 2-1-6　运动面与轴图

二、专有名词

（一）人员分工

1. 技巧啦啦操

（1）底座（Base）：为另一个人提供主要支撑的人，处于地面并直接承受尖子重量者。底座负责抓举或抛接一名尖子进入托举动作。如仅一人在尖子的双脚下方，那么无论手的位置如何，都视该人为底座。

① 原底座（Original Base）：从托举开始至结束时与同一名尖子保持身体接触的底座。

② 新底座（New Base）：在一个托举动作中，此名底座先前没有与完成该动作的尖子产生接触，经动作过渡或转换后与该名尖子产生接触的底座。

（2）支撑者（Bracer）：为尖子提供稳定性并与尖子有直接接触的人。支撑者既不是底座也不是保护员。

（3）接人者（Catcher）：在托举 / 下法 / 抛接 / 释放中，负责尖子安全落地的人。所有的接人者都需做到以下几点：

① 必须全神贯注。

② 禁止参与其他的编排动作。

③ 接人时必须和尖子有直接的身体接触。

④ 当动作实施时，此人员必须在表演场地上。

（4）尖子（Top Person/Flyer）：在托举、金字塔或抛接中被支撑起高于地面的运动员。

（5）保护员（Spotter）：首要职责是在托举、金字塔、抛接过程中保护尖子的头、颈、背、肩等部位，是避免尖子受伤的人。所有保护员必须接受专业的保护技术培训。保护员应遵循以下几点：

① 必须位于托举、金字塔、抛接的旁侧或前、后侧。

② 必须与地面直接接触。

③ 托举过程中，注意力必须集中。

④ 必须与所保护的托举底座保持可接触的距离，但无须与托举产生接触。

⑤ 身体躯干不可位于托举下方。

⑥ 可以抓住底座的手腕或手臂、尖子的腿部或踝关节，也可全程不与托举产生接触。

⑦ 禁止将双手置于尖子的脚底下方。

⑧ 同一人不可同时既被视为底座又被视为保护员。若仅有一人在尖子脚下，无论手部位置如何，该人都被视为底座。

2. 舞蹈啦啦操

（1）执行者（Elevated Individual）：在双人或集体中利用同伴的支撑来展示技术动作的那个人。

（2）支撑者（Supporting Individual）：在双人或集体中用一定的技术支撑或与执行者一直保持接触的那个人。

（3）搭档（Partnering）（双人完成）：在完成某个技术时，两个展示者相互从对方那里获得支撑，两个搭档既参与支撑技术，又参与执行技术。

（二）道具

1. 技巧啦啦操中的道具

指可操作的物体。仅允许使用旗帜、条幅、标语牌、花球、喇叭和布条这些道具。任何以增强视觉效果为目的，刻意从身体上脱离的比赛服材料都将被视为道具。

2. 舞蹈啦啦操中的道具

指所有在成套创编中使用的、原本不属于服装部分的物品。

特别说明：在花球啦啦操项目中，花球被视为服装的一部分，不是道具，并需要在整个成套动作中百分之百使用：残疾和特殊舞蹈啦啦操中，所有移动设施、假肢和支撑物均视为运动员本身的一部分。除非被刻意移除脱离运动员或回到运动员身体，上述物品才被视为合规的道具。

第二节　技巧啦啦操特有术语和技术

本节主要针对技巧啦啦操技术技巧中的特定动作术语进行详细的讲解，并配以图片和视频进行清晰的展示，便于学习者深入学习技巧啦啦操常用技术技巧的动作结构、发力特征以及保护方式（图 2-2-1）。

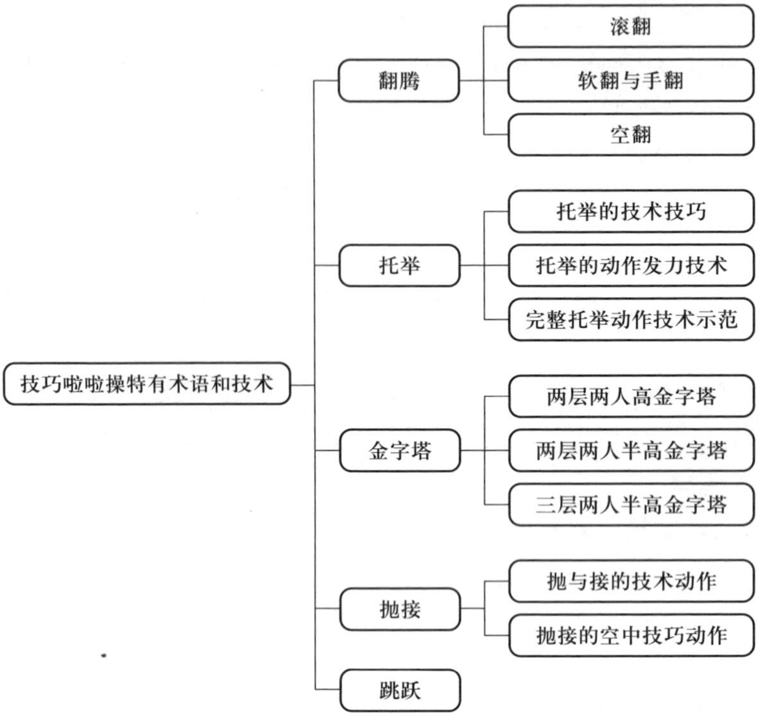

图 2-2-1　技巧啦啦操特有术语和技术

一、翻腾（图 2-2-2）

（一）相关概念

（1）翻腾（Tumbling）：任何在表演地面开始并结束的、髋部高于头的且无底座支撑的动作。

图 2-2-2　翻腾

（2）原地翻腾（Standing Tumbling）：一个或一组人员以原地站立姿态开始的翻腾技巧，且在没有任何向前助跑或其他翻腾动作的情况下开始翻腾。在翻腾之前出现向后撤步的动作也被视为“原地翻腾”。

（3）行进间翻腾（Running Tumbling）：含向前迈步或跳跃，以获得进入翻腾的动力的翻腾。

（4）旋转翻腾 / 加转翻腾（Twisting Tumbling）：一种运动员沿身体垂直轴做髋部高于头的旋转的翻腾技巧。

（5）单脚落地（Step Out）：指翻腾中单脚落地（双脚依次落地，非同时落地）的技术技巧动作。

（6）顶肩（Block）：在翻腾技巧动作中，利用单手或双手以及肩部的力量使身体抬高推离表演地面。

（7）直体姿态（Layout）：在髋部高于头的腾空翻腾技巧中呈现直立伸展的身体姿态。

（8）反弹（Rebound）：一种不含髋部高于头的翻转（运动员利用双脚和下半身力量推离开地面进行髋高过头的翻转）的空中姿态。常在前后连接翻腾技巧。

（9）空中的／腾空的（形容词）（Airborne/Aerial）：形容一种状态或技术，实施动作的运动员在此时没有与任何人或地面接触。

（10）腾空翻腾动作（Airborne Tumbling Skill）：髋部高于头的腾空翻腾技巧动作。实施翻腾动作的运动员利用身体和地面的反作用力使自己离开表演地面，完成动作后落于地面。

（11）空翻（翻腾）（Flip）：一种翻腾类技巧动作。在不接触表演地面的情况下，运动员做髋部高于头的翻转，期间身体经过倒置的姿态。

（二）滚翻

（1）前滚翻（Forward Roll）：非空翻技巧动作。运动员手撑地抬起髋部使其高过头部和双肩，同时弯曲脊柱，经倒置姿态向前翻转，做出类似球在地面滚动的动作。

（2）后滚翻（Backward Roll）：非空翻技巧动作。运动员抬起髋部使其高于头部和双肩，同时弯曲脊柱（团身姿态），进入或经过倒置姿态向后翻转，做出类似球在地面滚动的动作。

（3）鱼跃滚翻（Dive Roll）：向前滚翻的腾空技巧动作。运动员双脚向前起跳腾空后，落地瞬间双手撑地，屈臂缓冲完成前滚翻的动作。

（三）软翻与手翻

（1）软翻（Walkover）：非空翻的翻腾技巧。运动员用单手或双手支撑，做向前或向后的髋部高于头的翻转动作（通常分腿）。

（2）前软翻（Front Walkover）：非腾空的翻腾技巧动作。运动员用单手或双手支撑，一条腿蹬地，另一条腿向后摆腿，经纵劈腿倒立向前翻转，双脚依次落地。

（3）后软翻（Back Walkover）：非腾空的翻腾技巧动作。运动员上身向后下腰且双手撑地，进行髋部高于头的翻转动作，经纵劈腿倒立向后翻转，双脚依次落地。

（4）手翻（Handspring）：腾空翻腾技巧动作。运动员利用双脚向前或后跳跃，同时翻转经手倒立的姿态。然后运动员将重量置于手臂上，利用肩膀的推力使双手离地，双脚落地完成翻转。

（5）侧手翻（Cartwheel）：非腾空的翻腾技巧动作。运动员在一侧翻转90°分腿倒立时用双手臂依次支撑身体的重量，双脚依次落地成直立姿态。

（6）踺子（Round Off）：以侧手翻姿态起动，在一侧翻转180°后，双脚同时落地，面向落地方向结束。

（四）空翻

（1）侧空翻（Aerial Cartwheel）：腾空的翻腾技巧动作。运动员在完成侧手翻动作时，无手臂支撑身体的重量，双脚依次落地。

（2）团身前空翻（Front Tuck）：腾空的翻腾技巧动作。运动员产生向上的动能，以团身姿态，完成一个向前的旋转。

（3）团身后空翻（Back Tuck）：腾空的翻腾技巧动作。运动员产生向上的动能，以团身姿态，完成一个向后的旋转。

（4）空翻转体（Twisting Tumbling）：在完成空翻动作（额状轴转体）过程中加一个垂直轴的横向转体动作。

二、托举

（一）相关概念

（1）托举（Stunt）：在一人或多人的支撑下，尖子被托起高于表演地面的动作。底座支撑尖子腿的数量决定了“单腿托举”或“双腿托举”。单腿托举同时要满足底座在尖子正下方进行支撑，由一名或一名以上的底座承担该尖子的重量。

（2）上法（Mount）：在单人或多人的支撑或辅助动作下，使尖子进入托举、金字塔中的动作，如：登阶上、转体上、直抛上等动作。

（3）起动姿态/动作（Load-In）：托举中尖子单脚或双脚位于底座手中，且底座手部高度位于底座腰际处。

（4）起始动作（Initiation/Initiating）：托举或金字塔技术技巧动作开始的起点；在托举或篮抛中，底座与尖子连接处的最低下沉点视为动作的起动点。

（5）预备（托举）（PrepStunt）：多底座双腿托举，尖子呈直立姿态被托举至底座的肩部位置。

（6）单底座托举（Single-Based Stunt）：一名单独的底座支撑尖子的托举。

（7）多底座托举（Multi-Based Stunt）：有两名或多名底座的托举（不含保护员）。

（8）双手托举（Separate Hand Stunt）：底座以双手支撑尖子的托举动作。

（9）单臂托举（One Arm Stunt）：底座以单手支撑尖子的托举动作。

（10）主要支撑（Primary Support）：支撑尖子大部分重量。

（11）二层（Second Level）：任何被一名或多名底座支撑而离开地面的运动员。

（12）托举过渡（Transitional Stunt）：尖子从一个托举姿态变为另一个姿态的动作，因此改变了托举开始时的结构。每一个动作起动点都决定了另一个过渡的开始。动作的停顿或尖子与地面接触等被视为过渡的结束。

（13）支撑（Brace）：由一名尖子与另一名尖子或在地面上的运动员进行肢体接触，为其提供稳定性。在金字塔或托举过渡动作中，如果依靠接触尖子的头发和/或服装来提供支撑是违规的。

（14）高位托举（Extended Stunt）：底座托举尖子到高位，尖子呈站立姿态。

① 属于高位托举的例子：高位丘比式（丘比式解析见后）。

② 不属于高位托举的例子：椅式、平躺式（在这些托举中，虽然底座的手臂完全伸展过头顶，但是不属于高位托举，因为尖子所处的高度使得这些托举类似于肩位或预备位托举，椅式、平躺式解析见后）。

（15）自由释放动作（Free Release Move）：一种释放动作。尖子脱离与所有底座、支撑者的肢体接触。

（16）高臂位（Extended Arm Level）：底座（非保护员）在托举动作中将手臂高举过头部且手臂呈直臂状态的最高点。高臂位不一定是“高位托举”（如尖子为非站立姿态）。

（17）高位姿态（Extended Position）：底座手臂呈直臂状态支撑一个身体站立姿态的尖子，伸展手臂不一定指“高位托举”。

（18）下法（Dismount）：从托举或金字塔状态中落于摇篮接或通过有协助的释放动作下落至地面的动作。

（二）托举的技术技巧

（1）自由女神式（Liberty）：一组托举中底座支撑尖子的一只脚，尖子另一条腿屈膝吸腿贴近支撑腿（图 2-2-3）。

（2）摇篮姿态（Cradle Position）：底座用双臂环绕抱尖子，支撑尖子的后背和双腿（图 2-2-4）。

（3）丘比式（Cupie）：尖子呈双脚并拢直立（站立）姿态，站在底座手中，也被称作“Awesome”（图 2-2-5）。

图 2-2-3 自由女神式

图 2-2-4 摇篮姿态

图 2-2-5 丘比式

（4）屈体并腿前翻平躺（Pancake）：倒置的托举。底座抓握尖子双腿或双脚的同时，尖子屈体并腿翻转后，底座撑住尖子的背部，尖子呈现背部朝下，屈体并腿姿态。

（5）V 字坐（V-Sit）：在托举中，尖子呈坐姿，伸直双腿与地面平行，上身挺直，双脚分腿呈 V 形坐姿（图 2-2-6）。

（6）椅式（Chair）：预备位的托举。底座用一只手抓握尖子的脚踝，另一只手放在尖子的臀部下方进行支撑。支撑腿必须位于尖子的躯干下方，呈垂直姿态（图 2-2-7）。

（7）四角凳式（All 4s Position）：运动员以非团身姿态，用双手和双膝支撑于地面。当支撑尖子时，该姿态属于髋位托举。

（8）火炬式（Torch）：在一人或多人支撑中，尖子以单腿姿势站立于底座手上的单腿托举动作；尖子一腿为单脚站立，另一腿为吸腿状态，上半身扭转 90° 面向正面（图 2–2–8）。

图 2–2–6　V 字坐

图 2–2–7　椅式

图 2–2–8　火炬式

（9）平躺式（Flat Back）：在多人支撑动作中，尖子以平躺姿态被托起高于表演地面的托举动作。

（10）交换踩踏（Tic–Tock）：尖子以单腿姿态保持站立，然后底座稍下沉并向上释放尖子。与此同时尖子转换重心到另一条腿并保持站立。

（11）坐肩托举（Shoulder Sit）：尖子坐在底座肩部的托举，被视为预备位托举。

（12）站肩（Shoulder Stand）：尖子站在底座肩部的托举（图 2–2–9）。

（13）分腿抓举（Split Catch）：底座抓举尖子大腿内侧的托举。尖子上身呈直立姿态、膝盖向前。（图 2–2–10）。

（14）T 字托举（T–Lift）：尖子双臂与身体呈 T 字，两个位于其两侧手臂下方的底座连接尖子手部、支撑尖子双臂进行托举动作。托举过程中，尖子保持非倒置的、与地面垂直的姿态（图 2–2–11）。

图 2-2-9　站肩

图 2-2-10　分腿抓举

图 2-2-11　T 字托举

（15）纸娃娃（Paper Dolls）：几组单腿托举互相支撑。该托举高度可以是高位或肩位（含以下高度）的单腿托举（图 2-2-12）。

图 2-2-12　纸娃娃

（16）膝抛式 / 屈膝抛投式（Toe/Leg Pitch）：单底座或多底座的托举其中一种上法，底座抓住尖子的单脚或单腿直接向上托举或抛投，以此来增加尖子的高度。

膝抛式 / 屈膝抛投式

（17）空翻上法（Rewind）：从地面位以自由空翻释放动作进入托举的技术技巧。

空翻上法

（18）悬挂滚翻（Suspended Roll）：托举时，尖子在与一名底座或其他托举中的尖子以手或手腕连接的情况下，做髋部高于头的翻转动作。过程中底座的双臂保持伸直，尖子翻转的方向仅可向前或向后。

悬挂滚翻

（19）支撑空翻（Braced Flip）：在托举中，当与其他尖子保持不间断的身体接触时，一名尖子做髋部高于头的翻转动作。

支撑空翻

（20）青蛙跳（Leap Frog）：托举中的一个尖子通过支撑前方支撑者高举的双臂，经底座向上释放动作后，越过或穿过前方支撑者高举的双臂，从一组底座过渡到另一组底座，或回到原底座。尖子在过渡中全程与底座保持接触。

青蛙跳

（21）摇篮滚筒（Log Roll/Barrel Roll）：释放动作。尖子至少转体 360° 并始终与地面平行。有协助的滚筒与该技巧相同，尖子受到额外底座的协助，并在过渡中全程与底座保持接触。

摇篮滚筒

（三）托举的动作发力技术

托举动作对所有参与人员的协同一致要求很高，需要底座、尖子、保护员统一发力，这意味着发力时间、力度、速度、高度都要保持一致，练习时要求形成固定节拍做下沉、上举的动作，培养配合的默契度，直到本组队员的节奏完全相同。

1. 多底座托举的发力技术

（1）多底座双脚托举动作技术

底座：双腿分立，与肩同宽，多底座同步发力，发力顺序从小腿→大腿→躯干→手臂，依次向上。

尖子：双手撑于两底座同侧肩膀，双脚分别站在两底座手中，肩部、膝盖、脚尖在同一垂直线上，与底座同步下沉，借助底座力量向上，同时身体快速直立至特定姿态，核心收紧。

（2）多底座单脚托举技术

底座：双腿分立，与肩同宽，主力底座双手分别握住尖子脚掌与脚跟，另一底座右手握住尖子脚部足弓处，左手握于尖子脚踝或主力底座的同侧手腕。

尖子：尖子单腿站立，身体收紧，主要支撑脚要放平。另一脚吸腿或做搬腿、抱腿等平衡或柔韧展示动作。

后保底座：双手抓握住尖子支撑腿脚踝、大腿、小腿后侧或支撑底座手腕处，以稳定托举动作。

2. 单底座托举的发力技术

（1）登阶转体 180° 上（Walk In）动作技术

单底座托举的发力动作技术

底座：屈膝半蹲，双腿分立，与肩同宽，双臂屈臂收紧于腰间，双手上下叠放，掌心向上，握住尖子脚掌，将尖子托高至肩位以后，转手 180°，成肩位或高位双臂托举。

尖子：面向底座，单脚踩于底座的手部，双手撑于底座双肩，配合底座发力，升高至肩位后，转体 180°，成肩位或高位双臂托举。

（2）单底座扶腰直抛（Coed Toss）技术

单底座扶腰直抛技术

底座：底座双手扶于尖子腰部，双腿分立，屈膝下蹲，与肩同宽，双手将尖子送至腾空后，主动接尖子的双脚，成肩位或高位双臂托举。

尖子：并腿站立，与底座面向相同，双手撑于底座的手腕，屈膝下蹲，与底座同步发力跳起，离地后保持并腿，待与底座接触后，将双腿外开，与肩同宽，大腿内侧向内稍微收紧，身体保持直立。

（四）完整托举动作技术示范

1. 多底座托举动作

（1）多底座髋位托举（Multi-Based Thigh Stand）（图 2–2–13）

底座：屈膝弓步，内侧手臂环抱尖子腿部，外侧手托于尖子前脚掌。

尖子：双手分别撑于两位底座内侧肩膀，双脚踩于底座大腿根部，核心收紧。

图 2–2–13　多底座髋位托举

后方保护员（以下简称“后保”）：双手始终扶于尖子腰部，起到辅助稳定尖子的作用。

（2）多底座肩位托举（Elevator）（图 2-2-14）

底座：两位主力底座相对而立，屈膝，双腿分立，与肩同宽，双手屈臂，小臂位于腰间，手心向上，托住尖子脚底，与尖子、后点同步发力，将尖子托至肩位后手腕旋转 90°，掌根相对。

尖子：双手分别撑于两底座肩部，肩、膝、脚尖成一条垂直线，双脚踩于底座手上，经下沉后，上升至肩位托举。

后保：双手掐于尖子腰部，辅助尖子站于底座手部，升至肩位后，抓握于尖子的双脚脚踝或大腿、小腿后侧，稳定尖子的平衡。

（3）多底座高位托举（Extended Elevator）（图 2-2-15）

底座：两位主力底座相对而立，屈膝，双腿分立，与肩同宽，双手屈臂，小臂位于腰间，手心向上，托住尖子脚底，与尖子、后点同步发力，将尖子托至肩位后手腕旋转 90°，掌根相对。可先升至肩位，再上推成直臂高位托举。也可从髋位直接发力成直臂高位上举。

图 2-2-14　多底座肩位托举

图 2-2-15　多底座高位托举

尖子：双手分别撑于两底座肩部，肩、膝、脚尖成一条垂直线，双脚踩于底座手上，经下沉后，上升至肩位托举，再至高位。

后保：双手掐于尖子腰部，辅助尖子站于底座手部，升至肩位时，握于尖子的双脚脚踝，上升至高位后，双手握紧尖子的双脚脚踝或两侧底座手腕，协助平衡。

2. 单底座托举动作

（1）单底座髋位托举（图 2–2–16）

底座：底座弓步站立，内侧手环抱尖子腿部，外侧手托于尖子前脚掌。

尖子：双手撑于底座双肩，单脚踩于底座大腿根部，升至髋位。

（2）单底座肩位托举（图 2–2–17）

底座：双脚分立，与肩同宽，手臂胸前垂直屈臂，双手抓住尖子的双脚，稳定住尖子。

尖子：与底座面向同一个方向，双腿分开同肩宽，双脚踩在底座的手心，身体直立，双腿伸直收紧，不得松懈，稳定核心。

单底座肩位托举的常用上法是：① 屈膝抛接上；② 踩胯登阶上；③ 扶腰直抛上。

图 2–2–16　单底座髋位托举

图 2–2–17　单底座肩位托举

（3）单底座高位托举（图 2-2-18）

底座：手臂直臂上举，双手抓住尖子的双脚，手臂向内收紧稳定住尖子，双腿分开站立，同肩宽。

尖子：与底座面向同一个方向，双腿分开同肩宽，双脚踩于底座的手心，踝关节保持稳定，身体直立，双腿伸直收紧，不得松懈，稳定核心。

上法：与单底座肩位托举的上法基本相同，经过底座肩位后，将尖子继续上举，直到底座的手臂成直臂状态。

图 2-2-18 单底座高位托举（左侧为保护员）

三、金字塔

（一）相关概念

（1）塔状金字塔（Tower Pyramid）：二层人员在髋位托举上支撑三层人员所组成的三层两人半高金字塔。

（2）金字塔过渡（Transitional Pyramid）：尖子在金字塔中从一个姿态变为另一个姿态的动作。当有至少一个在预备位以下的运动员与尖子保持身体接触时，允许金字塔过渡改变底座。

（3）手或手臂连接（Hand/Arm Connection）：两名或多名运动员用手或手臂进行的身体接触。肩部对肩部的连接不合规。

（4）腿或脚连接（Leg/Foot Connection）：两名及以上的运动员通过腿部与脚部形成身体连接。当允许腿或脚连接时，从小腿到脚趾的任何连接均合规。

（二）基本要素：层数与高度

金字塔的两个基本要素：分别为层数和高度，从这两个要素来进行分类，可将金字塔分为两层一人半高、两层两人高、两层两人半高和三层两人半高金字塔。本文将针对两层两人高、两层两人半高和三层两人半高进行举例（表 2-2-1）。

表 2-2-1 技巧啦啦操托举、金字塔托举技术技巧高度示意表

层数	一层	两层	两层	两层	三层
高度	一人高	一人半高	两人高	两人半高	两人半高仅限 6 级
托举高度示意图					

注：N 层数为堆叠人数，如髋位托举 = 2 层（底座 + 尖子），肩位托举 = 2 层（底座 + 尖子），金字塔 221 = 3 层（底座 + 中层 + 尖子）

N 人高为堆叠高度，如髋位托举 = 1.5 人高（底座髋位 0.5 + 尖子站立姿态 1），肩位托举 = 2 人高（底座站姿 1 + 尖子站立姿态 1），高位托举 = 2.5 人高（底座站姿 1 + 底座手臂向上伸直 0.5 + 尖子站立姿态 1），金字塔 221 = 2.5 人高（底座站姿 1 + 中层髋位托举 0.5 + 尖子站立姿态 1）

1. 两层两人高金字塔

层数：两层是指金字塔由底座和尖子两层组成。

高度：两人高指“尖子直立姿态 + 底座直立姿态”，肩位托举的高度。

2. 两层两人半高金字塔

层数：两层是指金字塔由底座层和尖子层两层组成。

高度：两人半高是指“底座直立姿态 + 底座直臂高位托举的高度 + 尖子直立姿态”。

3. 三层两人半高金字塔（限六级）

层数：三层是指金字塔由底座、中层尖子和三层（顶层）尖子组成。

高度：两人半高是指“底座站立姿态 + 中层髋位托举的高度 + 尖子站立姿态肩位托举”，或者“底座站立姿态 + 中层肩位托举高度 + 尖子髋位托举高度”。

举例：① 2–2–1 型：“两组底座 + 两组中层肩位托举 + 一组尖子髋位托举”（“中层直臂 + 尖子仰卧姿态”为髋位托举）；② 2–1–1 型：两组底座 + 一组中层肩位托举 + 一组尖子髋位托举；③ 3–3–2 型：三组底座 + 三组中层肩位托举 + 两组尖子髋位托举。

四、抛接

（一）相关概念

（1）抛接（Toss）：一项使尖子腾空的技术技巧动作，指底座从地面位、髋位或预备位开始做抛出的动作，以提升尖子在空中的高度，使得尖子与所有底座、保护员或其他尖子脱离身体接触。抛接开始时，尖子不与地面接触（如篮抛或者海绵抛接）。

（2）篮抛（Basket Toss）：两名底座以及一名或两名保护员完成的抛接动作，其中两名底座手腕互锁搭桥，尖子完成抛接动作后需落入摇篮式抱接。

（3）飞行抛接（Traveling Toss）：抛接中，要求底座或接人者朝指定方向移动以接住尖子（这不包括篮抛中底座附加的转体，如踢腿转体 360°）。

（4）空翻抛接（Flipping Toss）：抛接中，尖子经倒置姿态做翻转动作。

（5）旋转抛接（Twisting Toss）：尖子沿身体垂直轴旋转的抛接。

（6）摇篮式抛接（Cradle）：在单底座或多底座托举姿态中，向上抛起尖子进入摇篮式抱接的动作。

（二）抛与接的技术动作

（1）直体抛接（Straight Ride）：尖子在抛接或下法时的身体姿态，期间不做任何技巧动作。尖子保持绷直的身体姿态以在抛接中达到最高点。

直体抛接

（2）垂直式抛接（Coed Style Toss）：由地面位开始，单底座扶住尖子的腰部进行抛接。

（3）直升机抛接（Helicopter Toss）：在托举中，呈水平姿态的尖子被抛起后，绕垂直轴旋转（像直升机的桨叶），然后被原底座接住。

直升机抛接

（4）海绵抛接（Sponge Toss）：类似于篮抛的托举。尖子从起动姿态被抛起。在抛接之前，尖子的双脚置于底座的双手中。

海绵抛接

摇篮接

团身踹 X

踢腿转体 360°

（5）摇篮接（Cradle）：尖子在摇篮姿态下被接住的下法。

（三）抛接的空中技巧动作

（1）团身踹 X（Ball-X）：一种经常出现在抛接里的身体姿态。尖子由团身姿态打开双臂和双腿或仅打开双腿使身体呈“X”的姿态。

（2）团身后空翻踹 X（X-out）：翻腾技巧或抛接动作。运动员做空翻的同时伸展双臂和双腿，使身体呈现出“X”的姿态。

（3）踢腿转体 360°（Kick Full）：通常在抛接中的技巧。包括一次踢腿和一个转体 360°。允许尖子在踢腿期间做转体 90°，这被视为转体的开始。

五、跳跃

（一）相关概念

（1）跳跃（Jump）：一种腾空状态，运动员利用脚和下半身力量离开地面（不经过髋高于头的姿态）。

（2）跳跃技巧（Jump Skill）：跳跃的同时改变身体姿态的技巧动作（如屈体分腿跳、屈体并腿跳等）。

（3）转体跳跃（Jump Turn）：跳跃的同时增加转体。

（二）跳跃的技术动作

（1）直体跳（T Jump/Pencil Jump）：双脚起跳，空中呈直棍姿态，双臂呈“T”字，双脚落地屈膝缓冲。

（2）分腿跳 /X 跳（Spread Eagle/Star Jump）：双腿起跳，空中手臂呈上“V”姿态，双腿伸直，开度 90° 左右，双脚落地屈膝缓冲。

（3）侧跨栏跳 / 赫基跳（Side Hurdler/Hurkie Jump）：双腿起跳，腾空后一腿直腿侧踢 45° 左右，另一腿屈膝后踢，双脚依次落地屈膝缓冲（图 2–2–19）。

（4）前跨栏跳（Front Hurdler）：双腿起跳，腾空后一腿直腿前踢 45° 左右，另一腿屈膝后踢，双脚依次落地屈膝缓冲（图 2–2–20）。

（5）双 9 跳（Double 9）：双腿起跳，腾空后一腿直腿经前上踢，另一腿屈膝外翻，屈膝脚心位于直腿的膝关节位，呈一个“9”字形状，双手与双腿相同，也呈一个“9”字形状。落地屈膝缓冲（图 2–2–21）。

图 2-2-19　侧跨栏跳 / 赫基跳

图 2-2-20　前跨栏跳

图 2-2-21　双 9 跳

（6）屈体分腿跳（Toe Touch）：双腿起跳，直腿侧前踢至水平面以上，快速并腿，双脚落地屈膝缓冲。

（7）屈体并腿跳（Pike Jump）：双脚起跳，直腿、并腿上踢至水平面以上，保持并腿，双脚落地屈膝缓冲。

（8）跳跃组合（Jump Skill Combo）：连续完成两个或两个以上的跳跃动作。例如，团身跳接屈体分腿跳，侧跨栏跳接屈体并腿跳再接团身跳。

跳跃组合

第三节　舞蹈啦啦操特有术语和技术

本节主要针对舞蹈啦啦操中的动作术语进行详细描述，对技术技巧动作进行讲解与示范，便于学习者深入了解舞蹈啦啦操中花球、爵士、街舞特定技术的动作结构、技术风格以及发力特点（图 2-3-1）。

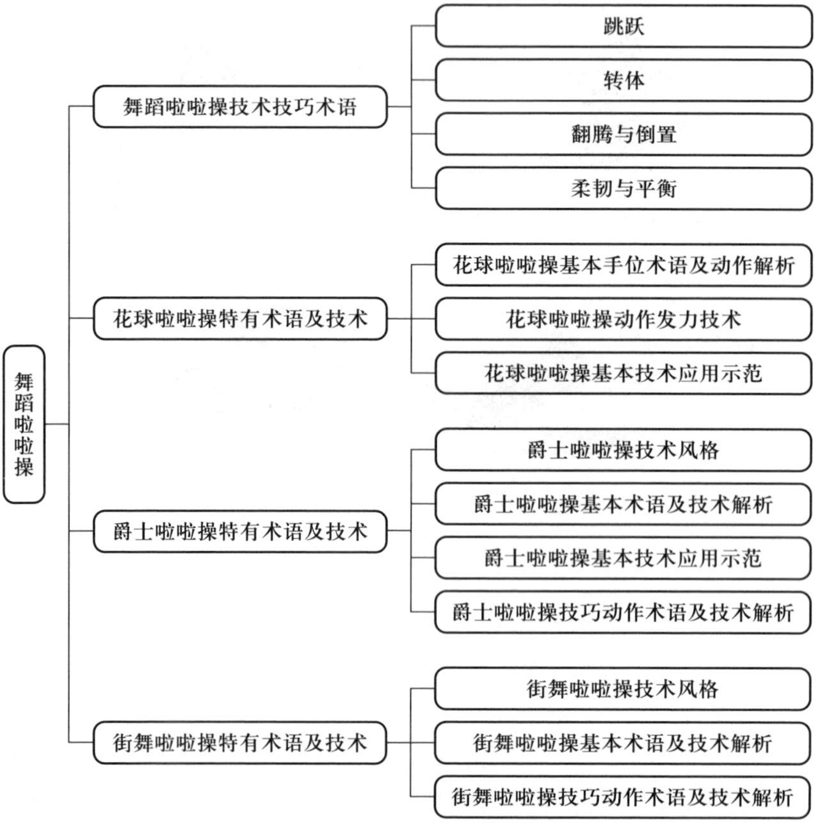

图 2-3-1　舞蹈啦啦操特有术语与技术

一、舞蹈啦啦操技术技巧术语

（一）跳跃（描述舞蹈啦啦操中常见的跳跃动作，与技巧啦啦操跳跃重复的内容将不再赘述）

（1）单脚起跳、单脚落地跳跃（Jete/Leap）：运动员通过双脚轻扫地面后，单脚起跳，另一只脚腾空，最后用单脚落地的动作。单脚起跳、单脚落地的跳跃动作可在不同方向、以不同姿态完成。

（2）C 跳（C-Jump）：运动员起跳后，在空中身体形成反弓形，膝关节弯曲，双腿延伸至身体后方（图 2-3-2）。

图 2-3-2　C 跳

（3）反身 C 跳（Barrel Jump）：反身跳跃动作。单

脚起跳，旋转中身体呈 C 跳姿态，以动力腿落地。

（4）反身跨栏跳（Calypso）：反身跳跃动作。旋转中动力腿伸直向身体行进方向向上摆动，随后支撑腿腾空，并延伸到身体后方，结束时动力腿先落地。

（5）交换腿跳（Switch Leap）：单脚起跳、单脚落地的跳跃动作。运动员起跳后动力腿直腿前踢，接着向后摆动，双脚腾空成空中纵劈腿姿态，以支撑腿落地。

（6）踢尔特跳（Tilt Jump）：双脚或单脚起跳后，在空中形成踢尔特姿态，单腿落地（图 2–3–3）。

（7）紫金冠跳（Firebird）：双腿起跳，动力腿向后加速踢腿，贴近后背，上体向上、向后伸展（图 2–3–4）。

（8）跨跳（Grand Jete）：行进间跳跃技巧。从单脚起跳开始，身体直立，双腿在空中经纵劈腿姿态后，动力腿落地。

（9）鹿跳（Stag Jump）：单脚或双脚起跳，双腿分腿呈弯曲姿态（图 2–3–5）。

图 2–3–3　踢尔特跳

图 2–3–4　紫金冠跳

图 2–3–5　鹿跳

（二）转体

（1）库佩转体（Coupe Turn）：运动员保持库佩姿势完成的转体类动作。

（2）挥鞭转（Fouetté）：由动力腿摆动，小腿在空中极速画圈的单足转体动作。

库佩转体　挥鞭转

（3）阿拉 C 杠（a la Seconde）：由动力腿摆动，每次旋转中保持与地面平行，在空中呈控制、延伸状态的单足转体动作。

阿拉 C 杠

（4）阿提丘转体（Attitude Turn）：运动员保持阿提丘姿势

（身体垂直于地面，单腿支撑，动力腿髋关节外展，屈膝向后抬起）完成的转体类动作（图 2-3-6）。

图 2-3-6　阿提丘转体

平转

搬腿转

立转

（5）平转（Chaine）：行进间的转体类动作。双脚立踵交替上步向行进方向移动转体，每次转体 180° 或 360° 。转体时双腿直立。

（6）搬腿转（Leg Hold Turn）：运动员保持搬腿姿态完成的转体类动作。

（7）控腿转（Float Turn）：运动员保持控腿姿态完成的转体类动作。

（8）立转（Pirouette）：从四位开始下蹲，抬起动力腿，完成转体。立转可以不同的身体姿态来完成。

（三）翻腾与倒置（描述舞蹈啦啦操中常见的翻腾与倒置动作，与技巧啦啦操翻腾重复的内容将不再赘述）

（1）腾空（个人、双人或小组完成）（Airborne）：运动员与运动员之间或运动员与表演场地脱离接触的状态或技巧动作。

（2）髋部高于头的腾空翻转动作（个人完成）（Airborne Hip Over Head Rotation）：翻腾技巧中髋部高于头的翻转动作，不与表演场地接触（如踺子或后手翻）。

（3）髋部高于头的翻转（个人完成）（Hip Over Head Rotation）：在翻腾动作中，运动员做髋部高于头的连续翻转动作（如后软翻或侧手翻）。

（4）髋部高于头的翻转（小组或双人执行）（Hip Over Head Rotation）：在托举或双人配合动作中，执行运动员做髋部高于头的连续翻转动作。

（5）头手翻（Head Spring）：腾空翻腾技巧动作。从站立或蹲下的姿态开始，双手置于地面，头位于双手之间，然后双腿用力弹起，类似鲤鱼打挺起身，双脚同时落地。

（6）鲤鱼打挺（Kip Up）：腾空非翻腾的技巧动作。一般由仰卧姿态开始，通过屈体，大腿向胸部靠近，肩背部同时向后用力，身体经反弓姿态，双脚同时落地，呈站立姿态结束。

（7）手倒立（Handstand）：倒置的姿态。运动员垂直倒立，由双手承受重量。

（8）头手倒立（Headstand）：倒置的姿态。运动员垂直倒立，由头部和双手承受重量。

（四）柔韧与平衡

（1）依柳辛（Illusion）：身体直立开始，动力腿直腿上摆至垂直劈腿姿态时，上体面向主力腿方向转体 180°，主力腿同时完成 360° 转体，动力腿直腿落腿起身，呈直立姿态结束。

（2）控腿（Arabesque）：身体直立，主力腿伸直，动力腿不借助手臂力量向上抬起并控制住，控腿分前、侧、后三个方位。

（3）抱腿（Leg Hitch）：身体直立，主立腿伸直，动力腿向上抬起至最高点时用双手环抱并控制住，两腿分开角度不低于 170°，抱腿分前、侧、后三个方位。

（4）搬腿（Heel Stretch）：身体直立，主立腿伸直，动力腿向上抬起至最高点时用单手抓握踝关节或脚跟并控制住，两腿分开角度为 100°～180°，搬腿分前、侧、后三个方位。

二、花球啦啦操特有术语及技术

（一）花球啦啦操基本手位术语及动作解析（表 2-3-1）

表 2-3-1　基本手位术语及动作解析

序号	中文名称	英文名称	图片示范		技术详解
			正面	侧面	
1	上 A	High Clap			双臂上举，双手握拳，拳心相对并拢，小拳眼向前
2	下 A	Low Clap			双臂体前斜下举，双手握拳，拳心相对并拢，大拳眼向前
3	上 V	High V			双臂斜上举，双臂夹角 60°～90°，拳心向外，大拳眼向前

续表

序号	中文名称	英文名称	图片示范		技术详解
			正面	侧面	
4	下 V	Low V			双臂斜下举，双臂夹角60°~90°，拳心相对，大拳眼向前
5	加油	Clap			双臂胸前上屈，双手击掌。拳心相对，小拳眼向前，拳位于锁骨下方
6	T	T			双臂侧平举，拳心向下，大拳眼向前
7	短 T	Half T or Broken T			双臂胸前平屈，拳心向下，小拳眼向前

续表

序号	中文名称	英文名称	图片示范		技术详解
			正面	侧面	
8	W	Muscle Man			双臂肩侧上屈，前臂与上臂夹角成90°，拳心相对，小拳眼向前
9	上 L	L			一臂上举贴近头部，拳心向内，小拳眼向前，另一臂侧平举，拳心向下，大拳眼向前
10	下 L	Low L			一臂下举，拳心向内，大拳眼向前，另一臂侧平举，拳心向下，大拳眼向前
11	斜线	Diagonal			单臂侧上举30°，拳心向外，大拳眼向前，另一侧手臂侧下举30°，拳心向内，大拳眼向前，成一条斜线

续表

序号	中文名称	英文名称	图片示范		技术详解
			正面	侧面	
12	K	K			一臂体前斜上举，另一臂体前斜下举，双臂成90°夹角，斜上举的手大拳眼向前，斜下举的手小拳眼向前，双手手背向上，拳心向下
13	侧K	Side K			一臂侧上举，大拳眼向前，另一侧手臂体前斜下举，拳心向下，小拳眼向前，双手手背向上，拳心向下
14	弓箭	Bow and Arrow			一臂体侧平屈，前臂和上臂夹角为30°，小拳眼向前，另一臂侧平举，拳心向下，大拳眼向前
15	小弓箭	Daggers Arrow			一臂体侧上屈，前臂和上臂夹角为90°，小拳眼向前，另一臂侧平举，拳心向下，大拳眼向前

续表

序号	中文名称	英文名称	图片示范		技术详解
			正面	侧面	
16	短剑	Half Punch			一臂胸前上屈，垂直于地面，小拳眼向前，另一侧手臂叉腰，拳心向下
17	侧上冲拳	Half/ Broken High V			一臂斜上举（同上V），另一侧手臂叉腰，拳心向下
18	侧下冲拳	Half/ Broken Low V			一臂斜下举（同下V），另一侧手臂叉腰，拳心向下
19	斜下冲拳	Low Punch Cross			一臂体前斜下举，小拳眼向前，另一侧手臂叉腰，拳心向下

续表

序号	中文名称	英文名称	图片示范		技术详解
			正面	侧面	
20	斜上冲拳	Up Punch Cross			一臂体前斜上举，拳心向下，小拳眼向前，另一侧手臂叉腰，拳心向下
21	高冲拳	Punch			一臂体前上举，拳心向内，小拳眼向前，另一侧手臂叉腰，拳心向下
22	R	R			一臂体前斜下举，小拳眼向前，另一侧手臂肩上后屈，拳心向内贴于头后部
23	上 M	Tiny Muscle Man			双臂肩侧上屈，双拳轻触肩部，拳心向下，小拳眼向前

续表

序号	中文名称	英文名称	图片示范		技术详解
			正面	侧面	
24	下 M	Hand On Hips or Attention			双臂叉腰，拳心向下
25	屈臂 X	Cross			双臂胸前斜上屈，前臂交叉，小拳眼向前
26	上 X	High X			双臂体前斜上举，前臂交叉，小拳眼向前
27	前 X	Front X			双臂前平举，前臂交叉，拳心向下

续表

序号	中文名称	英文名称	图片示范		技术详解
			正面	侧面	
28	下 X	Low X			双臂体前斜下举，前臂交叉，拳心向内
29	X	Back Cross or X			双臂肩上后屈，拳心向内贴于头后部
30	上 H	Touch Down			双臂体前上举，拳心相对，小拳眼向前
31	下 H	Low Touch Down			双臂体前下举，拳心相对，大拳眼向前

续表

序号	中文名称	英文名称	图片示范		技术详解
			正面	侧面	
32	小 H	Half Touchdown			一臂体前上举，另一臂胸前上屈，肘关节垂直于地面，双拳拳心向内，小拳眼向前
33	屈臂 H	Daggers			双臂胸前上屈，肘关节垂直于地面，拳心相对，小拳眼向前
34	前 H/持烛式	Candlesticks			双臂前平举，拳心相对，大拳眼向上
	前 H/提桶式	Buckets			双臂前平举，拳心向下，大拳眼相对

续表

序号	中文名称	英文名称	图片示范		技术详解
			正面	侧面	
35	后 M/起式位	Karate			双臂体侧后屈，双拳小拳眼向内轻触腰侧，肘关节朝后，拳心向上
36	O	Cheerio			双臂头上举，双拳拳面并拢，屈肘关节，在头上形成“O”形，小拳眼向前

（二）花球啦啦操动作发力技术

（1）快速定位

快速定位指运动员在完成成套动作时不仅发力迅速，并且能够快速、准确地到达标准位置，没有晃动。从生物力学角度而言，快速发力需要整个身体的协同一致，下肢是提供整个过程的源动力，经由躯干、肩部传至手臂、指尖，身体各部位形成完整的能量传递链。只有快速定位才能够保障啦啦操成套动作内容丰富、激情四射、瞬息万变。

（2）路径直接

路径直接指动作转换时移动的路线干脆、清晰、直接，从 A 点至 B 点使用最有效的移动路线。路径转换可分为两种：第一种是点式路径转换。例如，从屈臂到直臂（从加油手位到达上 V 手位或到达 T 手位），由肩部带动肘关节，肘关节将力量传达至手指尖，从屈臂最快到达直臂的路线过程。第二种是线式路径转换。例如，直臂到直臂的过程（从上 V 手位到达下 V 手位，T

手位到达侧 K 手位等），由肩部肌群发力，肘关节始终保持伸直，直线路径到位。在运动员完成手位动作时，要避免因为发力错误或是本身能力不足而产生代偿反应，出现路线偏离的现象。

（3）动作清晰

动作清晰指完成所有动作时的精准性，每个动作均要求有照片成像的定位感。为了更好地突出舞蹈动作的幅度和花球展示的视觉效果，手位的控制在不超过身体额状面范围的情况下，应尽可能延展。

（4）重心稳定

重心稳定指完成所有动作均需控制核心，在动作快速变化的情况下，无论是舞蹈动作连接技术技巧，还是过渡动作连接手位动作，都需要很好地控制重心的转换，用稳定、准确的身体姿态展示动作完成的全过程。例如，运动员进行队形变化时，需要平稳的移动和快速的转换重心相结合，即将重心下沉，利用身体与地板的作用力和反作用力，以自然稳定的发力方式完成重心的移动。切忌只是膝关节弯曲成“下蹲”的姿态进行移动，腿部未主动与地面产生作用力，这样看起来既不美观，本质上也未能达到很好的重心转移效果。

（三）花球啦啦操手位技术运用示范

1. 示范一

要点：

（1）注意花球啦啦操手位变化的路径转换方式。

（2）下 M 变换斜线时，运用好前臂至手部末端的发力技术，在上臂定位的基础上控制好核心，确保前臂伸展定位时没有晃动。

（3）到达斜上冲拳手位时，手臂快速定位。

（4）上 M 小臂释放到侧 K 手位时，注意身体面向发生了变化。

2. 示范二

要点：

（1）A 手位连接 W，上臂需要迅速定位。

（2）躯干在屈小臂或手臂快速收回的过程中保持稳定。

（3）双手臂交叉时，应注意在前臂位置

1–2 下 M、 3–4 斜线、 5–6 斜上冲拳、 7–8 上 M	1 侧 K、 2 加油、 3 小弓箭、 4 低 X	5 下 A、 6 下 V、 7 T、 8 高 V

1–2 上 A、 3–4W、 5–6 上 L、 7–8 后 M	1 屈臂 X、 2 高 X、 3 上 H、 4 提桶式	5 持烛式、 6 屈臂 H、 7 R、 8 高冲拳

交叉。

（4）直臂动作应成一条直线。

3. 示范三

要点：

（1）手位变换时要注意动作过程的清晰。

（2）不论侧上冲拳到达短剑位置，还是由短剑位置返回到侧上冲拳，轨迹的统一才能提高整个团队动作的一致性。

1–2 弓箭、3–4 侧上冲拳、5–6 短剑、7–8 侧下冲拳

1 斜下冲拳、2 加油、3 小 H、4 前 X

5 下 H、6 下 L、7 短 T、8K

三、爵士啦啦操特有术语及技术

（一）爵士啦啦操技术风格

（1）芭蕾爵士（Ballet Jazz）：是所有爵士舞的基础，融合了芭蕾舞元素，同样具备芭蕾舞开、绷、直、立、舒展、优美等特点。

（2）现代爵士（Modern Jazz）：现代爵士舞中常见芭蕾舞和现代舞动作的影子与特征，张弛有度，随性而舞，表达任意情感。

（3）百老汇爵士（Broadway Jazz）：百老汇爵士舞常以帽子和手杖作为道具，但并不局限于此，其风格独特，紧随着百老汇歌舞剧而演变，随着切分的爵士音乐伴奏显出摇摆的特质，表情夸张极具戏剧性。

（4）新潮爵士（New Jazz）：新潮爵士舞是古典爵士舞和拉丁舞、肚皮舞、嘻哈舞的融合。

（5）力量型爵士（Power Jazz）：是种力量型的爵士舞，很注重拍点和力度的爆发且还有控制，展示时充满力量感。

（6）街头爵士（Street Jazz）：由 20 世纪 70 年代美国纽约市较底层黑人居住较多的社区 Bronx 发展而来，是一种充满活力与创造性的爵士舞蹈，伴随着动感的音乐在街头自由奔放的舞动，让身体和心灵都充分释放。

（7）拉丁爵士（Latin Jazz）：它特有的音乐旋律与众不同，其音乐和动作都加入了拉丁舞中伦巴、恰恰、桑巴等元素。无论男性、女性，表演均热情奔放，妩媚性感，是非常有感染力和诱惑力的舞蹈。

（二）爵士啦啦操基本术语及技术解析

（1）呼吸（Breathe）：分为胸式呼吸和腹式呼吸。

（2）胸式呼吸（Chest Breathing）：胸部主动吸气至胸腔。

（3）腹式呼吸（Abdominal Breathing）：腹部主动吸气至丹田。

（4）脊柱发力（Spinal Force）：指在完成动作时由身体核心开始发力，由脊柱向外，通过四肢再无限延伸。

（5）爵士手型（Jazz Basic Hand）：四指并拢，大拇指朝掌心方向虎口打开，力量贯穿到指尖。

（6）提腕（Lift the Wrist）：屈手腕的动作，指手腕朝手背上方凸起。

（7）延伸（Extension）：在原有的肢体动作基础上，继续向上、向下、向远端延伸。

（8）开肩（Open Shoulders）：舒展肩部与胸部，双手保持爵士基础手型置于体侧后方，侧下举 45° 。

（9）耸肩（Shrug）：指肩膀耸起高于自然状态。

（10）含胸（Chest Backward）：整个胸腔部位向背部收紧，颈部和头部自然下垂内收，背部凸起。

（11）外开（Open Out）：泛指腿抬起后向外侧旋转，使腿部内侧肌外翻，大腿内侧向上（图 2–3–7）。

（12）爵士步：屈膝时身体重心向下，立踵时身体向上延伸，爵士步伐善于通过膝关节、踝关节和脚尖的发力控制，快速或缓慢改变身体重心，以便更好地表达丰富的情感。

图 2–3–7　外开

（三）爵士啦啦操技巧动作术语及技术解析

（1）脚背起（Instep Up）：以脚背为唯一与地面接触的跪立姿态开始，通过收缩大腿肌群，顶髋，展胸，手臂向上带动形成综合发力，使身体由跪立姿态离开地面至站立姿态结束（图 2–3–8）。

图 2–3–8　脚背起

（2）片盖腿（Lamellae Leg）：以身体为中轴，腿部伸直由内向外经体前划腿，称为片盖腿。

（四）爵士啦啦操基本技术应用示范

1. 呼吸技术的运用

爵士啦啦操成套动作由呼吸带动身体的展开或收缩，运动员举手投足都沉浸在呼吸与动作的配合中。运动员向前迈步时，气息由头传至脚尖，使脚的末端延伸更加稳定、有力；当身体由直立至双腿微屈俯身时，呼吸带动身体，使重心下沉，上身快速松弛，腹部贴近大腿。

2. 手臂延伸技术的运用

与花球啦啦操不同，爵士啦啦操成套动作中的手臂抛开了道具的束缚，末端的延伸得以充分展现。例如，手臂做向上抬起的动作至动作结束时，手部最末端仍须向远方无限延伸，整个身体线条更加优美；而双臂垂于体侧的动作，通过气息下沉加深整个身体的表达，从肩膀的放松下垂开始，延伸至指尖，展示出手指尖仿佛被地面的力量深深吸引的感觉。

3. 躯干与下肢配合技术的运用

清晰、干净的队形变换和移动动作（技术）是提升成套动作表现力和感染力的重要因素，尤其是在创编高难度的快速移动加转体动作时，躯干与下肢的配合是确保重心平稳、身体面向、动作角度变化和移动路线准确、清晰的关键。

四、街舞啦啦操特有术语及技术

街舞（Street Dance）是基于不同的街头文化或音乐风格而产生的多个不同种类的舞蹈的统称。街舞按地域和音乐类型可以划分为：

美国东海岸：嘻哈舞（Hiphop）、霹雳舞（Breaking）、城市编舞（Urban Dance）。

美国西海岸：机械舞/震感舞（Popping）、锁舞（Locking）、甩手舞（Waacking）。

（一）街舞啦啦操技术风格

1. 嘻哈舞

（1）动作特征：大幅度的腿部和胸部律动，小范围的脚步移动，结合鼓点均匀的节奏和多变的旋律，能够动用身体的每一个关节、每一块肌肉，身体灵活，动作自然且富有质感。

嘻哈舞

（2）服饰特征：超肥大且色彩鲜艳的T恤、运动裤或牛仔裤、板鞋、项链、各式帽子等。

（3）音乐特征：G-Funk、Hiphop 音乐。

2. 霹雳舞

（1）动作特征：以个人风格为主的技巧性舞蹈，难度大、视觉冲击力强。动作包括：舞步（Top Rock）、地面步伐（Footwork）、定格支撑（Freeze）、技巧（Power Move）。

（2）服饰特征：头巾、棒球帽、马甲、宽松 T 恤、运动裤、板鞋等。

（3）音乐特征：E-Funk、Break Beat。

3. 城市编舞

（1）动作特征：将个人的思想感情放大，即使是同一支舞，不同的舞者也将演绎出不同的感觉，强调音乐的诠释和氛围的契合，更具表演性，也更强调个人风格。

（2）服饰特征：以贴近编舞作品的风格为特征，服饰整齐划一、突出主题。

（3）音乐特征：设计、加工过的流行乐、Hiphop 音乐。

霹雳舞

4. 机械舞 / 震感舞

（1）动作特征：最基本的元素为 Pop，是指通过肌肉的快速收缩与舒张而达到震动的效果，一般包括手臂、腿部、胸部、肩颈等部位。有时 Waving（电流）也被融入舞蹈中。

城市编舞

（2）服饰特征：西装、马甲、礼帽、条纹西裤、皮鞋等。

（3）音乐特征：P-Funk、E-Funk、电子乐。

5. 锁舞

（1）动作特征：名称源于基本动作——“锁”。迅速定格将关节锁住，动作的灵感来自被线控制着的木偶，因此出现了手臂架空并使关节定位不动的点顿动作。

机械舞

（2）服饰特征：条纹样式服装、宽松裤子、条纹长袜外穿、板鞋或皮鞋等。

锁舞

（3）音乐特征：P-Funk。

6. 甩手舞

（1）动作特征：大幅度挥舞手臂的走位动作，以上肢的快速甩动旋转为特色，形成了鲜明的舞蹈风格。

甩手舞

（2）服饰特征：长裙、皮裤、丝袜等性感风格的服饰和高跟鞋、男扮女装等。

（3）音乐特征：Disco、Funk、House。

（二）街舞啦啦操基本术语及技术解析

1. 身体控制技术

（1）反弹律动（Bounce）：Bounce 直译是"弹"的意思。在街舞啦啦操中，Bounce 指身体的反复弹动，把双腿想象成一根弹簧，全身放松，髋关节、膝关节、踝关节反复屈伸做反弹而有节奏性的律动。在保持下肢弹动的基础上，可以加入躯干的上下律动（Up & Down），也就是躯干的挺与含；此外，在保持下肢弹动和躯干上下律动的基础上，还可以加入各种舞步，如布鲁克林（Brooklyn）、BK 律动（BK Bounce）、蓝精灵（Smurf）等。因此，在街舞啦啦操中，反弹律动和上下律动通常都是与舞步融合在一起来呈现舞蹈效果的。

（2）摇摆（Rock）：是指身体躯干以髋关节为支点进行前、后、左、右等方向的摇摆；当向后摇摆时，髋关节、膝关节做反方向运动，即向前顶，腰腹始终保持收紧状态，肩、胸、腰、髋、膝等部位形成一条斜线状态；当向前摇摆时，应利用腰腹、膝关节将上体向前抛，双腿蹬直，臀部向后顶，腰腹始终保持收紧状态。与反弹律动一样，摇摆在街舞啦啦操中通常也是与舞步融合在一起来呈现舞蹈效果。

（3）转动（Roll）：是指身体的绕动、转动，是一种连接基础，可以由颈、肩、胸、腰、胯、腿等身体部位进行环绕。转动无论对机械舞中的布加洛（Boogaloo）还是动画（Animation）都是极为重要的基础元素。布加洛风格中的转动和波浪风格中的转动需要的感觉是不一样的，前者更强调律动和全身整体的感觉，而后者则更注重对特定部位的控制。在街舞啦啦操中，转动通常与舞蹈动作相融合，或者加入爵士舞元素来呈现舞蹈效果。

（4）滑动（Skate）：是指滑行、滑动，该技术运用全脚掌在地面上进行摩擦运动，在滑动的过程中可以进行方向变化，例如前、后、左、右、斜方向等，也可以加入各类舞步，增加舞蹈动作的质感。

（5）波浪（Wave）：又称电流，是利用人体脊柱的颈、胸、腰、髋四个自然生理弯曲而进行的线性运动，以一个路径环绕身体的某一部位模仿水波流动，是一个流畅连贯和充满韵律感的技术。常见的形式有：手臂波浪（Arm Wave）、身体波浪（Body Wave）、触点波浪（Touch Wave）、扭转波浪

（Twist Wave）、力量波浪（Power Wave）和混合波浪（Two Wave）。

（6）震动（Pop）：又称爆点，是机械舞的首要元素，是在放松状态下，肌肉猛地用劲，当肌肉的运动达到最大幅度时并不是停止而是继续让运动自然结束，需要相当强的韵律感。在理论层面，人体的所有肌肉都是可以通过意识控制其运动的，作为一名机械舞者（Popper），需要运用手腕、小臂、大臂、颈、肩、胸、腿，乃至背部和胯部进行震动，甚至能控制某些部位的单块肌肉而不是肌肉群去震动。此外，一曲音乐中会有诸多元素，如轻鼓、重鼓、贝斯、钢琴等，处理不同乐器时所用震动的强度和放松速度也是不一样的。在街舞啦啦操中，震动通常与各类舞蹈风格动作相融合，而不仅仅是机械舞风格动作，当街舞啦啦操的舞蹈动作加入震动效果，对动作的幅度和力度都会产生更强烈的视觉效果。

2. 模仿性技术

（1）嗜睡风格（Sleepy Style）：要睡着的风格，模仿了困倦不堪即将陷入睡眠的人，主要特点是移动中要倒不倒和模仿人疲倦时打呵欠、摇头晃脑的样子。

（2）触电（Electric Shock）：像是有一股电流通过身体一般，看起来与波浪有一定的相似之处却又有所不同，该动作更强调模仿被电击的感觉。

（3）空气造型（Air Pose）：空气中的姿势，模仿身体浮在半空中的感觉，每一个动作都是一个造型，但是身体却不静止，保持一种弹动的状态，就好像受到了强大浮力的影响一样。

（4）慢动作（Slow Motion）：看起来像电视中的慢镜头回放一样。

（5）心跳（Heartbeat）：把手放在外套或T恤底下，然后把衣服往前推，这样看起来就像是心脏正在胸腔里跳动一样，通常舞者会一边做动作一边向前走，制造一种由心跳推着人前进的感觉。

（6）自行车（Bicycle）：腿部的动作像是在骑自行车，通常会结合手往前放的动作，给人的感觉像是抓着自行车的手把。

（7）机器人（Robot）：由法国早期的喜剧演员发明，正是由于这种风格的存在，才有了早期机械舞名称的由来，特征是四肢在做动作时被一个固定的速度所控制，然后突然停住，就像是只有机器才会做的动作。

（8）动感机器人（Bopping）：与机器人不同的是，动感机器人的每个动作是以硬币停（Dime Stop）加震动结束的。另外动感机器人结合了动画中模仿各种质感的震动方式，因而看起来比机器人视觉感更强。

（9）机器人行走（Creeping）：同字面义，蹑手蹑脚地前进，如同机器人一般，强调移动中的身体控制。

（10）士兵风格（Strutting）：与嘀嗒（Ticking）类似，也是在一段动作中不断地震动，但是表现出来的效果不是连续性的，而是像DVD影像快进一样，每一个分格的动作里都加上震动。

（11）频闪（Strobbing）：和士兵风格类似，但每个分格动作的结束都采用硬币停。

（12）木偶人（Puppet）：模仿木偶的风格，要表现出木偶关节链之间松动却又受到限制的感觉。

（13）假人（Mannequin）：与木偶人类似，不同的是假人更强调一种傀儡的感觉，就好像被看不见的线操纵着做动作一样。

（14）稻草人（Scarecrow）：模仿稻草人的风格，特点是移动中的身体倾斜和将上臂提起且双臂的倾斜方向相同（就像被风吹动一样）。

（15）玩具人（Toy Man）：模仿玩具人的风格，与其他几种风格不同的是玩具人更强调关节的移动模仿玩具转轴的感觉。

（16）老人（Old Man）：布加洛风格（Boogaloo Style）的基础动作之一，运用胸和胯部的转动做横向的位移，模仿老人走路的姿势。

（17）外星人（E.T.）：模仿电影《外星人》中手长脚短的外星人的效果，充分吸取地面移动的特点，在移动中大量使用膝盖这一部位。

（18）蜘蛛人（Spider Man）：模仿了蜘蛛爬行时腿移动的特点。

（19）蛇（Snaking）：融合了波浪和转动的风格，因动作像扭曲的蛇而得名。

（20）眼镜蛇（Cobra）：运用胸部的转动以及双肩方向相反的转动，甚至加上与胸方向相反的颈的转动做出的动作。因身体与两只手臂运动时与昂起头准备攻击的眼镜蛇的形象相像而得名，也经常被归类到蛇中。

（21）蜈蚣（Centipede）：一种站立着的动作，模仿蜈蚣在地上行走时扭曲的感觉，强调身体的控制力与分离（Isolation）元素的使用。

3. 单动作技术

（1）翻腕（Wrist Twirl）：半握拳，向内或向外转动手腕。

（2）指（Point）：手指经胸前做一个快速的、延展的“指”的动作，通常动作只持续几秒钟。

（3）击掌（Clap）：双手手掌拍在一起，可在不同方位拍掌。

（4）踢（Kick）：一条腿直立，另一条腿做迅速有力的往前、侧、后方向向上踢的动作。

（5）滑步（Slide）：又叫滑行（Glide）、漂浮（Float）、月球漫步（Moonwalk）。常见的滑步有后滑步、前滑步、侧滑步、交叉横滑步、菱形滑步、用膝盖的后滑、侧滑以及不断的原地画圈等动作。

（6）疯狂腿（Crazy Legs）：以复杂的脚步移动与转换为特征，下身的拧转（Twist）、转动和滑步是疯狂腿的基础。

（7）蛇形前进（S Walk）：又称 Snake Walk，让双脚依次以“S”形的弯曲路径前进，因为也是制造视觉错觉的脚步动作，常被归在滑步里。

（8）地面移动（Ground Move）：地面动作，将霹雳舞元素融合到机械舞中，大量使用膝盖等部位（甚至背）在地面上移动。

（9）趾踵步行（Toe & Heel Walk）：通常出现在机器人风格中，保持双脚之间角度呈“V”字，由一只脚的脚跟和另一只脚的脚尖承受重量，然后双脚分别以脚跟和脚尖为轴同时向左或右移动，将双脚的重心分别转换到脚尖和脚跟上，然后不断重复，将每一步的移动角度都控制得很小而又做得很快，看起来就像是全身基本没有移动而横向滑过整个地板一样。

4. 常见英文用语

（1）B–Boy：Breaking Boy 的简称，只要是跳 Breaking 的男生都叫 B–Boy。

（2）Crew：舞团，指 B–Boy 团体。

（3）Battle：斗舞，个人或 B–Boy 团体间的斗舞。

（4）Routine：由几个舞者一起执行的舞蹈动作。

（5）Perfections：指的是一个 B–Boy 最好的动作。

（6）Wacked 或 Wack：指一个人做错了动作。

（7）Slides：拉着自己滑过地板。

（8）Bite：从别人那里偷学动作。

（9）Bounce：即律动。

（10）Control：控制，分三个方面。

① Breath Control：气息控制，分为 Inhale（吸气）和 Exhale（吐气），这两种方式的运用所产生的视觉效果是不一样的。

② Body Control：身体控制，即对身体控制力的把握，注重动作的表达性和张力。

③ Speed Control：速度控制，完成动作的过程中要注重结合音乐做动作速度上的控制，这样可以使动作在节奏上看起来更有层次感。

（三）街舞啦啦操技巧动作术语及技术解析

1. 支撑与旋转类

（1）单手转（1990's）：用单手支撑身体，随着身体重量的转移由一只手换到另一只手做动作，倒立进行旋转。

（2）双手转（2000's）：双手重叠进行支撑的倒立旋转。

（3）交替单手转（1999's）：当放下一只手换另一只手时，踢脚以获得动能，接着连续做 2000's。

（4）头转（Head Spin）：用头作为支点进行连续旋转。

（5）拳转（Fist Glide）：用拳头作为支点进行连续旋转。

（6）肘屈转（Elbow Spin）：两前臂并拢，用两个肘关节撑地，身体倒立旋转。

（7）背转（Back Spin）：用后背作为支点进行旋转。所有的重量平衡在上背部，双腿内缩，膝关节尽可能地靠近身体的前胸部，双脚在空中做圆形的划动。

（8）膝转（Knee Spin）：一腿弯曲，以膝盖作为支点支撑地面，另一腿平伸，双手推动地面，身体以膝盖支撑为圆心进行旋转。

（9）风车（Windmills）：利用上背部、肩膀和手，使身体在地面上做圆周运动，同时双腿在空中持续旋转的动作。

（10）屈腿风车（Munsh Mills）：脚交叉且弯曲的风车类动作。

（11）刷头风车（Halos）：介于空中走步和头手转之间的风车类动作，以头支撑地，背部不着地，借助推手帮助身体翻转。

（12）相扑风车（Sumos）：双手抓着膝盖做风车动作。

（13）超人风车（Superman）：以胸部作为支撑点的风车类动作，双手伸向前。

（14）核桃钳风车（Nutcrackers）：用手盖住胯下的部分做风车动作。

（15）圆筒风车（Barrels）：类似风车，双手环抱在胸前。

（16）飞机（Air Planes）：类似风车，加上双手向身体两旁尽量伸展。

（17）肚皮风车（Belly Mill）：类似风车，不同的是，不是用手或头去转，而是用肚皮进行旋转。

（18）精灵（Genies）：用手做风车并且横跨过整个胸部。

（19）托马斯全旋（Flares）：来自体操的旋转动作，在动力和平衡中，使双腿保持在空中，围绕身体前后旋转，双手有顺序地交替撑地。

（20）分腿支撑（Boomerang）：开始时坐在地上，双脚在身前形成“V”字形。然后手撑在双脚间，接下来撑起身体，只有手能碰地，然后转圈。

（21）漂浮/屈肘水平支撑（Float）：双手支撑地面，肘关节贴近腰部支撑身体并保持平衡，双脚弯曲离地，整个身体呈水平位。

（22）直升机（Hand Glide）：类似屈肘水平支撑（Float），但是只用单手支撑身体，另一只手推着旋转。

2. 腿部技巧类

（1）空中刷腿（Air Swipes）：开始时，双手双脚都放在地上，面部朝上，一只手支撑住身体的重量，脚往上踢然后旋转，在脚着地前另一只手先着地。

（2）疯狂步（Crazy Legs）：连续做空中刷腿，动作中间不停顿。

思考与实践

1. 技巧与舞蹈啦啦操的技术动作位置分别有哪些？
2. 技巧啦啦操特有术语分为几大类？分别是什么？
3. 舞蹈啦啦操中的花球啦啦操的基本手位术语有哪些？

第三章

啦啦操创编

本章导读

你是否疑惑，在 2 分钟左右的成套动作中，啦啦操队员是如何在舞台上以昂扬的精神面貌、娴熟的动作技巧和默契的团队配合，并结合极具风格特点的服饰与道具及音乐等元素做到如行云流水一般一气呵成的?

这之中，是否有章法可循?

当然！这离不开啦啦操创编。

本章将系统介绍科学、专业的啦啦操创编知识，并以优秀的创编范例指导学习者进行创编实践。

学习目标

1. 深入了解啦啦操创编的原则，熟知啦啦操创编的内容与要点。

2. 正确掌握啦啦操创编的程序和方法，熟悉音乐设计、队形设计和层次设计的步骤与技巧，尝试完成啦啦操成套动作创编。

3. 学习啦啦操优秀作品创编范例，开阔啦啦操创编的思路，增强啦啦操创编的实践能力。

第一节 啦啦操创编的原则

一、啦啦操创编的通用原则

（一）科学性原则

创编的科学性原则是保证运动员安全、顺利完成动作的基础，是指在创编过程中所选择动作类型要符合人体运动的解剖和生理特征，选择动作的难易程度要与运动员的能力相适应，选择动作的种类、难度、强度、数量在组合和成套动作中的分布要合理，选择动作的方向、时间、空间变化应符合生物力学和运动规律。

（二）针对性原则

啦啦操具有参与人数多、参与面广、竞赛和表演类别多等特点，凸显出针对性创编的重要。一要针对不同的目的任务进行创编，如体育竞赛、文艺表演、体育展示等；二要针对不同对象的特征进行创编，如年龄、能力、性别等，对初学者应以简单易学、难度系数较低的动作为主，对少儿成套动作则应体现欢快活泼、轻松有趣的特点，对高水平竞技则要突出难度、新颖、独特的竞争实力等；三要针对不同的展示场地条件进行创编，如场地大小、场地类型、室内或室外、舞台或球馆等情况。

（三）创新性原则

创新是啦啦操成功的关键和发展的动力，它取决于运动员和教练员的实际能力以及对动作发展趋势的预见。啦啦操创新主要体现在亮点动作和主题选取两个方面，动作创新的标志是以往比赛没出现过的、裁判员意料之外的，或者是其他队伍完成不了的；创新的具体表现是音乐、难度动作、过渡连接、舞蹈动作、队形、服装、道具等各个环节艺术价值和完成质量的突破性完美融合，最终给人以流畅、新颖、惊喜和精彩的视觉体验。

（四）竞技性原则

2013 年，国际单项体育联合会总会（GAISF）接受国际啦啦操联合会（ICU）入会，标志着啦啦操项目正式成为独立于国际体联的单项运动赛事。近十年来，在国家体育总局体操运动管理中心的推动下，啦啦操项目得到迅速发展，逐渐进入竞技体育舞台，成为一项独立的、具有一定影响力的竞技体育赛事。啦啦操竞赛规则也在与时俱进，不断更新，竞技特征越来越凸显。因此，啦啦操创编也应朝着高难、稳定、创新等竞技方向发展，充分展示该项目的高超竞技能力，展现更高、更快、更强、更团结的体育精神。

（五）艺术性原则

啦啦操是一项表现团队精神美的运动项目，不论是比赛套路还是表演套路都具有审美属性。其艺术性通过主题、动作、音乐、队形、层次、服装、道具等的总体设计，构成具有整体性、时间性、空间性的动态美，从而给人以视觉、听觉、精神上的艺术享受。主题艺术应表现内容的优美、贴切、特色、内涵等，动作艺术性则体现在力度、幅度、节奏、造型等方面，音乐应以优美的旋律、鲜明的节奏、与动作的融合等表达其艺术感染力，服装和道具设计则应在映衬主题内容、突出作品特色和彰显地域文化等方面表现艺术效果。

（六）协同性原则

啦啦操是一项集体项目，需要每名运动员团结协作、和谐一致完成动作，因此创编其实就是一个沟通的过程，需要全队各成员协同完成。协同性的核心内容主要体现为三个方面：一是教练与队员间的协同，教练是成套动作编排的引领者，队员是参与者和执行者，两者之间建立良好的沟通氛围，创编与执行的相互协同才能高度统一；二是队员与队员间的协同，体现在完成动作的节奏、面向、层次以及队员间的默契程度；三是教练、队员与音乐的协同，体现在动作创编是随着音乐的外在节奏变化和内在情绪起伏的相互融合。

（七）个性化原则

技巧啦啦操具有“难、新、美”的技术特征，要在高手如云的比赛中脱颖而出，必须要有个性化的“杀手锏”。实施技巧啦啦操个性化原则应从三方面着手：一要熟知规则及规程的要求，增加加分元素，避免不必要的扣分；二要考虑运动员的运动能力、身体素质、技术、外形等方面的特点，增加利于本队个性展示的创编动作内容，发挥本队优势和特色；三要针对表演的观赏性，充分利用表演场地设施等，以达到与众不同的最佳表演效果。

二、啦啦操创编的特殊原则

（一）技巧啦啦操创编的特殊原则

技巧啦啦操创编的特殊原则主要体现为安全性原则。技巧啦啦操是一项高难的集体项目，更应体现竞技和表演的安全性，在最大限度展示运动员能力的同时，更要注重运动员的实际情况，合理创编和训练。在展示托举、金字塔、抛接等高难度动作时，既能带来令人叹为观止的视觉冲击，又存在一定的危险性，因此，在创编过程中必须严格遵守国际啦啦操安全准则，必须根据队员的实际技术能力，保证难度动作在成套动作中的合理分布，保证难度动作发力技术符合运动规律，保证动作难易程度与运动员的能力相适应。

（二）舞蹈啦啦操创编的特殊原则

1. 流畅性原则

流畅性体现在舞蹈啦啦操成套动作的全过程。技术技巧、托举配合等动作需要巧妙的过渡连接，使动作之间的衔接更加协调和顺畅；成套动作还要通过多种形式的队形变化，如图形的变化、前后左右的依次分层变化等来突出视觉冲击及整体流畅性，队形变化要充分运用场地的大小、空间层次的高低，保证场地使用的合理和空间运用的巧妙，给裁判和观众带来一气呵成和眼前一亮的视觉感受。

2. 对比性原则

对比是舞蹈啦啦操创编的重要手段。在组合动作和成套动作创编中要使用音乐对比，运用音乐节奏的快慢、旋律的起伏以及节拍的变化，形成动作、时间、空间上的鲜明对比；要运用动作对比，巧用动作的动静、快慢、高低、急缓变化，在动作方向、幅度、速度以及肌肉收缩度等方面引起视觉反差，从而形成鲜明的对比效果，给裁判员和观众留下深刻的印象。

3. 风格化原则

舞蹈啦啦操的风格多种多样，成套动作的创编要严格根据花球、爵士、街舞、高踢腿的技术要求执行，突出不同舞蹈啦啦操风格特点以及技术特征，例如，花球啦啦操的风格注重基本手位动作的精准与控制；爵士啦啦操主要强调身体姿态、伸展与控制；街舞啦啦操强调舞蹈的执行、动作力度与节奏。总之，身体的正确位置以及身体的控制、延伸、平衡要符合该舞种的技术特点，从而形成舞蹈啦啦操各舞种成套动作鲜明的风格。

4. 原创性原则

舞蹈啦啦操与技巧啦啦操均有规定动作，体现其规范性和统一性，但舞蹈啦啦操还具有动作风格、队形流动、集体造型等方面的特点，成套动作的原创部分是舞蹈啦啦操最惊艳、最出彩的部分，带给观众惊喜和享受的视觉体验，也是舞蹈啦啦操项目持续发展的生命力。原创的侧重点应在主题、动作和队形变化创编上。主题应体现活动内容、时代特征和地域特色等方面的原创性；动作应保持民族特色、活动特色和队伍特色方面的原创性；队形变化应融合精华、吸收传统、发挥想象，增添原创色彩，促使原创的编排成为独特和亮丽的舞台风景线。

第二节　啦啦操创编的程序

啦啦操创编程序是指为了提高创编的效率和质量，按照一定的步骤有序组织编排，完成成套动作的过程。啦啦操的创编程序主要体现为以下几个方面的内容（图 3-2-1）。

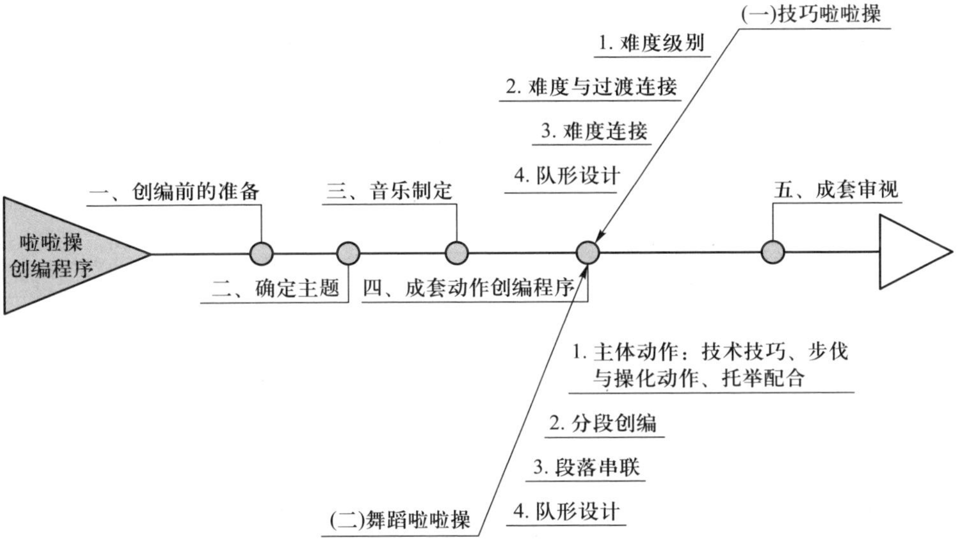

图 3-2-1　啦啦操创编程序

一、创编前的准备

啦啦操创编前的准备工作主要是明确创编目的，了解竞赛规程、竞赛规则、项目内容、参赛人员、项目发展趋势等方面的内容，为创编奠定基础。

（一）明确创编目的

一是竞赛目的，比赛类型的啦啦操创编应严格按照竞赛规则与规程要求进行；二是表演目的，表演性啦啦操不受规则限制，主要是以表达主题、烘托气氛、感染观众、增加表演效果为目的，应根据主题、场地、空间及参与对象水平等实际情况进行有效创编（技巧啦啦操还可融入口号的设计与观众进行互动）。

（二）了解竞赛规程

啦啦操竞赛类型繁多，所依据的竞赛规程也不同，要充分了解各项竞赛规程，才能进行有针对性的创编。

（三）学习竞赛规则

规则是创编的依据，认真学习并掌握有关竞赛规则要求是保证成套动作创编质量的必备条件。

（四）熟悉项目内容

啦啦操项目众多，特点各异，只有熟悉每个项目的内容和特点，才能进行相应的创编。

（五）了解参赛人员情况

了解参赛人员的年龄、性别、身体状况、运动基础以及完成动作能力、专业训练背景等，才能扬长避短，发挥优势，创编出最佳方案。

（六）了解项目发展趋势

啦啦操项目变化多、更新快，了解其最新的技术动向，有助于在创编过程中开阔视野，拓宽思维。

二、确定主题

要确定啦啦操的主题，除了遵循竞赛规则和体现青春活力、积极向上、团队协作的特征外，还应围绕项目特点、编排目的、啦啦操的风格及编排对象特征等方面进行。例如，花球项目最具竞技性，一般都采用无主题创编，主要运用多种步伐及复杂多样的花球特有手位动作，呈现花球啦啦操特有的技术风格；而爵士、街舞啦啦操作品的主题选取可多样化，具有故事性和情节性，可根据选用的题材，确定成套动作主题。主题的选择可源于生活、历史题材等，也可以根据音乐风格来确定。

三、音乐制定

啦啦操音乐的制定通常采用两种方法。一是先选择音乐，根据音乐创编动作，该方法简单、方便、实用，适合基层使用；二是先确定成套动作主题、设计动作风格、编排动作内容，而后根据主题、风格、特点进行音乐制作。具体从音乐选择和音乐处理两方面着手。

（一）音乐选择

啦啦操音乐选择要考虑项目特征，不同的项目要求的音乐风格不同。花球项目可以融合爵士和街舞风格，所以音乐元素的选择需要多元化，一般采用多首音乐进行裁剪和编辑。而爵士和街舞的音乐主要根据主题需要进行选择，可以采用单首音乐，也可以采用多首音乐进行合成。

（二）音乐处理

一般单首成品音乐难以在视觉和听觉效果上达到啦啦操项目的要求，需要对多种音乐进行巧妙处理。创编者应在规定时间内呈现作品的开始、高潮和结尾的特征，并按动作的表现对所选择的音乐进行剪辑和编辑。

四、成套动作创编程序

完成上述内容与步骤后，就进入了成套动作的具体创编过程，不同类别啦啦操的动作创编程序有所区别。

（一）技巧啦啦操

技巧啦啦操主要根据成套音乐的结构对各类难度动作（托举、金字塔、翻腾、抛接）进行选择、设计与编排。其创编程序主要包括 6 个方面：

（1）结合难度级别，选择适合运动员能力水平的四类难度动作。

（2）根据已确定的成套动作音乐进行结构与节拍的整理。

（3）根据音乐的结构与节拍安排各类难度动作位置，然后设计各个难度动作的过渡动作。

（4）根据运动员技术水平选择四类难度动作组合方式进行连接，如：

① 翻腾 – 托举 – 抛接 – 金字塔 – 操化。

② 抛接 – 托举 – 翻腾 – 操化 – 金字塔。

③ 托举 – 金字塔 – 操化 – 翻腾 – 抛接。

（5）所有难度动作的位置、节拍确定后，根据亮点动作加入表现效果突出的特殊音效。

（6）当成套动作内容确定之后，按难度类型进行队形编排设计。

① 托举队形：多以纵队、横排、斜排、三角、菱形等形状呈现，也可在托举前的过渡动作中设计“开花”“飞人”等效果，缓解托举动作的枯燥。

② 金字塔队形：多以分、合方式，单横排呈现，例如，两层金字塔中，完成单独的两组小金字塔后将小金字塔连接起来形成一个大型金字塔。两层半金字塔中也常会出现 2–1–1、2–2–1 造型，当完成一组金字塔后经常会再呈现一次 4–3–2、2–1–2 造型队形。

③ 抛接队形：通过竖排、横排、斜排、三角、菱形等形状同时完成一类动作或根据运动员能力的不同，抛接的高度由低到高，难度由易到难分组依次完成，形成高潮迭起的效果。

（二）舞蹈啦啦操

舞蹈啦啦操风格多样，完成成套动作要按照成套的基本结构进行整合，并按动作流程和音乐特征全面检验动作节拍、节奏、路线、移动和连接的合理、流畅和吻合度，成套创编流程可通过以下几方面进行。

1. 确定主体动作

根据选用的题材，确定以下 3 个方面的主体动作。

（1）技术技巧。根据队伍的整体能力和训练水平初步选定能够完成的技术技巧动作，再按照音乐结构和队员完成的难易程度进行合理安排。

（2）步伐与操化动作。编选步伐与操化动作时应注重考虑步伐路线、方向等移动空间的合理性运用，体现操化动作显示面效果，融入不同风格舞蹈的舞步动作。

（3）托举配合。根据音乐的旋律和节奏在适合的位置设计能够体现层次、视觉效果的托举配合动作。

2. 分段创编

将成套音乐分成若干个段落，依次按照音乐结构进行创编，分段创编时要考虑和安排好两段之间的衔接动作，以便在后期分段整合时更加流畅。

3. 段落串联

当动作设计完成后，按照成套的基本结构进行整合，先将组成成套动作的各个元素进行分段式的整理，然后，按照一定的顺序和创编者的思路进行串联。

4. 队形设计

在成套动作完成的基础上，进行成套队形编排设计，队形设计可以结合层次动作和段落之间的衔接动作编排，并按音乐结构有序串联。

五、成套审视

当成套动作完成之后，首先安排动作演练，然后进行全面审视。一是自我评价修改，二是邀请专家审查。重点从主题风格的体现度、音乐运用的吻合度、技术技巧能力的展示度、场地空间运用的饱和度、亮点动作的突出度、队形变化的流畅度、舞台造型的丰富度、视觉效果的冲击度等方面进行评价、调整和定型，以达到最佳表现效果。

第三节　啦啦操创编的方法

一、啦啦操音乐的编制方法

啦啦操项目的艺术魅力不仅在于肢体动作、队形流动、托举技巧等带给人的美感和视觉冲击力，还在于啦啦操音乐能够为运动表现锦上添花。声音媒介能够传达创编者的思想与情感，能给观众、裁判员带来各种惊喜，好的音乐创编能够凸显精心设计的动作表现，使音乐与成套动作融为一体，产生更加丰富生动的联想与强烈的视听效果。

（一）啦啦操音乐特点

啦啦操音乐特点有鲜明的时代特征。啦啦操运动项目发展初期，音乐多数以大鼓、小鼓或军鼓等打击乐器搭配有旋律的演奏，如小号、长号、圆号或是吉他等管弦乐器，形成有节奏和旋律的乐曲。

随着时代的演进，啦啦操运动与电子科技同时发生变化，在动作展现和音乐创编的配合上更加多元化，更加丰富多彩。

而现今流行的啦啦操音乐中，多数以电子舞曲、饶舌说唱、流行音乐、乐器协奏曲或独奏曲等组成，形成了现代化、时代感等方面的特点。

现今音乐和成套搭配

（二）啦啦操音乐和素材的分类

完美的啦啦操音乐是由多个素材层层累积而来的，不同类型、不同素材的组合搭配能形成丰富多彩的音乐，为了创编出适合成套动作的音乐，首先要了解音乐类型、素材类型以及曲调性质。

1. 音乐类型

在啦啦操中常用的音乐类型包括：电子舞曲、摇滚乐、流行乐、史诗歌曲、主题配乐、纯乐器乐曲等，因创编套路类型的不同，各个项目适合的音乐类型也会有所差异（表 3-3-1）。

表 3-3-1　音 乐 类 型

序号	类型	定义	范例二维码
1	电子舞曲（EDM）	Electronic Dance Music，简称为 EDM，主要指与舞蹈相关的娱乐活动中播放的电子音乐，常见曲目如：*Without You*（Avicii）、*Titanium*（David Guetta）等。	电子舞曲
2	摇滚乐（Rock & Roll）	摇滚乐是流行音乐的一个分支，通常由显著的人声搭配吉他、贝斯、鼓演出，部分形态摇滚乐也会搭配其他乐器，如键盘乐器、钢琴、萨克斯风或小提琴等，常见曲目如：五月天的《派对动物》、萧敬腾的《王妃》等	摇滚乐
3	饶舌说唱（Rap）	饶舌说唱是一种带有节奏和押韵的歌唱技巧，曲目如：*Rap God*（Eminem）、*The Next Episode*（Dr.Dre ft.Snoop Dogg）。	饶舌说唱
4	嘻哈音乐（Hiphop）	嘻哈音乐是一种跟着伴奏带有韵律吟诵或说唱的音乐风格总称，其中包含许多不同风格的音乐，如：旷课乐、即兴说唱、爵士嘻哈、雷鬼乐、说唱摇滚、陷阱饶舌等，常见曲目如：周杰伦的 *Mojito*、联合公园的 *Numb* 等。	嘻哈音乐

续表

序号	类型	定义	范例二维码
5	流行音乐 （Pop）	流行音乐泛指大众传媒广泛传播的音乐，不同时期所流行的音乐风格不同，常见曲目如：*Call Me Maybe*（Carly Rae Jepsen）、*Bad Guy*（Billie Eilish）等	流行音乐
6	史诗音乐 （EPIC）	史诗音乐有很强的节奏感和感染力，气势宏大，听者能够受到很大的鼓舞，让人热血沸腾，激情澎湃。这种音乐广泛运用在电影、游戏和广告原创配乐中，是一种独立的音乐类型，常见曲目如：*Carmina Burana*（Carl Orff）、《复仇者联盟》的 *Avengers Assemble* 等	史诗音乐
7	主题配乐 （Theme）	主题配乐是在电影、电视剧、动画、话剧等作品中，用来体现作品主题、风格、特色的乐曲或歌曲，常见曲目如：《加勒比海盗》的配乐 *Dead Men Tell No Tales*、《冰雪奇缘 2》的配乐 *The Universal State of Mind* 等	
8	器乐 独（协）奏曲 （Instrumental）	器乐独（协）奏曲是指演奏家使用一种或多种乐器演奏整首曲目的主旋律、和弦等。	器乐

2. 素材类型

啦啦操音乐中使用的素材可分为原始歌曲、节奏素材、口白素材、音效素材等类别（表 3-3-2）。

表 3-3-2　素 材 类 型

序号	类型	定义	范例二维码
1	原始歌曲 （Original Tracks）	未经改编重制的曲目	原始歌曲

续表

序号	类型	定义	范例二维码
2	节奏素材（Beats）	有固定节拍速度的鼓声或其他声响	节奏素材
3	口白素材（Voice Over）	人声，通常为喊声或特定词汇	口白素材
4	音效素材（Sound Effects）	生活周遭事物的声响或特殊声音，如：激光枪声、虎啸、敲锣声等	音效素材

（三）啦啦操音乐素材选择原则

啦啦操音乐素材的选择应遵循下列两项原则。

1. 音乐节奏合理

（1）节奏完整和速度一致。在选择音乐时要保证节奏的完整和速度一致性（图 3-3-1），节奏是一首歌在固定时间内以固定速度演奏或演唱的节拍，应保证节奏的完整性（表 3-3-3）；而速度则是指一首固定内容的歌曲或乐曲在不同时间内演绎速度的快慢。

节奏的完整和速度一致性

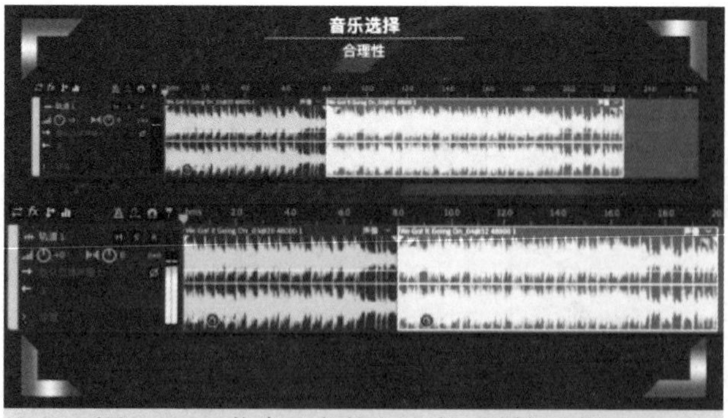

图 3-3-1 节奏的完整和速度一致性示意图

表 3-3-3 节奏完整示意表

段落	八拍							
第一段	1	2	3	4	5	6	缺少	缺少
第二段	1	2	3	4	5	6	7	8

（2）段落明确和节拍清晰。在裁剪歌曲段落的过程中，需要注意裁剪段落的旋律或歌词的完整，若个别段落前后有缺少旋律或字词的现象，在衔接处的过渡就会不自然。

以中国新说唱歌手那吾克热的《漂》为范例。如表 3-3-4 所示，错误示范为，将 4 个 8 拍的段落因成套编排关系缩减为 2 个 8 拍，则取样“第一段 + 第三段”、“第二段 + 第四段”等段落组合，在字词衔接上便会显得词不达意，旋律连接也不顺畅。

正确示范是，可以将 4 个 8 拍的歌词取出藏头“火、力、全、开”4 个字作为 4 拍，再加上其他的字词当作一个段落，或是维持原歌曲段落作为 4 个 8 拍的创编。

表 3-3-4 段落取样示意表

八拍	第 1 拍	第 2 拍	第 3 拍	第 4 拍	第 5 拍	第 6 拍	第 7 拍	第 8 拍
第一段	火	光它	在此	燃起	握紧	拳头	快速	反击
第二段	力	图去	战胜	自己	打破	规则	打破	僵局
第三段	全	力去	塑造	传奇	把	自己	作为	强敌
第四段	开	启我	的	战斗力	不管	漂	在哪里	欸

注：表格内文字代表位于第几个 8 拍的第几拍，例如，“火”代表第一个 8 拍的第一拍，“光它”代表第一个 8 拍的第二拍同时唱了两个字。

2. 来源合法和素材合理

现今取得音乐素材渠道众多，但是提供赛事使用许可授权的渠道却十分稀少（图 3-3-2），在国际赛事报名参赛后，队伍需提供参赛人员信息、使用歌曲清单以及音乐使用许可授权书，亦可委托赛事组委会取得音乐使用许可文件。

图 3-3-2　合法渠道

3. 体现精神和符合风格

在现行规则中，明确规定竞赛服装、道具、音乐中不可出现暴力、性暗示、歧视或负面暗示字眼。因此在歌曲选择或重制编辑时需了解歌词含义是否符合啦啦操运动精神。

（1）啦啦操核心精神。① 团队、时尚、活力；② 正面积极；③ 团队合作；④ 勇往直前；⑤ 无所畏惧。

（2）范例（表 3-3-5）。

表 3-3-5　成品性质范例

歌曲范例	符合 / 不符合定义
I don't wanna stop （Ozzy Ousbourne）	啦啦操精神：符合 歌词：All my life I've been over the top. I don't know what I'm doing all I know is I don't wanna stop All fired up，I'm gonna go'til I drop. You're either in or in the way，don't make me I don't wanna stop. 寓意：无论训练道路上是否迷茫，仍然坚持不懈。
我们的主场 （MP 魔幻力量）	啦啦操精神：符合 歌词：我们从不轻易投降，炮火越是凶猛，我们越是狂妄。我们的主场谁敢阻挡。 寓意：无论阻碍再多，我们仍勇往直前。

（四）音乐编辑思路

1. 技巧啦啦操

技巧啦啦操常见成套编排方式为在固定的时间或拍子数里先编排托举、金字塔、篮抛、翻腾等动作，再搜索音乐并编辑音乐段落，使其搭配动作展示。

2. 舞蹈啦啦操

舞蹈啦啦操需要先搜索音乐，聆听音乐过程中激发动作创编灵感，针对音乐固定段落创编完动作后，再编辑音乐段落，使其搭配动作展示。

（五）音乐编制软件介绍

Adobe Audition 是 Adobe 公司旗下出品的多音轨编辑工具，可以很方便地对音频文件进行修改、裁剪、合并、特殊效果调节，在啦啦操音乐创编学习过程中，属于入门级的软件，十分容易上手。

1. 单轨音波使用界面（图 3-3-3、图 3-3-4）

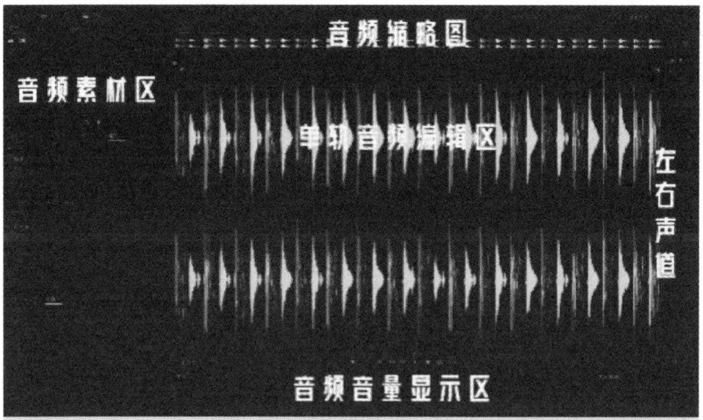

图 3-3-3　单轨编辑界面介绍

图 3-3-4　工具区

2. 多轨音波使用界面（图 3-3-5、图 3-3-6）

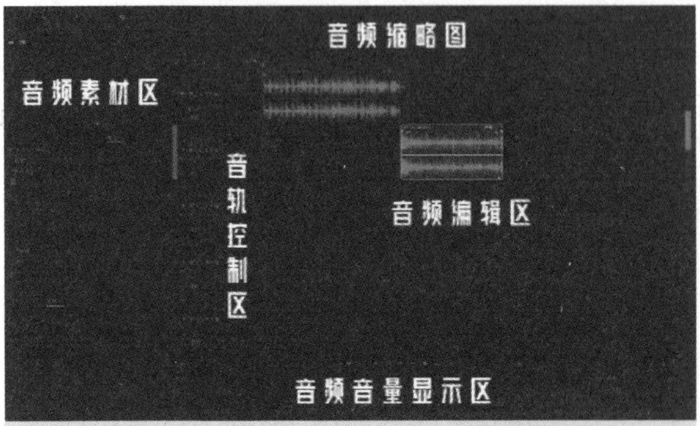

图 3-3-5 多轨编辑界面介绍

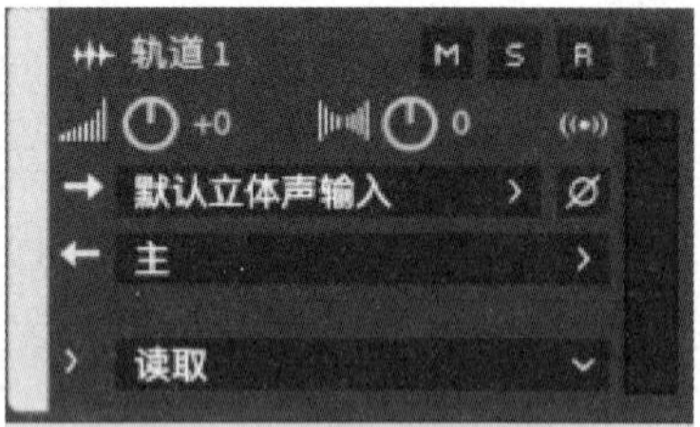

图 3-3-6 音轨控制区

进入操作界面中，初学者对于操作板块都会有些迷茫且不知所措，因为每一个区块都有相对应的功用，如下图所标记出来的区域和实际功用，需要进一步地学习如何操作。

3. 音波样式

声音是通过介质（空气、固体或液体）震动传播并能被人或动物的听觉器官所感知的波动现象。因此声音在软件中呈现的是连续起伏的波纹画面，在进行编辑前，需要先了解编辑区域里的声音波纹代表的意义。声音跟随着歌词或节奏的转换，在声波的视觉效果呈现上会有明显的起伏或波纹的疏密不同。

（1）音波呈现方式

声音在视觉效果上，会呈现疏密不同的起伏波纹，当局部放大检视时，波纹则会呈现两种类型，一是上下波动顺滑的曲线，二是上下波动转折明显的曲线（图 3-3-7）。

（2）节点意义（图 3-3-8）

① 波峰：代表音波中音量最大处。

② 波谷：代表音波中音量最小处。

③ 零位线：音波中静音的无声区域，只要在零位线处上下波动起伏，都代表非静音。

④ 声音起点。

⑤ 声音终点。

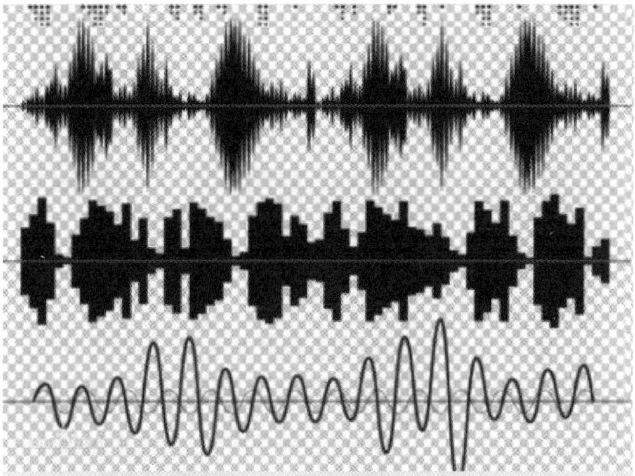

图 3-3-7　音波呈现示意图

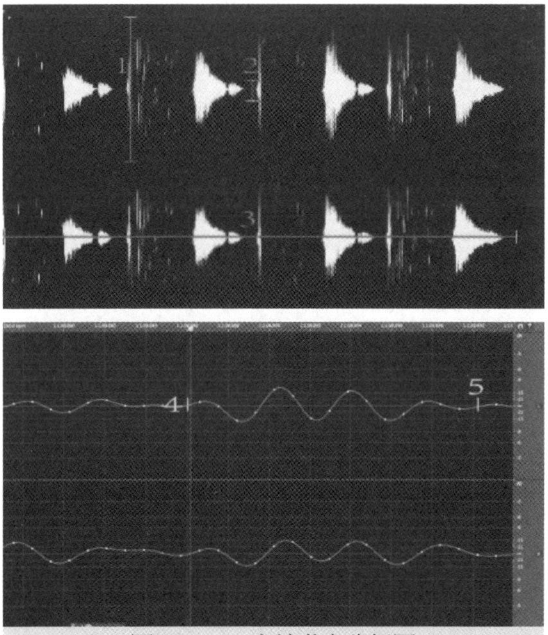

图 3-3-8　音波节点分析图

（六）音乐编制步骤

1. 速度与时间制定：BPM 介绍

BPM 是 Beat Per Minute（每分钟节拍数）的缩写，数字越大则表示数拍速度越快，数字越小则反之。根据赛事项目不同，音乐成品速度快慢不一，技巧啦啦操和花球啦啦操根据运动员年龄和能力不同，BPM 数值从 130 至 155 不等，街舞啦啦操根据动作风格编排从 80 至 130 不等，爵士啦啦操则是从 65 至 115 不等。

根据参赛项目规定，个别时间长度要求可以参考表 3-3-6，表格左侧为时间长短，表格上方为 BPM 速度，两侧汇合之处则是在该速度和时间限制下最高可完成多少个 8 拍数。

表 3-3-6 啦啦操成套时长与 BPM 关系表

BPM 时长	115 BPM	120 BPM	125 BPM	130 BPM	135 BPM	140 BPM	145 BPM	150 BPM	155 BPM
0：45	10	11	11	12	12	13	13	14	14
1：00	14	14	15	16	16	17	17	18	19
1：15	17	18	19	20	21	21	22	23	24
1：30	21	22	23	24	25	25	26	27	28
1：45	24	26	27	28	29	30	31	32	33
2：00	28	29	30	32	33	34	36	37	38
2：15	32	33	34	36	37	39	40	41	43

注：数字为多少个 8 拍

2. 剪（Cut）

在制定成套速度后，完成原始音乐收集，根据原始音乐演绎方式，按照 4 个 8 拍、3 个 8 拍、2 个 8 拍、1 个 8 拍或 4 拍来做裁剪段落，根据歌名、歌手分门别类储存，并在文件名上标记多少个 8 拍，以便在下一步骤能统一 BPM 速度（图 3-3-9）。

3. 统一（BPM）

第一步骤制定 BPM 数值后，在 Au 中输入 BPM 数值（图 3-3-10），这样一来通过 Au 自带的节拍器作为标的物，则可以实现将不同速度的原始歌曲统一速度。

4. 贴（Paste）

根据动作创编框架粘贴已选音乐段落至对应段落。

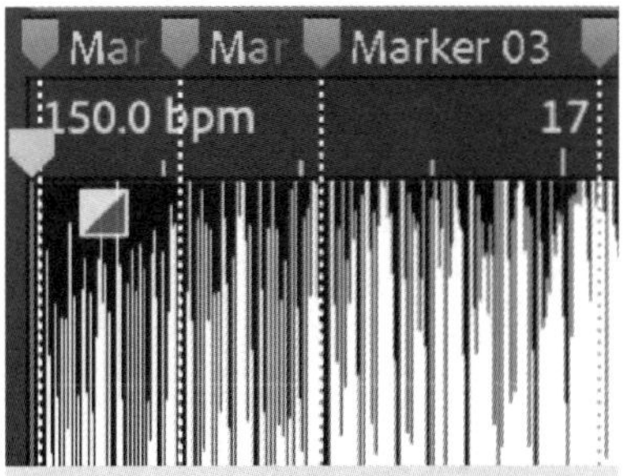

图 3-3-9 音乐裁剪示意图

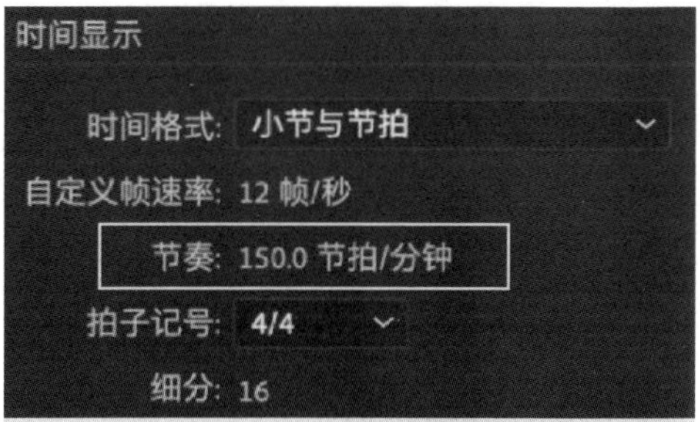

图 3-3-10 BPM 输入

5. 混音（Mix）

根据每个素材音量大小的不同，调整、统一音量大小，并在音乐创编的大框架下，增加鼓点和特殊声音效果，完成混音。

6. 导出（Export）

完成“混音”后，全选所有音轨，点击右键菜单，导出“所选音轨”，并保存为“mp3”格式。

二、啦啦操的队形设计方法

队形是现代啦啦操成套动作的亮点，也是啦啦操集体项目比赛的得分点。作为成套编排与竞赛的重要环节和评分依据，掌握啦啦操的队形设计方法对于成套编排十分有用。

知识链接

1. 队形的概念

队形是指队伍的形状，是为协同动作而采取的队伍排列形式。

2. 队形变化的概念

队形变化是指由一种队形变到另一种队形。

3. 啦啦操队形的作用

（1）有助于促进成套动作的完美完成。

（2）有助于提高成套动作的视觉效果。

（3）有助于增强成套动作的艺术性。

（4）有助于提升团队协作能力。

（一）啦啦操队形的内容与分类

啦啦操队形内容丰富、种类繁多、变化多样。根据构图的点、线、面基本图素，按其形态特征、变化形式可构成啦啦操不同队形的种类（表 3-3-7）。

表 3-3-7　啦啦操队形的内容与分类

直线队形	直线队形（横线、斜线、平行线、交叉线等）
几何队形	三角形、菱形、矩形、多边形、圆形、椭圆形等
综合队形	直线队形、几何队形的组合

1. 直线队形

直线队形是以横排、纵队、斜排等“线”的图素排列的直线。直线队形可以是多路、多列进行排列，线条可长可短，排列的方式多种多样。

2. 几何队形

几何队形是以点、线、面的图素排列，具有某种形状的队形。如三角形、梯形、菱形、圆形等。

3. 综合队形

综合队形是根据队形设计需要进行选择，将各种不同类别的基本队形巧妙地组合起来所形成的一种综合队形。

（二）啦啦操队形设计因素

啦啦操队形内容和特征的形成、队形艺术效果和审美价值的呈现都离不开队形设计的基本因素，必须熟悉和合理运用（图 3-3-11）。

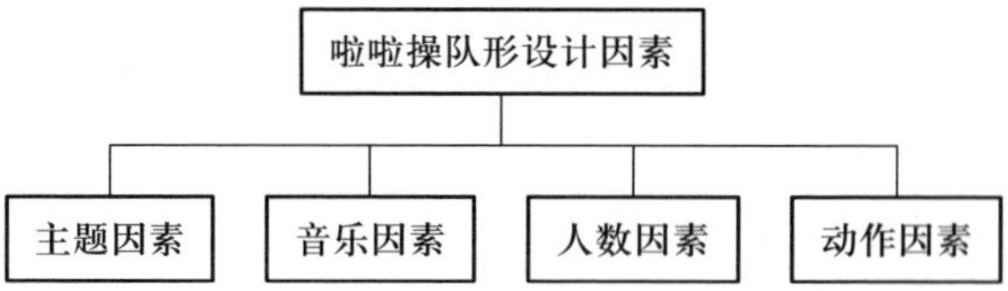

图 3-3-11　啦啦操队形设计因素

1. 主题因素

队形设计要符合内容，也要切合主题。要根据主题内容和主题思想来构思队形的方向、内容和形式，并通过富有条理性、艺术性和创新性的队形设计将主题凸显出来，使得成套作品更加富有内涵。不同的主题采用的队形移动、队形变化、队形图案等设计思路也不同。

2. 音乐因素

音乐是成套队形创编的基础，队形的变化是根据音乐的结构、旋律、节奏、速度、力度、情绪的变化合理设计的。音乐与动作、动作与队形完美结合，使队形变化更具合理性、艺术性和观赏性。

3. 人数因素

人数也是队形变化设计的重要因素，不同的人数组合形式会呈现不同的队形效果。人数较少时队形设计较为简单，但队形类型、层次设置、变化路线等都受限制，而人数较多时，队形设计的难度增加，相对的队形变化效果也更加丰富多样。

4. 动作因素

动作是啦啦操成套动作最基本的构成因素，不同难度动作、操化动作、手位动作等组合都需要不同的队形设计形式来呈现。例如，同一手位动作，同一平面队形效果；不同手位动作，不同层次队形效果；不同动作连接，不同空间队形效果。

（三）啦啦操队形变化方法

啦啦操队形变化主要是由图素的不同排列、组合方式形成的，通常采用以下三种方法（图 3-3-12）。

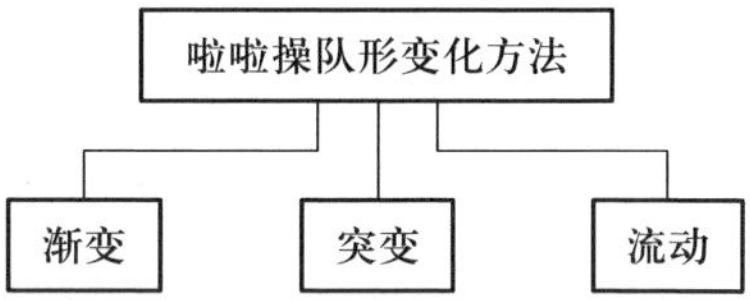

图 3-3-12　队形变化方法

1. 渐变

渐变是由一个队形逐渐变化成另一个队形的方法，在啦啦操过渡队形变化中较常运用，变化过程图案清晰、流畅，层次感觉强，画面视觉效果好。

2. 突变

突变是用最少的位移步伐变化到下一个队形，是啦啦操队形最常用的一种变化方法。这种队形变化方法简单易行，变化迅速，干净利落，队形易于成型，体现队形变化的突然效果。例如，从直线队形，单双数各向前后走一步变成两列横排队形或用最少的步伐移动成小菱形队形（图 3-3-13）。

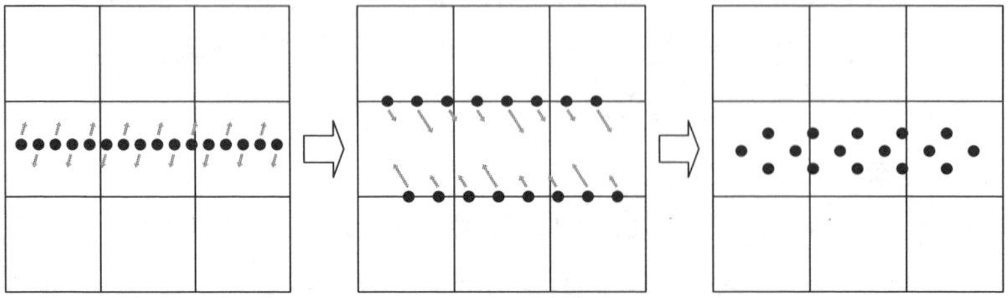

图 3-3-13　突变队形

3. 流动

流动是通过一系列有规则的、不停顿的位置移动变化去形成新的队形。该变化方式体现了队形清晰、自然、流畅，空间结构充实饱满的特点。它包括同方向流动、反方向流动、交叉流动、顺时针流动和逆时针流动等方法。如从大圆形经过小圆形按顺时针方向移动变成一个斜直线队形。

（四）啦啦操队形设计的步骤

1. 收集啦啦操相关队形素材

素材收集是啦啦操队形设计的前提，只有拥有了大量的队形素材，才能融入更多的变化方式，设计出丰富多样的队形。素材收集要持之以恒和规范建库。可以通过培训学习、专业交流、参与训练、观摩比赛和表演等途径收集，可以采用文字图像记载、图片影像拍摄、线上影音下载等方式获取，并经常分类、整理、添加、更新，使素材库不断更新充实。

2. 合理选取啦啦操队形素材

结合竞赛规程和规则对选取的队形素材进行筛选提取，根据动作内容、队形人数、项目特点等相关因素进行初步草图的设定。

3. 精心设计啦啦操队形变化图

队形设计应充分利用音乐、队形变化等特点，在选取队形素材的基础上进行创造和加工，结合啦啦操队形设计相关要素精心、合理、巧妙、有序地设计出啦啦操成套动作所需的队形变化方案，并画出所设计的成套啦啦操各种队形变化示意图（图 3-3-14）。同时，根据成套动作与音乐的特点，不断修改，形成成套动作队形变化初步效果图。

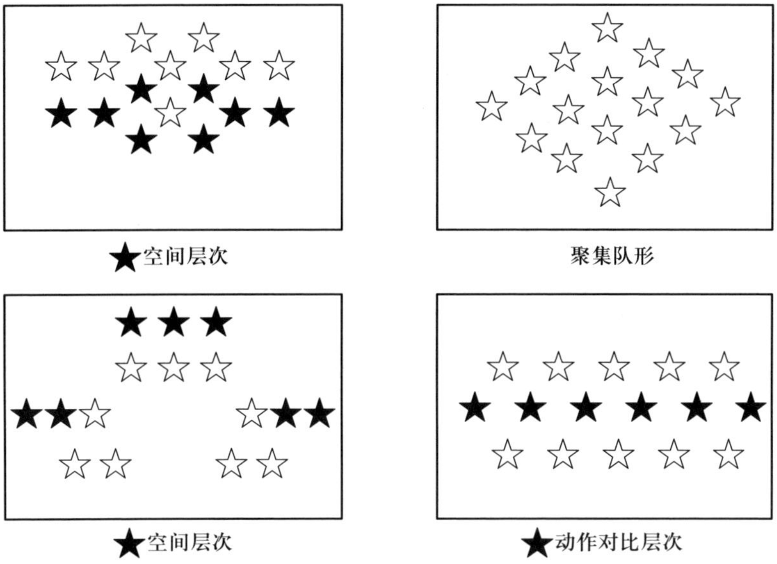

图 3-3-14 队形设计方案图

4. 完善啦啦操队形设计方案

队形设计要与难度动作、基本手位等相关因素合理结合，要在实践中不断修改完善。要将初步设计的成套啦啦操动作队形变化效果图作为练习的实施图，在练习方向、路线、场地、位置等方面进行实践和检验，加以合理调整与修改，形成成套动作队形变化设计最后的实施方案，使其达到提高成套动作的完美性与艺术性的效果。

（五）啦啦操队形设计提示

啦啦操成套动作队形变化的设计，不但要有丰富的想象力和较高的创造力，还要了解特定的规律和原则。设计过程中应注重队形设计效果，注意以下几个方面的问题。

1. 层次鲜明

层次鲜明是啦啦操成套动作最具特色的设计，是队形与动作相结合形成的一定空间和时间内高低错落、立体流动的视觉效果。设计时应根据成套动作内容与队形的需要，使队伍在场地上按照一定的方向、路线、位置、节奏、人数等相关要素进行运动，呈现出多样性造型和立体空间画面，从而产生鲜明的队形变化层次。具体体现以下几个方面。

（1）分批与分层。分批、分层完成动作是啦啦操成套动作队形创编中的一个特色，是队形层次运用中最常见的几种表现形式，常采用依次时间差的节奏，来体现完成动作的效果。例如，分批运用手位动作和对比动作内容，在相同的节奏中做相同的动作，或分不同的小组，每小组做相同的动作，但在不同画面的节奏里完成动作。

（2）切割变化。切割变化有利于体现空间感，通过平面起伏多变的表现形式塑造队形空间的秩序感、立体感。在队形平面上利用改变动作进行几何图形切割，形成空间层次的对比效果，不同时间的表现可使成套动作的层次、节奏更加丰富和新颖多样，创造出具有视觉冲击力的艺术效果（图 3-3-15）。

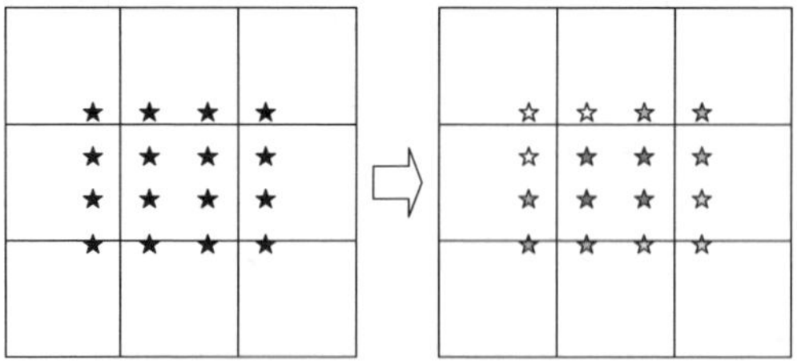

图 3-3-15　切割变化

（3）局部层次变化。运用局部变化方式使成套动作的层次更加丰富，有利于动作充分展示，更凸显视觉效果。在啦啦操成套动作编排中，为了呈现运动员的技术能力，除了采用集体同步完成技术技巧难度动作和舞蹈难度动作外，还要突出展示小集体完成难度动作的能力与效果，这就需要采用不同局部队形变化的方法来展示不同难度动作及凸显局部队形变化效果，使队形画面产生鲜明的层次感。

2. 突出显示面

显示面是队形设计最终和最直接的表达形式。队形变化是为显示动作效果服务的，队形设计要与动作的特点相结合。在设计队形和使用场地时，要充分考虑动作与队形的显示面效果，队形的变化既要展示独特的队形画面，也要凸显动作的特点，把成套动作最美的一面展示给裁判和观众，呈现出成套动作的完美性与艺术性。

3. 队形布局要合理

队形布局在啦啦操成套队形设计中起到至关重要的作用，队形布局既要有聚集又要有分散，既要对称又要不对称，以体现平衡、变化和美感。因此，在队形构图画面上要合理进行有效的布局。

（1）聚集与分散（图 3–3–16）。队形布局中的聚集与分散是相对而言、相互作用的。聚集队形可使运动员之间距离缩小集中，通常表达成套动作的一致性和团队凝聚力。分散队形是由集中的队形向外扩散，通常给人以扩大、饱满、绽放的感觉。

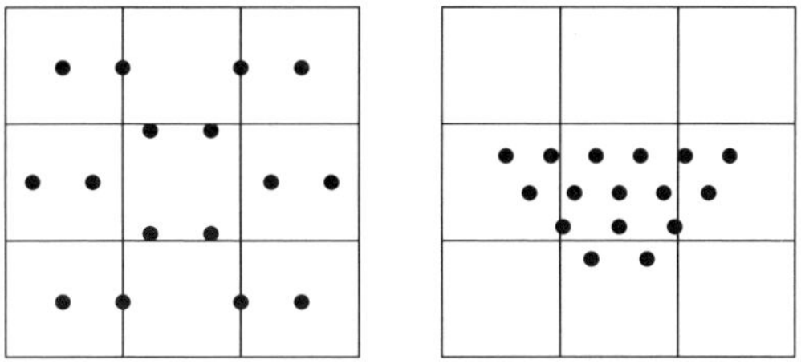

图 3–3–16　分散队形与聚集队形

（2）对称与不对称。队形分为规则队形（对称）和不规则队形（不对称），对称队形构图较为简单，容易给人整齐划一的感觉，给人以美的享受（图 3–3–17）。不对称图形则给人以新颖、独特的视觉，起到特殊美的效果（图 3–3–18）。

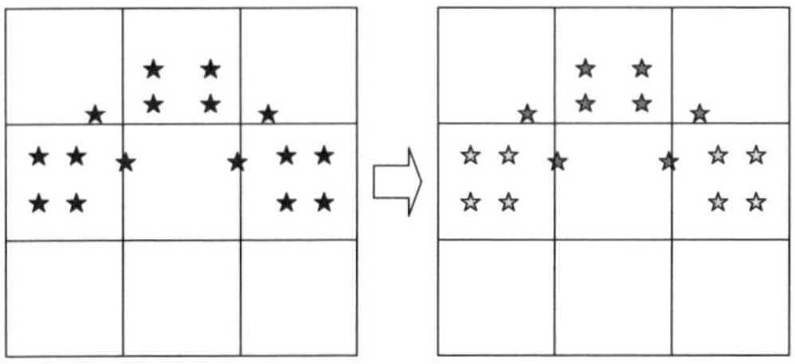

图 3–3–17　对称队形

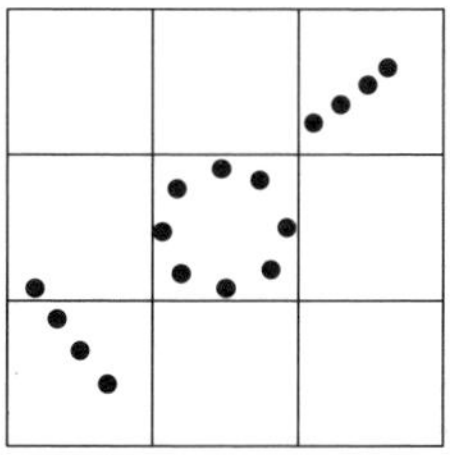

图 3–3–18　不对称队形

4. 均衡使用场地区域

比赛场地分为正前、左前侧、右前侧、中心、左侧、右侧、正后、左后侧、右后侧 9 个区域（图 3–3–19），队形位置不同其表达的视觉效果也不同。在设计队形和使用场地时，既要考虑有效利用比赛场地的 9 个区域，又要巧妙运用场地位置来展示队形的效果，体现艺术性和审美价值。

5. 相邻队形要有明显变化

啦啦操队形变化设计时应注意队形图案之间要有鲜明的变化与对比，相邻的队形应避免出现相似的图案。只有对比鲜明的队形变化才能显示出队形样式的丰富，才能产生震撼的视觉效果和冲击力。

6. 避免过多的队形变化

啦啦操成套动作的队形变化次数要适中，过多的变化会显得队形混乱而缺乏内容，频繁变化队形也会消耗队员的体力，不利于动作高质量地完成。

4点 (右后侧)	5点 (正后)	6点 (左后侧)
3点 (右侧)	9点 (中心)	7点 (左侧)
2点 (右前侧)	1点 (正前)	8点 (左前侧)

△
主席台

图 3-3-19　场地区域

三、啦啦操的动作创编方法

（一）技巧啦啦操动作创编

技巧啦啦操是在音乐的伴奏下，以跳跃、翻腾、托举、抛接、金字塔组合等技巧性难度动作为主要内容，配合口号、啦啦操基本手位及舞蹈动作，充分展示运动员高超的技能技巧的团队竞赛项目。技巧啦啦操动作创编主要包括以下两大方面内容。

1. 难度动作类型的选择

技巧啦啦操成套动作主要有托举、金字塔、抛接、翻腾四个技术技巧难度动作类别。在选择难度动作的过程中，首先要考虑运动员完成技术技巧动作的实际能力，其次要权衡团队的整体水平，以免影响成套动作质量及造成运动员身体伤害。

（1）托举动作编排。托举动作有单底座托举、双底座托举和多底座托举，在技巧啦啦操成套中占有较大比重。托举动作应采用由易到难的方法，编排则应考虑：托举造型、节奏变化、层次变化、队形变化四个因素。例如，在编排6组托举的节奏时，可设计两组先做多底座髋位，两组再做单底座髋位，最后两组做多底座肩位，形成递进式的表现；再如，分层变化的编排，在设计7组托举时，先上中间的一组单脚高位托举，紧接着左右两边各一组托举上单脚高位托举，再由两边各两组做单脚高位托举，通过节奏进行变化，形成分层的表现方式。

（2）金字塔编排。金字塔内容在技巧啦啦操成套动作中占有较高的分值，金字塔的形成有上架、成金字塔、下架三个步骤，在编排中主要注意以下两个因素。

① 金字塔造型设计。成套动作中金字塔有两层高、两层半高的造型和单体式、组合式的形式。单体式有两组托举组合式和多组托举组合式，如2-1-1型、2-2-1型；组合式为多组托举动作组合形成，如N-3-2、N-3-3、N-2-3。金字塔造型编排的重点是体现多样性，每一个金字塔造型都不重复。

② 金字塔位置选择。金字塔造型应合理均衡地安排在套路中。目前较多优秀的队伍会将组合式金字塔动作安排在最后结束造型，体现出团队的整体感，同时在成套动作的前半部会安排两次单体金字塔造型，值得借鉴。

（3）抛接动作编排。抛接动作是技巧啦啦操的特征，也是成套动作中最具惊险性和观赏性的环节。因此，在抛接动作的编排中，应充分考虑运动员实际能力，选择合适的动作，发挥每一组的潜能，在设计中要体现中难度级别的层次感等因素，具体有两个方面。

① 整体性编排。选择全队运动员都能完成的简单抛接动作（如直体抛），然后再进行有姿态变化的抛接动作，体现抛接动作的整体性。

② 递进性编排。难度由低到高的呈现方式有两种：一是技术难度由易到难，二是抛接高度由低到高。例如，针对队伍中三组不同能力的运动员，设计出高、中、低三个层次的抛接动作并由低到高呈现，体现出层次感。

（4）翻腾动作编排。翻腾动作有原地翻腾和行进间翻腾，也要由易到难地设计，例如，从侧手翻、踺子到踺子接小翻，再递进到踺子接小翻再接空翻的推进式编排。

① 原地翻腾。原地翻腾一般选择图形方式（如三角形、梯形、V字形等）进行。原地翻腾会加上跳跃动作进行连接，并根据运动员不同的能力将跳跃、翻腾进行由易到难的安排，可体现出不同的视觉效果。

② 行进间翻腾。行进间翻腾的方向可选择向前、向后，也可采用对角斜线、竖线和向左或向右的横线。在行进间翻腾编排中也要体现难度的递进效果。

（5）组合动作编排。完成上述四项动作编排后，可以将其内容组合起来，编排成完整连接的动作。例如，两位运动员相对进行翻腾动作，同时其他运动员形成一个收紧的圆圈将一组抛接团队围起来。当翻腾运动员做完最后一个空翻落地时，组成圆圈的运动员向外拉开趴下，同时中间的抛接组做一个非常高的后团踹 X 动作，形成视觉冲击力非常强的空中与地面的对比效果。再如，在完成一个金字塔动作前可以设计一组连续的、不同节拍的上举动作：A 组上举时 B 组在下面，当 A 组下来时，B 组又上举，C 组在队伍前面做一个分腿的抛接下来后，紧接着 D 组在队伍后面又做一个团身后空翻抛接，再通过转换组合成一个金字塔造型，这样的上下、上下的紧凑感大大提高了观赏性，给人以惊心动魄的视觉刺激。

2. 上法与下法动作

（1）上法动作

① 托举上法。托举动作在设计中应根据音乐的强弱节奏，由易到难完成。例如，三组单对单托举，第一组是掐腰直抛到高臂，第二组是掐腰直抛转体 360° 到高臂，第三组是后空翻到高臂。很多队伍在托举动作前会加上一些过渡动作进行转换，加入几拍舞蹈动作或一个简单的翻腾动作后进入托举动作。例如，尖子做了一个踺子跳跃成摇篮接，底座接到尖子后做一个滚筒转体 360° 摇篮接回笼成交叉脚站髋位，再补脱手的上举转体 360° 回到髋位后再上举成高位的单脚站。这样一连串的变化使得单调的托举动作更加流畅和丰富。

② 金字塔上法。金字塔造型形成前需要一串流畅性的上法动作，例如，在完成圣诞树型金字塔这个动作前，可以设计有两个肩位双层托举的尖子拉住第三个尖子，通过与底座一起发力，完成一个前空翻或后空翻回到底座手上后上举成高臂站。

③ 翻腾上法。使用翻腾上法时，要保证其流畅性，主要体现在各串之间的节奏控制上，常用的是斜线、横向、竖向同时相向进行翻腾，在方向的把握方面一定要注意翻腾时间以及翻腾速度，避免造成运动员之间相撞。

（2）下法动作

① 托举动作下法。托举动作的下法中，级别较低的会采用倒带式下、直体抛下，级别较高的常用垂直转体下、空翻下成摇篮接下，接到尖子后会采用后手翻下到地面，或是底座向前送出尖子接侧手翻或踺子小翻等动作。

② 金字塔动作下法。金字塔动作的下法与托举动作下法基本相同。

3. 成套创编注意事项

（1）合理选择金字塔。编排金字塔时可以将金字塔分成两段式，第一段是一个小型的三组髋位站，形成金字塔后，通过转换过渡动作再形成一个全队有肩位、髋位、原地站位的更大型的金字塔造型。

（2）提倡动作的多样性。技巧啦啦成套动作内容丰富，形式多样，主要有不同身体姿态、造型等等，一组优秀的成套动作应是在满足规则的前提下，尽可能多地展示不同的类型动作，避免重复的动作。例如，托举动作可以有吸腿及前、后、侧搬腿；抛接动作可以有团身、分腿、并腿、转体、空翻等；翻腾动作可以有侧手翻、软翻、小翻、空翻（团身、屈体、直体空）等。因此，在成套创编中应尽可能不出现相同的动作类型和身体姿态。

（3）合理运用场地空间。技巧啦啦操是一个多人次参加的能够表现出多空间、多维度的表演性项目，应充分运用平面空间和立体空间。

① 场地区域。比赛场地有前、中、后以及左、中、右等共 9 个区域。在编排中要通过翻腾、多组数的托举、抛接等动作，合理、充分利用场地 9 个区域，体现出场地区域的运用效果。

② 立体区域。技巧啦啦操对空间区域利用最为重要，通过上下空间的对比能够较好地展示出不一样的视觉冲击力。托举、抛接、金字塔等能很好地表现立体空间区域的视觉效果。

（4）注意整体性效果。技巧啦啦操项目特别强调团队和整体，在评分规则中就有整体性评价的权重，主要从音乐选用、动作创编、难度动作的完成、成套动作的流畅性和创新性、运动员的默契程度、现场气氛等方面进行整体性评价。

（5）体现视觉效果。技巧啦啦操项目的视觉冲击力主要是通过抛接、托举、翻腾、队形变化等动作的丰富性、惊险性来体现。抛接高度决定了视觉的冲击力，在权衡能力和保证安全的基础上，抛接得越高，越能征服观众和裁判的眼光；托举和翻腾则要通过多样的队形和图案产生视觉冲击力。

（二）舞蹈啦啦操动作创编

舞蹈啦啦操项目类型繁多，动作风格迥异，是一项综合性很强的体育运动项目，创编时要突出项目特点，遵循规则变化，顺应发展趋势。舞蹈啦啦操成套动作创编主要包括：技术技巧、步伐与操化动作、过渡连接、托举配合等内容。该节主要介绍花球、街舞、爵士三个项目动作的创编。

1. 花球啦啦操动作创编

花球舞蹈啦啦操动作创编主要是通过手位技术特征来实现花球动作特有的力度感。成套动作内容主要包括：36 个基本手位、步伐与操化动作、技术技巧、过渡连接、托举配合、舞蹈技巧等，同时还可以适当融入街舞和爵士的舞蹈元素。花球舞蹈啦啦操成套动作创编主要有5个方面的内容（图3–3–20）。

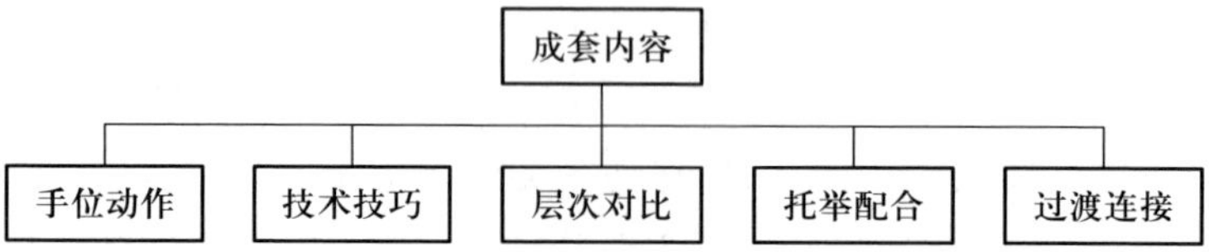

图3–3–20　花球舞蹈啦啦操成套创编内容

（1）基本手位动作创编。基本手位是花球舞蹈啦啦操的核心内容，是上肢动作编排的基础，也是技术特征的体现。编排时可根据手位分类情况（表3–3–8），采用不同的组合形式、组合类型、对比动作等方法，进行合理有效的创编。

表3–3–8　啦啦操36个基本手位分类表

类别	基本手位
上举类	高V、高X、X、上A、上H、L
平举类	大T、前X、前H（拳心向下）、前H（拳心相对）
下举类	下V、下A、下H、倒L、低X
斜举类	斜线、K、侧K
冲拳类	高冲拳、侧下冲拳、侧上冲拳、斜上冲拳、斜下冲拳
屈臂类	上M、下M、后M、W、短T、屈臂H、小H、屈臂X、弓箭、小弓箭、加油、R、短剑

① 手位组合形式。采用对点式、划线式、过渡式的手位组合形式，有助于提高成套动作连接的视觉效果。对点式连接主要是对称动作，能较好体现动作力度与一致性效果，如“上V”连接“下V”动作，“左斜线”连接“右斜线”动作。划线式连接主要是通过手臂做绕或绕环动作，体现空间整齐划一的弧形或圆形的运动形式，能增强视觉冲击效果。如“左L”与“上V”的连接，通过右臂向内绕至成“高V”动作（划线过程），运用划线连接的主要手

位类型有上举、平举、下举等不同组合方式。过渡式连接则是在同一个节拍中完成两个不同类型的手位动作，通常运用屈臂类与上举、平举类、下举类动作之间的过渡，如做“T”动作，前半拍先经过“短 T”，后半拍至“T”动作，过渡式连接一是有利于手位动作的发力，二是体现手位类型运用多样、连接复杂的效果。

② 手位组合类型。啦啦操 36 个基本手位类型多样，姿势丰富。运用手位组合类型时，要根据手位动作结构、形态特点、方向、组合形式等，进行合理有序的编选与设计，不同手位类型的组合会产生不同的视觉效果，手位动作组合类型运用越复杂，强度越大，效果也越好。例如，1×8 拍不同类型手位组合，选择“R”“V”“前 X”“T”“短 T”的连接，从加油手位开始，1—2 拍，做“右 R”，3—4 拍，左臂向左绕至成“高 V”（划线过程），5 拍，两臂经“短 T”（过渡）做“前 X”，6 拍，向外绕至成“T”（划线过程），7—8 拍，做“短 T”。

（2）技术技巧动作创编。舞蹈啦啦操花球项目的技术技巧主要由跳跃、旋转、翻腾、平衡与柔韧动作组成。技术技巧是展示运动能力的重要手段，技术技巧的出现次数及难易程度决定了成套动作的难度价值，集体展示越多，表示团队整体能力越强。因此，在成套动作中要根据运动员完成动作的能力加大技术技巧动作的融入。

技术技巧的运用不仅限于单个动作的完成，还体现在不同技术技巧的组合与连接上。在不违反规则的前提下，要鼓励运动员进行新的技术技巧动作和连接形式的尝试。例如，不同的转体类动作组合（相同类别组合）和转体与翻腾组合（不同类别组合）等。

① 技术技巧个性选择。花球成套动作一般被作为一个“整体”来看待，鼓励集体完成。但是队伍中如果有个别身体素质出色，能够完成极高难度动作的运动员，则可通过编排个性的技术技巧动作来凸显其能力，展示层次变化。例如，采用分层递减的编排方式将个别运动员从集体中逐步凸显出来并成为焦点。

② 技术技巧难度选择。成套动作中技术技巧的难易程度取决于运动员完成动作的能力。一是技术技巧动作创编的数量。在团队能力的允许下尽可能加入体现运动员身体素质的跳、转、翻和柔韧类动作。二是技术技巧执行的人数。鼓励集体完成，参与人数越多则难度系数越高。三是凸显花球的视觉效

果。在完成技术技巧动作时要增加花球动作的运用，在跳跃和旋转的过程中可以增加手位动作，显示花球效果。例如，2018 年啦啦操世锦赛国家杯花球项目中，日本队在完成集体旋转动作时，时刻保持花球变化，在吸腿转体中，巧妙地将花球放置在吸腿的膝盖下面。

（3）层次对比动作创编。层次对比有动作层次和空间层次两种，是花球成套动作节奏变化的重要特征，层次变化应具备突然性、多样性和创新性。

① 对比动作运用动作层次。动作层次是指在成套动作进行中，同一时间内不同运动员完成不同的动作。花球项目中，成套动作不能只出现一种动作层次运用，可把队员分成若干小组，采用同一时间完成不同动作或不同时间依次完成同一动作的表现形式来突出动作层次的变化。

② 对比动作运用空间层次。空间层次分为地面层、站立层、腾空层。编排中应合理运用三个层面形成对比，但同时要注重对比的多样性、复杂性和连续性，突出成套动作复杂的视觉效果和视觉冲击力。地面层运用地面动作来表现，站立层利用花球手位动作、旋转动作及柔韧性动作来呈现，腾空层则使用跳跃、翻腾、托举配合与过渡连接动作来展现。

（4）托举配合创编。托举配合创编应把握四点：一是遵循规则，规则中对不同项目、不同组别的托举配合有明确的限制，所以托举配合动作的运用前提是不违反规则；二是保证安全，花球项目要求尽可能 100% 手持花球，为了安全托举，必须放下手中的花球；三是保持强度和流畅，托举配合的运用不宜过多，以免影响成套动作的流畅性和强度；四是配合音乐，托举配合的出现要与成套动作的音乐相吻合，特定的音效可以用托举配合动作去凸显视觉效果，使得成套动作听觉与视觉相统一。

（5）过渡连接动作创编。花球项目过渡连接动作是指在成套动作中技术技巧之间、技术技巧与手位之间的过渡性动作，是成套动作的“润滑剂”。巧妙运用过渡连接会使成套动作更加流畅与新奇，可增强视觉效果，提升创编价值，同时可以规避规则中对技术技巧动作使用连续性的限制。

（6）花球舞蹈啦啦操创编注意事项。① 花球成套动作编排要全程使用花球，团队手持花球动作的人数应达到 100%。② 花球音乐注重多种音乐风格的运用，花球项目音乐风格选用应追求多变性、复杂性，要合理利用音乐特效凸显队伍特色及风格。③ 花球手位的变化要与音乐风格、节奏、旋律以及音效相符合。④ 成套对比动作要合理运用节奏、时间、空间、分层对比等形式。

⑤ 队形创编要简洁、流畅、巧妙、多变，应考虑动作显示面效果，队形变化要迅速、干净。⑥ 成套动作要充分均衡使用场地 9 个区域，场地 1 点视觉效果最强；2 点和 8 点视觉效果强；4 点和 6 点视觉效果弱；5 点视觉效果较弱；3 点和 7 点视觉效果较强；9 点则位于场地正中心，视觉效果强（图 3-3-21）。⑦ 成套动作创编还应考虑服饰因素，保证比赛服饰的选用能贴合主题内容，突出队伍特色，彰显国家或地区的文化魅力。⑧ 花球作为比赛服饰的一部分，颜色常选择纯色，可以是服装颜色的一种，或完全和服装颜色呈鲜明的反差色来凸显花球的视觉效果。竞赛使用的花球一般都不宜过大，在创编动作时应考虑花球因素。

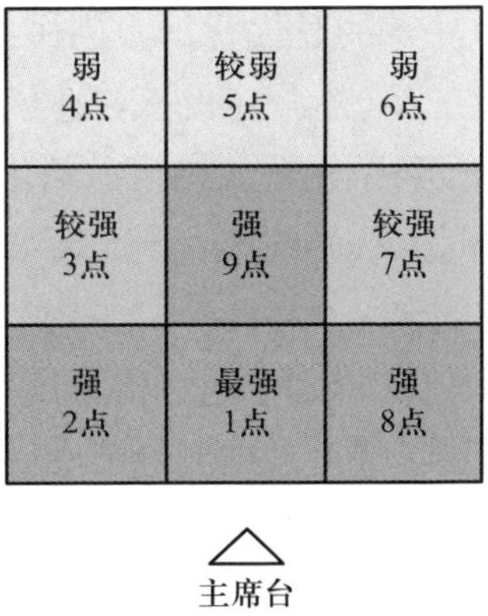

图 3-3-21　场地区域视觉效果

2. 爵士舞蹈啦啦操动作的创编

爵士舞蹈啦啦操成套动作主要由爵士风格的舞蹈动作、难度动作、过渡连接动作、托举配合动作等内容组成。成套创编主要根据主题、音乐风格、故事情节以及结构框架进行设计。

（1）爵士成套动作结构设置。成套爵士舞蹈啦啦操是由若干段落构成的，一般分为开头、中间、结尾三个部分。开头部分起引子的作用（一般在 2×4 个 8 拍之内），根据音乐风格、节奏变化有针对性地进行合理布局，吸引观众和裁判；中间部分是成套动作的主体和高潮，主要动作和难度动作都集中在这一部分，强度、力度、幅度及难度都在此呈现，通过音乐节奏和三维空间的变化以及气氛和情绪变化，形成鲜明对比，呈现精彩纷呈的画面感；结尾部分不宜太长（2×4 个 8 拍之间），要有戛然而止或意犹未尽的效果。三个部分要合理布局，不能虎头蛇尾，也不能头轻脚重，每个部分要有相对应的亮点内容，要体现作品主题故事和情绪特征。

（2）舞蹈主题的设计。

① 舞蹈主题风格选取。舞蹈主题风格是通过不同主题的故事、情节、情绪对爵士舞进行诠释和表达，将不同的内容、思想、文化、风格融入爵士舞创作中。例如，西华大学《回归八十年代》运用 20 世纪 80 年代的时代记忆创作出诙谐的爵士风格，传递快乐有趣的儿童记忆。《花样年华》运用中国 20 世纪

30年代的时代背景，创作纠结、痛苦的情感故事，通过爵士风格表达情感欲望在道德标尺下的人性述说。

舞蹈主题风格可以从生活中汲取创作源泉，例如从影视中塑造角色故事，通过大自然的风、雨、雷、电表达主题情绪，利用这些创作元素来表达不同主题的作品风格。

② 舞蹈主题风格运用。舞蹈动作首先是要符合舞蹈主题；其次要与音乐旋律、速度、力度、节奏、情绪完美配合，表现主题风格，表达内心世界；最后要符合舞蹈啦啦操的项目特点、运动员个性特点和技术特点，体现体育与艺术的完美结合。例如，《回归八十年代》的动作与主题较符合，动作与音乐节奏、速度和力度变化高度一致，展现了运动员的个性、素质、能力特点和主观能动性，达到了作品的诙谐效果。

（3）难度动作创编。难度动作不仅反映运动员的技术水平和个人能力，还能给爵士啦啦操的创编锦上添花。难度动作类型选择越全面，集体展示人数越多，成套动作难度价值就越高，但创编时必须根据运动员完成动作的能力进行合理有效的选择。难度动作的类别主要有跳跃、旋转、翻腾、柔韧与平衡、托举与配合等。

① 合理设计难度动作。爵士啦啦操难度动作的运用不仅体现于单个动作的完成，还体现在将不同的技术技巧动作进行组合与连接上，例如，不同的转体类动作组合（相同类别组合）、转体与翻腾组合（不同类别组合）等。难度动作应根据相关因素进行合理选择与设计。

② 均衡分布难度动作。在成套动作中，所有难度动作应均匀分布，切勿集中编排难度动作，以免影响编排的合理性和艺术性，影响运动员的动作完成质量，造成观众和裁判的审美疲劳。

③ 巧妙安排难度动作。难度动作应根据运动员的能力进行合理选择，在队员能力不均衡时，可以巧妙设计难度动作，例如，选择不同类型的难度动作时，要根据队员能力合理安排相应位置，展示其最擅长的难度动作，既体现队员的不同能力，又丰富成套难度动作类型的展示。

④ 音乐符合难度动作。难度动作的出现应该和音乐的轻重缓急密切结合，这样才能让成套动作随着音乐一起扣人心弦，体现难度动作与音乐的一致性和完美性。在爵士啦啦操创编中，技术技巧动作不应只追求复杂与数量，而要根据运动员的完成能力以及匹配的音乐来选择。如西华大学爵士作品《花样年

华》中除了有 720° 旋转之外，还加入了挥鞭转、平衡转体、抱腿 360° 旋转，之所以选择编排不同等级的转体类技术技巧动作，除了顾及队员技术能力不同之外，还为了寻求与音乐旋律、节奏的一致。

（4）层次对比动作创编。爵士啦啦操层次对比动作是成套动作创编中的核心内容，主要有空间层次和动作层次两种。

① 对比动作运用动作层次。爵士啦啦操层次对比动作表现形式主要体现以下几个方面：一是动作的对比，二是音乐的对比，三是队形的对比。编排中合理运用各种动作对比形式能产生不同层次效果，充分体现项目特点，提高成套动作编排的创新性和艺术性。

② 对比动作运用空间层次。空间层次分为地面层、站立层、腾空层。编排中应合理运用三个层次形成对比，空间层次的运用不仅使成套动作内容更加丰富，还可以使成套动作结构更加清晰有序。具体运用方法可参考花球啦啦操层次对比动作创编。

（5）托举与配合动作设计。托举与配合动作的设计要符合啦啦操竞赛规则要求，要考虑正确且安全的因素，要体现表达情绪、凸显音乐节奏、丰富空间层次的要求。爵士舞蹈啦啦操托举配合有静力性和动力性两种。静力性托举配合是指在托举配合时，主要展示柔韧和静力性造型，动作没有空间上的移动；而动力性托举则是指在托举配合时，动作的空间层次和身体姿态发生移动且运动路线和方向出现快速转换。动力性的配合托举是通过不同造型托举配合来营造不同的情绪氛围，配合主题变化给人以活跃、巧妙的视觉体验。不论是静力性还是动力性托举配合，均是爵士舞蹈啦啦操创作的亮丽风景线。

（6）过渡连接动作创编。爵士舞蹈啦啦操的过渡连接是动作与动作之间、动作与队形之间、动作与难度技术之间的连接，是为了巧妙合理地在变化中完成动作之间的过渡。连接动作要随着音乐节奏完成得顺理成章、流畅自然，而不能生硬、突然、停顿，因此，爵士舞蹈啦啦操过渡连接动作虽然不及舞蹈动作那么精彩，但却是整个作品不可或缺的润滑剂，尤其是通过过渡连接动作串联舞蹈与难度、舞蹈与造型能让作品更加精彩。

3. 街舞啦啦操动作的创编

街舞啦啦操是在舞蹈啦啦操基本技术特征的基础上融入多样化街舞风格元素而形成的，成套动作主要注重风格特征及身体各部位律动动作与身体控制。

成套动作主要包括舞蹈动作、技术技巧、托举与配合、造型动作等。

（1）舞蹈动作创编。街舞啦啦操舞蹈动作以各类街舞风格的基本技术为基础，强调各舞种之间的有机搭配，同时注重舞蹈动作力度、幅度和节奏的把握。

① 多舞种的巧妙结合。多舞种结合的成套动作音乐和多样动作风格，可表现出不同的舞蹈情境，体现街舞的现代感和多样化。创编中要注意每种舞蹈风格之间的巧妙衔接，保证成套动作的连贯性和整体性。

创编中还需注意多舞种结合后的主题塑造，为成套动作注入灵魂，加深裁判与观众的印象。例如，2019 年全国啦啦操冠军赛集体街舞啦啦操冠军（广西师范大学马龙啦啦队）成套动作中，首段 4 个 8 拍运用了嘻哈舞，中段分别运用了 4 个 8 拍小丑舞、6 个 8 拍埃及手、4 个 8 拍爵士舞、4 个 8 拍霹雳舞，最后一段创意性地选择了 4 个 8 拍的民族风格街舞，成功地将不同的舞蹈风格融合到街舞啦啦操中。

② 动作强度合理运用。街舞啦啦操的动作强度主要体现在动作力度、动作幅度和动作节奏三个方面。

a. 动作强弱力度把握。在保证成套动作具备一定强度的基础上，要合理运用强弱节拍，体现动作力度的适度性与节奏的多样性，避免力度持续强化造成动作机械和力度始终较弱，从而影响视觉效果。

例如，2019 年世界啦啦操锦标赛集体街舞啦啦操（墨西哥队）成套动作中，一个 8 拍连续使用嘻哈舞风格动作，动作力度较强，视觉冲击力较好，第二个 8 拍控制力度后起到衔接过渡的作用，为下一段换舞蹈动作或队形等做好了准备。

b. 动作幅度大小选择。动作幅度虽能提升动作质量和成套效果，但长时间过大幅度的表现会过度消耗运动员的体力，影响动作完成，而动作幅度过小又缺乏视觉变化，达不到成套动作预期的效果，因此，动作幅度应根据音乐风格、动作元素及舞台剧情表演设计做出相应的调整。例如，2019 年世界啦啦操锦标赛集体街舞啦啦操（挪威队）成套动作中，第一个 8 拍用手臂律动结合造型变化，由大幅度动作变化为小幅度动作，进入第二个 8 拍持续使用大幅度动作结合小幅度动作，转变自然，更有观赏性。

③ 动作节奏变化运用。动作节奏变化的综合运用也能够反映成套动作编排的优劣，富有变化的节奏编排会使得成套动作更具有跌宕起伏的落差效果，

要运用精妙的节奏变化使舞蹈动作与音乐旋律产生更合理的表演诠释。例如，2017 年国际技巧与舞蹈啦啦操锦标赛集体街舞啦啦操亚军（中国广西师范大学马龙啦啦队）成套动作中，埃及手之后的 8 拍动作随着音乐的变慢而逐渐变慢，而后的动作随着音乐旋律的加速而逐渐加快。这样的动作设计给人营造出一种节奏变化对比的视觉效果。

（2）技术技巧动作创编。街舞啦啦操技术技巧动作包括翻腾、跳跃、定格（Freeze）、小地板动作（Footwork）、大地板动作（Power Move）五个类型。在成套动作中使用技术技巧动作，能提升整体技术水平，使之更具观赏性和竞技性。在竞赛规则允许的情况下，要巧妙使用技术技巧动作。

① 合理选择技术技巧动作。首先要根据团队运动员现有的能力，选择相应的技术技巧备选动作，然后进入编排运用环节。

a. 单人技术技巧动作。在成套动作编排过程中，一是要选择团队最高水平的单人技术技巧动作，以高难和干净的动作吸引观众和裁判的注意力，二是要同时根据队形层次安排，巧妙凸显个人技能水平。

b. 小组技术技巧动作。在集体街舞啦啦操比赛中，两人及两人以上小组的技术技巧动作通常会与集体舞蹈动作、造型动作形成互动，营造配合呼应的视觉效果。例如，2018 年世界啦啦操锦标赛集体街舞啦啦操冠军（日本队）成套动作中，两名运动员就以小地板步的 3 步动作和 12 步动作完成了与集体动作的呼应。

c. 集体技术技巧动作。在成套动作编排中，集体完成技术技巧动作是最大程度展示团队技术水平的手段，选择集体能同步完成的技术技巧动作是关键。例如，2016 年世界啦啦操锦标赛集体街舞啦啦操季军（中国台北队）成套动作中，全体运动员完成集体后空翻；2018 年世界青少年啦啦操锦标赛集体街舞啦啦操冠军（美国队）成套动作中，全体运动员完成集体头手翻。

② 合理运用音乐特效。街舞啦啦操成套音乐往往会混合多种音效和旋律，达到街舞音乐和肢体动作相互促进、相互融合和表现的高度统一。在特定的音乐或音效下可以发挥编排者的想象力，选择特定的技术技巧动作来表达主题内容。

a. 快速搭拍的音效。可以使用大地板动作中 2000's（双手倒立手转）等动作速度较快的难度来表达。

b. 环绕旋律类的音乐。可以使用大地板动作中风车和托马斯全旋等大幅度的动作来表达。

c. 短促一拍的音效。可以使用翻腾类中的后空翻等单动作的难度来表达。

③ 合理安排舞蹈动作的衔接。舞蹈动作是成套动作的主体，在主题、音乐、舞蹈动作层次确定后，必须关注舞蹈动作与技术技巧动作自然流畅的衔接。舞蹈动作要结合技术技巧动作的五个类型选择连接，其中，舞蹈动作使用托举动作完成难度时，更具创新性。例如，2017 年国际技巧与舞蹈啦啦操锦标赛集体街舞啦啦操亚军（广西师范大学马龙啦啦队）成套动作中，多次技术技巧动作的使用与舞蹈动作紧密结合，过渡自然，衔接速度快，同时加以音效的衬托和运动员的情绪配合，使得每一次的过渡衔接令人感到惊喜又自然。

（3）托举与配合动作设计。托举动作是指一个人被一个人或多人从地面举起并放下的动作。配合动作是指双人或多人相互作用的技巧动作。一般来说，托举和配合常出现在成套动作的开场、结束以及亮点部分。托举动作通常融合了街舞元素并与主题贴合，有一定的故事性。例如，2019 年世界啦啦操锦标赛集体街舞啦啦操亚军（美国队）成套动作中，六名运动员成一个组合，两名运动员托起尖子踩在另外两名尖子的背上，一人保护完成托举动作。

街舞托举与配合设计的难度首先应符合规则的要求，可以参考国际规则中所提供的托举动作编排素材。

（4）空间层次设计。空间层次设计主要包括空间层次变化和空间层次对比两个方面。

① 空间层次变化。空间层次变化主要体现在运动员身体姿势在垂直空间做出的变化。在街舞啦啦操中，垂直空间分为三个层次：

a. 高空间：即双脚脱离地面的动作（如翻腾、跳跃等）所处的空间。

b. 中空间：即单脚或双脚位于地面，身体呈站立姿势或者半蹲姿势的动作（如立踵等）所处的空间。

c. 低空间：即身体呈全蹲、坐姿、卧姿的动作所处的空间。

根据以上三个空间层次种类，可派生出十余种层次变化类型（表 3−3−9）。

表 3-3-9 街舞啦啦操空间层次变化类型

序号	空间层次变化类型	空间层次变化说明
1	A–B	低—中
2	A–B–A	低—中—低
3	A–B–C	低—中—高
4	A–C–A	低—高—低
5	A–C–B	低—高—中

② 空间层次对比。空间层次对比是指成套动作中全队运动员在垂直空间表现出的对比。当全队运动员在同一空间时即为单层次；当全队运动员在不同的两个空间时即为双层次对比；当全队运动员在不同的三个及三个以上空间时即为多层次对比。街舞啦啦操成套动作的编排中应灵活运用空间层次的变化，组合多种空间层次以呈现意想不到的视觉冲击效果。

例如，2016 年世界啦啦操锦标赛集体街舞啦啦操亚军（日本队）成套动作进入第一个 8 拍时，运用了低—中—高（A–B–C）三个空间同时进行舞蹈动作，而第二个 8 拍主要是低空间和中空间的运用，给人以立体、充实的画面感。

③ 方向对比。在街舞啦啦操成套编排中，运动员的基本方向包括 8 个面向（图 3-3-22），从正前方 1 点开始，每顺时针旋转 45° 则增加一个点位。在街舞啦啦操成套动作中，全体运动员可统一面朝一个方向，也可分成若干小组面朝不同方向。在某个动作的表演瞬间，动作方向出现得越多，整体效果的复杂性、多样性、立体性就越强。

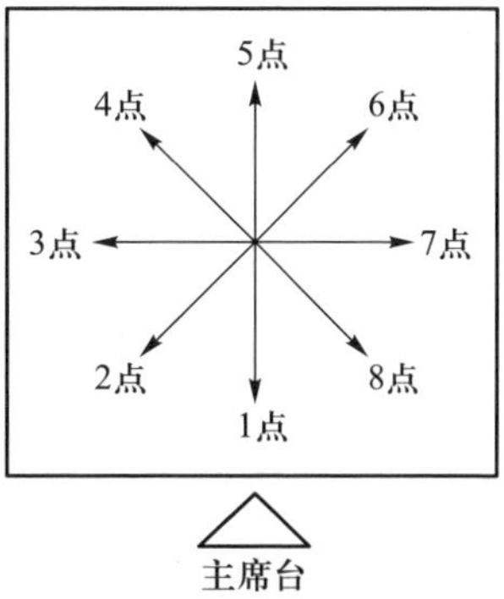

图 3-3-22 场地 8 个基本方位

方向对比包括技术技巧动作方向对比和舞蹈动作方向对比。技术技巧动作方向对比指两个或两个以上的运动员某个瞬间做方向不同的同一个技术技巧动作所形成的对比；舞蹈动作对比指在某个瞬间两个或两个以上的运动员做方向不同的同一个舞蹈动作所形成的对比。在编排中要充分运用方向对比，提高编排的整体效果。例如，2018 年世界啦啦操锦标赛集体街舞啦啦操冠军（日本队）成套动作中，通过舞蹈动作和托举动作在组合队形的基础上融合方向对比、层次对比体现出较强的视觉上的放射感和层次感。

（5）造型动作设计

开始造型和结束造型是街舞的两个“品牌”，不可忽视。好的开始造型可以增加吸引力，把裁判和观众引进作品之中；好的结尾造型可以引导裁判和观众的思绪，使其回味再三。开始和结束造型动作有集中型、分散型、集中分散结合型三种类型。

① 集中型。集中型是指运动员以某点为中心，两边动作对称集中或不对称集中，给人以紧凑、严谨的整体形象的造型。例如，2018 年世界青少年啦啦操锦标赛集体街舞啦啦操冠军（美国队）成套动作中，开始造型动作是，外围的运动员依次缓慢转体下蹲，中间的运动员开始托举动作，然后外围的运动员快速分散，为下一个队形完成难度动作做准备。整体感觉犹如一朵含苞待放的花朵，可以起到衬托中心、突出主干的作用，使人眼前一亮，激发起观众的欣赏兴趣。

② 分散型。分散型是指运动员分散在场地各处，以占有、充实空间，视觉上产生开阔的感觉。例如，2015 年世界啦啦操俱乐部杯锦标赛（Jordan Johnson Productions-Street Kids）的结束造型动作，整体造型构图以中心一名站立运动员为点，另外 12 名运动员成放射状向外分散排开。同时所有运动员低头或抬头托帽，首尾呼应，紧扣成套动作的主题思想，起到让观众回味无穷的作用。

③ 集中分散结合型。集中分散结合型是指运动员通过相同或者不同的动作组合成若干造型，将相对集中的造型和相对分散的造型相结合，在场面上既占满全场，又灵活多变，彰显出一种独特的情感魅力。例如，2015 年世界啦啦操俱乐部杯锦标赛（Jordan Johnson Productions-Crew）的开场造型动作，在构图上是一种充满想象的图形，在动作上非常奇特、极具张力，让观众产生好奇和期待。

第四节　优秀作品创编范例

一、技巧啦啦操

1. 2019 年第十届啦啦操世界杯日本队比赛套路

日本队按板块进行了编排和串联，从开场抛接—翻腾—托举—金字塔—口号—操化动作—托举—组合金字塔，都是全队共同参与且在同一节拍进行，每个板块中没有穿插其他的内容，上下法没有采用组合动作，编排整体属于干净利落、一板一眼的形式。

第十届啦啦操世界杯日本队比赛套路

2. 2016 年第二十届泰国啦啦操锦标赛曼谷大学比赛套路

曼谷大学队开头编排了口号，且形式和内容丰富多样。托举部分采用了分层次展示的方式，金字塔前也增加了翻腾动作串联，在翻腾部分又穿插了抛接动作，动作上下法和过渡连接花样多，结尾金字塔分解加组合充满视觉冲击力，编排整体属于复杂、眼花缭乱的形式。

第二十届泰国啦啦操锦标赛曼谷大学比赛套路

二、舞蹈啦啦操

（一）花球啦啦操

1. 2020 全美大学生啦啦操锦标赛红衣白色花球队伍

开场以整齐、精准、有力的花球动作技术配合快节奏鼓点的音乐，完成了一段高难度的旋转与跳步类技术技巧的连接，凸显了队伍的能力。随着音乐的顿点与快速的队形变化展示出高水准的技术水平与团队配合。丰富多样的动作层次变化及高质量完成多人抱腿转体 2 周，突出难度动作编排的艺术性。

2020 全美大学生啦啦操锦标赛红衣白色花球队伍

中段完成了一串层次丰富的队形变化组合，既有依次开始的集体旋转难度，又有多个层次的移动变化，在聚集队形时合理运用音乐的变奏，设计了集体完成侧空翻动作，展现出队伍的团队实力。

后段精彩的部分是通过队形多层次、多空间的变化形成一个大纵队，并巧妙运用手位组合形式，较好体现了层次对比动作效果，当队形变为两路纵队时，左纵队运动员巧妙利用了服装设计效果，由原来的红色长袖变为银色亮片长袖，接着运用连续的分块式层次动作，完成了所有队员服装袖子由红色到银色亮片的变化。这种利用服装与动作层次的巧妙设计，凸显了编排的艺术性。

2. 2020 全美大学生啦啦操锦标赛白衣黄色花球队伍

2020 全美大学生啦啦操锦标赛白衣黄色花球队伍

开场突出亮点，合理利用队伍中唯一的男运动员单独完成三周单足转体动作，接着运用第二风格的音乐和舞蹈动作元素进行多层次的队形变化，并伴随音乐变奏与重鼓点的转换完成一段集体旋转类技术技巧动作，体现了团队较好的技术技巧能力。

中段动作内容丰富多样，多次运用踏步步伐进行队形的渐变与层次的多样变化，变化过程层次感强，画面视觉效果好，在分块式的动作中增加了多组双人配合的托举动作造型，体现动作连接的多样性。

亮点部分是音乐与托举的设计，伴随节奏鲜明的音乐风格，巧妙运用聚集圆圈队形，外圈运动员利用花球手位形成圆圈的造型，同时配合中间一个高举“水上芭蕾托举”动作的队员进行旋转展示，有很强的视觉冲击力和艺术感染力。

（二）街舞啦啦操

2016 年世界啦啦操锦标赛美国队街舞成套动作分析

2016 年世界啦啦操锦标赛美国队街舞成套

开场第一段音乐使用了大量的纯鼓点节奏与音效模式。齐舞配合音乐展示了狂派舞律动、埃及手、多人配合托举动作。整体动作干净利落，间距精确。托举动作在完成高低起伏与流畅移动的同时也兼顾到层次变化，动作设计与音效完美结合。

第二段用流行嘻哈音乐与大力度、大幅度的嘻哈舞蹈动作相配合，营造了作品的第一个小高潮。在嘻哈齐舞的过程中呈现了个人聚焦视觉效果的踺子接后手翻难度动作与集体完成鲤鱼打挺的难度动作。视觉冲击力与配合音效高质量完成难度动作是第二段的亮点。

第三段用街头爵士音乐过渡连接到性感爵士舞蹈，全队频繁使用了躯干的波浪律动舞蹈动作，在降低运动强度的同时也展示了美国队掌握多元素风格舞种的能力。

第四段沿用第一段的设计方案，通过女声独唱延长音调的音乐手法，过渡连接到纯鼓点与音效音乐，并配合音效完成了两组仿篮抛流动转体的多人配合托举动作。第三段、第四段动作的亮点是利用音乐与舞风的过渡接连转换，巧妙地进行呼吸系统的调节与体能恢复。

第五段是成套动作的第二个高潮，与第二段风格一样，大量采用嘻哈舞蹈动作与配合音效完成托举、翻腾动作。此阶段队形流动的流畅性强且变化迅捷。队形移动覆盖范围广，充分利用场地进行多队形造型变换，体现出充沛的活力。

第六段再次利用音乐与舞风的过渡连接转变进行低强度的甩手舞动作设计。迈克·杰克逊的经典爵士音乐配合甩手舞的混编舞风总是能引起人们的共鸣。第六段的亮点在于这种既能合理调节运动强度又不降低视觉效果的成套动作设计理念，是运动训练学在啦啦操竞赛中综合运用之典范。

第七段与第八段均为嘻哈舞蹈与支撑、翻腾、托举等难度动作的展示，过渡连接音乐仍然使用纯人声、纯鼓点、音效模式。亮点为托举多变化、造型层次丰富、整体队形移动流畅迅捷、空间间距精确。

第九段动作设计令人震撼，结尾音乐采用了重金属摇滚乐，用狂派舞蹈中最原始的击打动作与仰天嘶吼等极度夸张的肢体动作，酣畅淋漓地展示了死亡摇滚的意境。第九段的亮点之一为齐舞中完成的两组负荷难度型托举动作，尖子配合底座从地面纵身跃上成坐肩骑撑，向下转体 360° 成反背弓挂腰，向下屈背成前滚翻落地起身。三个连续负荷托举难度动作在成套动作最后一段一气呵成，再一次展示了超强的体能与技能。亮点二为最后一段的狂派舞动作与摇滚乐融为一体，凸显了舞台情景剧般的视觉冲击力。

（三）爵士啦啦操

1. 2019 全美大学生啦啦操锦标赛长裙队伍

爵士舞蹈动作凸显主题风格，整套动作融合优美纯情的音乐，展示运动员柔美舒展、浓情蜜意的动作表达，犹如一段情谊动人的诉说。

2019 全美大学生啦啦操锦标赛长裙队伍

开场时利用舞蹈动作的移动与两名运动员完成侧抱腿难度动作展开巧妙的层次变化。

中间部分是成套动作的主体和高潮，该部分采用多种编排元素，以对称队形的双人配合动作和中间部分运动员的单个技术技巧动作展示相结合，使成套动作在空间、层次的运用上更为突出。成套动作还多次运用多人托举、集体旋转动作为特点，充分展示运动员技术技巧能力和成套动作特色。

结束部分的两名运动员衬托出队形变化造型，再次呼应了情谊绵绵的主题风格。该作品三个部分内容布局合理，既体现了作品的主题故事和情绪，又突出了不同的运动员技术技巧能力。

2. 2019 全美大学生啦啦操锦标赛短裙队伍

2019 全美大学生啦啦操锦标赛短裙队伍

开场以音乐伴奏进行分块式动作展示，在同一节拍中运用复杂多变的队形与各类技术技巧动作层次相结合，呈现动作设计的多样性与创新性。

中段多次采用集体展示动作和集体队形的大范围移动路线，在较好保持队形间距对等的同时进行集体跳转、翻腾类技术技巧展示，充分突出了队伍的整体实力。

后段在渐强的音乐鼓点声中，技术技巧动作队形从分块式向整体式移动，动作从优美舒展转化为以停顿控制为主。多人托举与地面其他运动员一起完成流动队形，并在定位后集体完成旋转类技术技巧，将成套展示动作推向最高潮。

结尾部分运动员由集中托举至散开队形，并合理布局整个场地，使动作呈现出流动层次，衬托中间一名运动员巧妙利用侧控腿单独展示作为核心造型，最后在音乐骤停时后整体抬头亮相给人以意犹未尽之感。

思考与实践

1. 啦啦操创编的通用原则有哪些？
2. 简述啦啦操创编程序，请画图说明。
3. 技巧啦啦操的难度动作有哪几种类型？请举例说明。
4. 啦啦操音乐具有什么特点？如何选择啦啦操音乐素材？
5. 啦啦操的队形设计应注意哪些问题？
6. 舞蹈啦啦操动作创编有哪些内容？

第四章 啦啦操教学

本章导读

高质量的教学目标如何实现?

行之有效的啦啦操教学文件如何制定?

怎样采用适当的教学方法指导技术稳步提升?

在啦啦操教与学互动的过程中，先进的教学理念、合理的教学原则、有效的教学方法以及合适的评价方式，能有效提升教学效果。本章将重点介绍啦啦操教学的相关知识，并指导学习者学以致用。

学习目标

1. 了解啦啦操教学的理念、目标及原则，熟练掌握并运用啦啦操的教学方法。

2. 学会编制啦啦操教学文件，懂得如何有效评价教学质量。

3. 培养学生自信、乐观、朝气蓬勃的精神面貌和积极、热情、勇于创新、不畏挫折的品格及互帮互助的团队合作精神。

第一节 啦啦操教学理念与目标

啦啦操运动的开展离不开教师日常的教学实践活动，而教学理念和教学目标则对教学实践活动起着导向作用。那么，一堂优秀的啦啦操课的教学应该遵从哪些教学理念？又应该达到哪些教学目标？本节将重点阐述啦啦操的教学理念与目标。

一、啦啦操的教学理念

教学理念是人们对教学和学习活动内在规律认识的集中体现，也是人们对教学活动的看法和持有的基本态度与观念，是人们从事教学活动的信念。啦啦操运动以“团队、时尚、活力”为基本特征，以培养“四好运动员”与精英人才为目标，因此，在教学过程中要深刻把握其育体育心的核心理念，秉持立德树人、以生为本、审美创新的教学理念。

（一）立德树人

2018 年，习近平总书记在全国教育大会上指出：要把立德树人融入思想道德教育、文化知识教育、社会实践教育各环节，贯穿基础教育、职业教育、高等教育各领域，学科体系、教学体系、教材体系、管理体系要围绕这个目标来设计，教师要围绕这个目标来教，学生要围绕这个目标来学。立德树人理念是指在啦啦操教学过程中要渗透思想品德与思想政治教育，通过啦啦操教学与实践，不断提高学生的思想水平、政治觉悟、道德品质和文化素养。

要弘扬啦啦操中的体育精神，充分挖掘其德育资源。啦啦操作为传播团队文化与时尚文化的运动项目，是校园文化建设的重要组成部分，是对大学生开展思想政治教育的重要载体，对于培养学生的人生观、世界观和价值观发挥着积极作用。教师在啦啦操的教学过程中，要认真分析啦啦操运动的项目特征与学生特点，充分挖掘啦啦操教学过程中的思政元素，激发学生的学习动力，激励学生成长成才，提升“隐性思政”的育人效果。同时，教师在教学过程中可通过不同难度、强度的练习，锻炼学生的意志品质，培养学生克服困难、迎难而上的精神，以及持之以恒、团结协作、自主学习的能力。

（二）以生为本

以生为本是指在啦啦操教学中以学生的成长、成才为中心，面向全体学生，关注每一位学生的成长，发展每一位学生的个性，把学生培养成为德智体美劳全面发展的人才，使其能够自主、能动、创造性地开展实践活动。在啦啦操教学过程中，要充分发挥学生的主动性与能动性，倡导每个学生都是自我发展的设计者，让学生真正成为学习的主体，成为知识的发现者与建构者。因此，啦啦操教学过程中，要依据啦啦操教学活动的特点，引导学生主动参与啦啦操的练习与创编活动，使课堂成为学生“自主、合作、探究”学习的主阵地，使每一位学生都能在啦啦操学习中感受啦啦操的魅力，享受啦啦操的乐趣，体验学习啦啦操的成功，从而发展自我个性，完善自我人格。

应强化啦啦操教与学的互动，彰显学生在教学过程中的主体地位。啦啦操教学过程中既有动作技术的教学，也有成套动作创编的教学，还有啦啦操文化与知识的教学，不同的内容通常采用不同的组织形式与方法进行教学，形成学生为主体，教师主导的教学活动过程。啦啦操教学要凸显以学生为中心的教学设计与实践，根据学生的身心特点与技能水平有效组织教学活动，既不能太难，让学生对啦啦操失去信心，也不能太容易，让学生感到枯燥无味。啦啦操教学要从学生的实际情况出发，把促进学生全面发展，使之符合社会发展的需要作为根本目标。此外，啦啦操教学要尊重学生的差异性，设计教学活动时应关注每一位学生的健康成长与技能水平提升，力争让每一位学生在啦啦操教学中均学有所获。

（三）审美创新

审美创新理念是指在审美活动中自觉追求新发现、新创造的意识。啦啦操运动是在音乐或口号的衬托下，借助标语、道具等表达手段，以徒手或手持轻器械的技巧动作或舞蹈动作为基本载体，以团队表演为主要呈现形式，通过展示各种具有强烈鼓动性、感染性的身体动作，体现团队意识与集体主义精神，反映朝气蓬勃的精神面貌，是具有竞技性、观赏性与表演性的一项体育运动。因此，啦啦操运动不仅蕴含着青春活力与蓬勃生机的身体健康之美，而且展示着练习者举手投足的气质之美。同时，啦啦操弘扬的团队、活力与时尚文化，外在是对动作美与技术美的表现，内在是对情感美和精神美的展示，具有审美教育价值。

创新是一种人的创造性实践行为。啦啦操教学的创新主要包括两个方面：

一是啦啦操运动本身需要创新的思维。啦啦操的动作技术、成套动作编排，以及动作的发展本身就是一个创新的过程。因此，啦啦操教学过程本身就蕴含有创新的教学，即教会学生如何编排啦啦操成套动作、如何创编啦啦操的队形、技术技巧、托举配合动作等，这些都需要学生具备良好的创新能力。二是教学过程的创新，包括教学方法、情境、形式、语言、评价等各实践环节的创新。啦啦操教学是包含技术、编排与文化等多元内容的活动过程，因而其教学方法、组织形式、反馈评价需要不断创新，以应对不同教学内容的需要。

二、啦啦操的教学目标

教学目标是关于教学将使学生发生何种变化的明确表述，是指在教学活动中所期待得到的学生的学习结果。教学活动以教学目标为导向，且始终围绕实现教学目标而进行。啦啦操的教学目标是指在啦啦操教学过程中期待学生取得的学习结果，它是啦啦操课程内容、教学方法、教学评价选择与参考的依据。参照体育教育专业学生课程目标与毕业要求的对应关系，啦啦操的教学目标从毕业要求的学科素养、教学能力、综合育人、学会反思、沟通合作五个方面进行分析（表 4-1-1）。

表 4-1-1　啦啦操的教学目标及相关要求

总体目标	具体目标	相关要求
学科素养	1. 掌握啦啦操理论知识 2. 掌握啦啦操运动技术与成套动作编排 3. 了解啦啦操与其相关运动项目的关系	1. 熟练掌握啦啦操基本运动技能，熟知啦啦操竞赛规则与裁判知识；能运用相关知识独立制订和实施啦啦操教学与训练计划；解决啦啦操教学与训练的实际问题，并具备一定的啦啦操表演或比赛的欣赏能力 2. 具有一定的啦啦操教学引导能力，善于调动学生的学习积极性；运用啦啦操教学激发学生的学习动力；培养学生参加啦啦操运动的兴趣，健全学生的思想品质；能整合啦啦操教学知识和体育专业知识，形成学科教学知识体系

续表

总体目标	具体目标	相关要求
教学能力	1. 教学设计能力 2. 课堂教学能力 3. 教学研究能力	1. 准确理解啦啦操教学理念，掌握教学设计的理论依据；能够依据教学大纲分析教材，把握学情，独立备课，选择教学方法，掌握重点、难点问题解决的策略，进行啦啦操教学环节设计 2. 在啦啦操教学实践中，能综合运用啦啦操知识和技能以及信息技术，解决啦啦操教学问题，实现教学目标；依据啦啦操课程标准，开展有效的教学评价，能针对啦啦操教学难点问题进行讨论与分析
综合育人	1. 坚持综合育人理念 2. 掌握综合育人方法 3. 提升综合育人实践能力	1. 理解啦啦操的育人价值，了解啦啦操对练习者的世界观、人生观与价值观的影响；了解啦啦操对于品德提升、人格塑造与习惯养成的培育方法；了解啦啦操对于学生情感、态度与价值观的引导作用 2. 初步掌握啦啦操育人的途径与方法，能够在啦啦操教学实践中，设计综合育人目标；积极组织、策划与啦啦操相关的班级活动、课外活动、竞赛和社团活动，培养学生的团队协作能力与爱国主义精神
学会反思	1. 终身学习 2. 专业自主学习 3. 反思意识、反思能力和反思习惯	1. 在啦啦操教学过程中促进学生的专业成长，使其树立良好的学习意识与自我反思能力；通过啦啦操学习，学生能制订与实施项目学习与发展规划，具有一定的自主实践和自主研究能力 2. 通过啦啦操学习培养学生独立思考判断、自主分析解决问题的能力；在教育见习、实习和研习过程中，能够运用啦啦操知识与技能，进行啦啦操教学的自我诊断与改进
沟通合作	1. 团队协作意识和能力 2. 良好的人际沟通能力	通过啦啦操学习，使学生懂得学习伙伴是重要的学习资源并积极主动地参加小组学习，能够在啦啦操教学实践中深入体验观摩互助、合作研究、小组实习等；通过啦啦操团队学习，培养学生良好的人际沟通能力

第二节 啦啦操教学原则与方法

精湛的技艺之所以能够得到完美呈现，离不开师生之间科学合理的教与学活动。那么，在啦啦操教学中，应以什么样的教学原则作为指导？应怎样选择合理的教学方法？又该如何利用线上与线下不同的教学方法提高教学质量？本节将围绕啦啦操教学的原则与方法展开说明。

一、线下课程教学原则与方法

线下课程教学是采用师生面对面的教学方式，在现场组织啦啦操的教学活动。线下教学表现为教师与学生可以随时进行互动与交流，并可有身体上的接触与语言的直接提示，形成教与学的互动效应，且在教学过程中伴随有课堂管理与练习活动的组织，学生与学生、学生与教师之间能进行共同的交流与合作，是经常采用的教学方式。线下课程教学的原则包括循序渐进原则、因材施教原则、联系实际原则、直观性原则、创造性原则、安全教育原则等。线下课程教学方法包括讲解示范法、完整法与分解法、提示法、发现教学法、内容不完全教学法、激励法、自主学习法、重复练习法、图像法、节奏变换法、音乐情绪法等。其中既有一般性的教学方法，也有针对项目特征的教学方法。

（一）线下课程教学原则

线下课程教学的组织形式是教师与学生面对面地交流，学生可以直接与教师对话，教学的场地、时间也相对固定，学生与教师在共同的场地进行教与学活动。所以线下啦啦操课程教学既要遵循一般的体育课程教学原则，又要遵循啦啦操项目的特征，保证啦啦操课程教学的科学性与合理性。

1. 循序渐进原则

循序渐进原则是遵循啦啦操运动的发展规律和人体运动技能的形成规律，在教学内容、教学方法及运动负荷等方面进行科学合理的顺序安排。循序渐进原则是依据知识的内在逻辑顺序和学生学习的客观规律及身心发展顺序而提出的。啦啦操项目内容丰富多样，其教学安排要遵循系统性与连贯性的要求。从基本手位到下肢步伐，从操化练习到难度练习，从组合动作到成套动作，从个人练习到集体练习，无一不是按照循序渐进原则进行的，只有循序渐进才能使学生更好地掌握啦啦操的知识与技能。因此，啦啦操教材安排应由易到难、由简到繁、由单个动作到组合动作，最后再到成套动作。教学步骤应由原地练习过渡到移动练习，音乐节拍应由慢节奏过渡到正常节奏，循序渐进。运动量安排应由小到大，小中大相结合，按适应—加大—再适应—再加大的螺旋式上升的节奏进行。

2. 因材施教原则

因材施教原则是指教师要从学生的实际情况和个体差异出发，有的放矢地进行有差别的啦啦操教学，使每个学生都能扬长避短，获得最佳的发展。因材施教原则是依据学生身心发展规律，考虑学生年龄、性别、技能基础、体能水平的差异性而提出的。在啦啦操教学过程中，教师应根据学生的啦啦操基础、体能水平、性别等，来确定啦啦操教学的目标，选择教学的内容和组织教法，以取得良好的教学效果。只有清楚地了解学生的个体情况，才能采取有效措施，因势利导，扬长避短。首先，教师应根据学生的实际情况选择不同的内容及方法进行传授；其次，教师应根据教学内容的难易程度，结合学生的个体情况，对不同学生安排不同的教学任务；最后，要正确处理集体教学和个别教学的关系。依据学生的不同情况，教师应适当增加教学内容的选择性，指导建立适应个人的学习目标，以便学生各尽所能，各得其所。

3. 直观性原则

啦啦操教学过程中要尽可能地利用学生的各种感官给予直观性的示范指导，让学生将所看到、听到的现象和对肌肉在一定的时间、空间里的运动力度的感觉等，通过思维活动反复加工并加以多次实践，建立起正确的动作概念，并通过实际练习，逐步地掌握动作，形成动作的技能、技巧。教师示范和讲解是最生动直观的教学，能使学生建立动作表象和概念，启发学生的积极思维。啦啦操的动作技术通常短促有力，富于激情与或活力，通过直观的感官刺激能给学生留下深刻的印象，有助于提高教学效果。

4. 审美性原则

啦啦操是展示身体健康美、运动形式美、艺术韵律美和精神内涵美的运动。啦啦操教学过程中不仅要有美的体现，更要对学生进行美的教育。啦啦操教学过程中的审美教育不仅包括身体姿态美、健康活力美，还包括各种动作造型、队形变化、舞蹈风格呈现的美，亦有音乐节奏美与服饰装扮美，甚至还蕴含啦啦操文化特有的团结进取、加油鼓劲、坚持不懈的品德美。可见，美的教育始终贯穿于啦啦操的教学过程之中，进而渗透到学生的身体与心灵当中。因此，在啦啦操教学过程中，不仅要让学生有美的心灵感受，而且还要积极塑造学生美的身体形态，让学生在啦啦操教学中受到美的教育。

5. 创造性原则

创造性原则是教师在啦啦操教学工作中根据学习的客观规律，利用各种教学手段，使学生在掌握技术技能的基础上，能创造性地将其运用到实践活动中，独立创编出啦啦操的组合或套路动作，提高自身综合能力。在啦啦操教学中要最大限度地激发学生的创造性思维，在教学的同时培养学生的创编能力、记写能力、应用能力等。要注重学思结合、知行统一，增强学生勇于探索的创新精神和善于解决问题的实践能力。教师要引导学生既知其然，也知其所以然，使学生从感性认识上升到理性认识，要善于启发诱导学生通过对所学动作进行比较分析，加深对技术动作的理解，不仅能够区分正确与错误的动作，同时还能举一反三，触类旁通；要鼓励学生进行创造性实践，如从单个动作创编到组合动作创编，最终完成成套动作的创编。

6. 安全教育原则

安全教育原则是指在啦啦操教学中，除了让学生掌握啦啦操的技术技能之外，还要培养学生解决各种安全问题的能力。安全教育原则是依据啦啦操的运动特点和安全规律而提出的。在啦啦操教学中，无论是进行操化练习还是难度练习，都应以安全性作为前提。安全教育在啦啦操教学中必不可少，既是重点，又是难点。教师在教学中应时刻牢记安全第一的理念，经常提醒学生注意安全。教师要传授啦啦操运动保护与帮助的知识与方法，提高学生的安全意识。教师要排查所有可预测的危险因素，检查安全设施，建立安全制度。

（二）线下课程教学方法

啦啦操是以动作技术、成套动作、表现力教学为主的运动项目，其线下课程教学涉及的方法种类多样。既有一般性的方法，如讲解法、示范法、完整法与分解法，又包括具有项目自身特色的节奏变换法与音乐情绪法。教学方法的应用是相辅相成，互相渗透的，主要依据教学任务、教学内容、学生特点和场地设备的具体情况而定。以下列举了几种常用的线下啦啦操课程教学方法。

1. 讲解示范法

讲解示范法是啦啦操教学中最主要、最常用的教学方法。讲解法是指教师运用语言向学生说明啦啦操专业术语、动作名称、要领、做法等，以指导学生掌握啦啦操项目的基本知识、技术、技能和进行教学实践的方法。示范法是指教师运用准确、富有表现力的动作做出示范，以指导学生练习的方法。讲解时要注意目的性、准确性、启发性、艺术性、鼓舞性，以及讲解的时机和效果等。语言要简明扼要、通俗易懂、生动有趣，抓住啦啦操的技术特点，使用规范的啦啦操专业术语，激发学生学习的积极性。示范时力求做到准确、熟练和优美，动作路线清晰，能体现啦啦操动作的快速发力与制动，有利于学生的观察。注意选择合适的示范面（镜面、背面、侧面）、示范速度以及学生观察示范的距离和角度。复杂的动作则要反复讲解示范，并启发学生自己思考、分析，以便更快地领会动作的难点和要点。

2. 完整法与分解法

啦啦操教学过程中应根据不同教学阶段和不同的对象，采用完整或分解教学法，但要注意两者之间的结合。完整法是从动作开始到结束，不分段落进行完整的讲解、示范、练习的教学方法。此方法不影响动作的结构和动作的连接技术，可使学生建立正确完整的技术概念。分解法是将完整的技术动作按照其结构分为几个部分，通过逐步掌握各部分技术动作后将它们连贯起来，最后完整地掌握运动技术的方法。此方法可使学生减少学习困难，更易掌握动作的细节，提高学习效率和自信心。完整法通常用于简单易学的啦啦操动作，如基本手位的教学。结构复杂、对身体协调性要求较高的动作，则宜采用分解教学法，在此基础上再进行完整教学。

3. 提示法

提示法是教师以提示的方法指导学生练习的一种方法。提示法分为语言提示和非语言提示。语言提示法是用简单的语言或口令以调动、提示的方式指导学生练习的一种有效的教学方法。非语言提示是用肢体语言、面部表情以及视线接触等提示学生完成动作的一种方法。常用的调动性提示语言有“用力”“加油”等，指导性提示语言有对身体动作的提示，如“一二三四、两臂侧举”，对动作方向的提示，如“向左三四、向右七八”，对变换动作的提示，如“上 V、侧 K”等。教师的提示语言要准确、恰当、生动、有趣并富有情感，以激发学生的学习兴趣。运用非语言提示时，力求使动作做得准确、规范，必要时可将动作加以夸张化，同时，还应善于运用面部表情和眼神的变化来激励学生。

4. 发现教学法

发现教学法又称探究法、研究法、现代启发式教学法或问题教学法，是指教师不直接把现成的知识传授给学生，而是引导学生身临教师创造的学习情境，让学生积极思考、独立探究、自行发现并掌握新的知识和技能的一种教学方法。发现法运用于啦啦操教学中有利于激发学生的好奇心和探索未知事物的兴趣；有利于调动学生的内在动机和学习积极性，最大限度地给学生提供自由回旋的余地；有利于学生批判性和创造性思维的发展；有利于知识、技能的巩固和迁移。啦啦操教学实践中，教师应该围绕教材或本课要解决的问题，或针对学生提出的有价值的问题，引导他们正确思考，激发兴趣，使学生能够通过分组分层的方式用学过的知识自己解决问题。

5. 内容不完全教学法

内容不完全教学法是指教师在教学过程中不把全部教学内容教给学生，而是有意识地在内容上制造一定的空白地带，让学生自己去思考、讨论、创编等。空白地带的内容可多种多样，如手臂变化、队形变化、空间变化、方向变化及造型变化等，目的是提高教学过程的创造性，促使学生积极参与教学过程，培养他们的思考能力、沟通能力及创作能力。运用这一方法，教师应首先向学生提供必要的线索和信息，以便学生能够拥有一定的知识基础去填补内容的空白之处。一般教学内容中难度特别大的部分不宜作为空白地带处理，以避免教学要求超出学生现有知识水平。当学生填补的内容过于偏离正确内容时，教师要及时纠正。学生填补的内容虽与要求有所不同，但不能予以否定，而是要作出肯定的表示并对其创造性给予鼓励。为了彰显啦啦操的团队特征，空白内容一般通过分组讨论的方式来填补。

6. 激励法

激励法就是采用激发与鼓励的方式，包括激发人的动机，鼓励人的行为，使其产生内在的动力，朝着所期望的目标努力，激励法也就是通常所说的调动和发挥人的积极性的一种方法。在啦啦操教学过程中，教师赞赏激励的评价语言不仅有利于学生选择正确的练习行为，激发其积极主动地学习，使其对啦啦操课产生浓厚兴趣，而且能促进师生情感交流，营造宽松和谐的学习氛围，坚定学生的自信心。在啦啦操教学中运用激励法应以爱护学生为出发点，做到一视同仁，表现出对全体学生真切的爱，不可存在偏爱的心理，尤其对缺乏毅力、暂时表现落后的学生，对他们取得的一点进步更应及时给予表扬和鼓励，以增强他们的自尊心和自信心。要实事求是，表扬的次数和范围要恰当，不要给予夸大其词、不符合实际的表扬与评价，这些非但不能起到积极的群体心理效应，而且对受表扬者也不会产生好的影响。在教学形式上可开展分组比赛、学生展示等多种活动，鼓励学生参加竞争，提高竞争意识，并在学习中产生光荣感、成就感，从而获得学习的乐趣。

7. 自主学习法

自主学习法是以学生自身的独立活动为主，使其按照教师课上的要求、提示和指导，进行自学、自编、自评的方法，即让学生自主采用一些措施与方法，完成教师布置的任务。在啦啦操教学中，学生采用自主学习法主要体现在以下方面：一是自我学习。自学法包括阅读法、观察法、比较法和讨论法等，目的是加深对啦啦操动作的感知和理解，培养自身认知、观察、思考和分析的能力。二是自我创编。包括模仿法、记忆法、反馈练习法、创新法等，目的是掌握啦啦操基本知识和技术与技能，发展智能、体能和创造才能，并激发出勇于战胜困难的信心，增强耐挫折能力，提高自尊心和自信心。三是自我评判。学生在教师的指导下，通过自己在学习过程中的各种表现，进行自我认识、自我分析，进而实现自我提高。正确的自我评价有利于培养学生对学习负责的态度，并能促使其学会思考，随时看到自己的成绩和不足，反思学习的过程，树立新的超越自我的学习目标。

8. 重复练习法

重复练习法是指不改变动作结构，按照动作要领进行反复练习的教学方法。在啦啦操教学中，可重复单个动作，也可重复组合动作或成套动作。正确把控重复练习的次数，既有利于学生在反复练习中掌握和巩固已学动作，又有利于教师指导和帮助学生改进动作技术。重复练习法要注意防止错误动作的重复。教学中，一旦发现有错误动作出现，教师应立即予以纠正，以防止错误的动作定型。重复练习法中应有定量、定时、定性等要求，练习时要合理安排重复次数，保证所重复的次数既能使学生在每次练习时都能达到动作的要求，不降低练习质量，又能适合学生的负荷能力。如果重复次数少，学生达不到锻炼效果，也不易掌握和巩固动作；重复次数太多，则易造成动作变形，使学生失去练习的兴趣。

9. 图像法

图像法是指在啦啦操教学中通过图解、视频、课件等指导学生学习的教学方法。选择符合教学内容的图像、视频等能促进学生理解和记忆动作，从而提高教学效果。啦啦操教学中使用的图像应画质清晰，便于学生准确地观察动作。学生在对关键动作或细节动作不清楚时，应及时采用图示、放慢视频或中途停止镜头等方式让学生仔细观察动作，以加深他们对技术动作的理解，感知和明确动作的过程。降低学习动作的难度可以帮助学生有效快速地掌握动作。图像法可作为分析、纠正动作的手段，在教学中可利用多媒体设备把学生的学习过程录制下来，和学生一起直观地分析其在动作完成过程中的不足。

10. 节奏变换法

节奏变换法是指通过改变音乐节奏或鼓点等有明显韵律感的外界信号，让学生伴随着节奏变化做出协调一致动作的教学方法。如合理安排变奏速度及时长能够训练学生动作的力度与身体控制，例如体现发力的“寸劲”和关节的“锁定”，体现花球啦啦操“快、准、狠”的正确技术。在进行啦啦操组合动作教学时，可选用10秒24拍、10秒26拍、10秒28拍的音乐节奏交替进行练习。练习时教师要注意各个节奏的变化点，及时提示学生节奏的变化，根据学生的掌握情况及时调整音乐节奏。同时，可以采用循环的变换节奏进行练习，使学生保持神经系统的兴奋性，帮助其形成快速准确的动作定位。

11. 音乐情绪法

音乐情绪法是指由音乐情绪带动肢体，又由肢体来表达情绪的一种教学方法。在音乐的演绎下引导学生感受节奏、体会动作，能够帮助学生增强音乐节奏感和动作表现能力。教师应先对音乐进行段落分析，然后带领学生分别感受每一个段落所体现的情感。在教学中，教师可利用音乐旋律的高低起伏、节奏的强弱变化，让学生充分运用身体语言展现音乐的风格，抒发内心的情感，表现出啦啦操的激情与自信，最终达到动作、情绪与音乐的和谐统一。在进行节奏感的练习时，可将同一啦啦操组合动作用不同节奏的音乐来完成，又可用同一节奏的音乐为不同组合动作来伴奏，让学生体会不同节奏的音乐带来的情绪变化。

二、线上课程教学原则和方法

互联网科技的发展为教育领域创造了新的传播媒介和交流工具，且被广大教育工作者采用，线上教育也应运而生。如今，线上教学已广泛应用于高校的日常教学活动之中，它打破了学生课程学习的地域和时间限制，学生可以自由选择地点、时间与内容进行学习，极大地方便了学习的需要。线上与线下课程教学所呈现的不一样的组织形式与特点，也使其教学原则与方法要求呈现出一定的差异性。表现为线上教学既要保持与线下教学的某些共通性，也要彰显其自身的特殊性。在此，主要根据线上课程教学的特殊性，归纳其教学原则与方法。

（一）线上课程教学原则

线上啦啦操课程教学主要是通过网络平台实现教师与学生之间的连接，教与学分布在不同的时间或空间，教师与学生并不是一种面对面的交流。因此，线上啦啦操课程教学呈现出其自身的教学规律与特征，只有遵循符合自身特征的原则才能更好地保证线上教学效果，提高教学质量，进而形成具有自身特色的教学活动，实现啦啦操线上教学活动的有效性。

1. 适宜教学平台原则

教学平台是指为开展教学实践使用的一系列软硬件设施的统称，包括开展教学实践的载体，如电脑、电视、手机等。适宜教学平台原则是指灵活运用多种网络教学平台和多种不同类型的线上教学资源，以简单、便捷、高效为前提促进教学目标的实现。线上课程教学平台包括“学习通”“中国大学MOOC”，软件包括“腾讯会议”“腾讯课堂”“钉钉会议”“钉钉课堂”“微信”和“QQ”等。线上课程教学可利用微信、QQ、邮箱等大众化技术手段传输内容和信息，或者根据教学需要，选用针对性强的个性化教学平台服务，并熟悉平台的操作。在啦啦操技术课教学时，教师和学生都要调整好摄像头角度，使得教师和学生在屏幕上呈现的影像完整、清晰。

2. 整合教学资源原则

教学资源是指在教学过程中被教学者利用的一切学习要素。通常包括教材、案例、影视、图片、课件等，同时也包括教师资源、教具、基础设施等。整合教学资源原则是指根据学生特点和授课内容特点，教师为实现教学目的主动对教学资源进行科学整合的原则。线上教学资源比线下教学资源更丰富、更全面，整合后的教学资源更有针对性，更能激发学生的学习兴趣，有效提高教学质量。在整合线上啦啦操课程教学资源的过程中，啦啦操音频文件和视频文件要经过处理，用格式工厂等转换压缩软件进行压缩，修改其中的分辨率、帧速率、比特率等参数以适宜网络播放，在保证清晰度的前提下，尽量减小文件的体积。线上教学设计要从课件制作入手，每一张PPT的文字内容可简单些，适当增加一些动态的切换，使画面更具动感时尚，以帮助学生加深印象，避免学生对着一张 PPT 看上五六分钟，产生枯燥的感觉。

3. 及时反馈原则

教学是一个有目的、有方向完成有序的复杂信息传递的系统，教师只有取得了对教学效果的反馈信息，才能对教学作出恰当的评价，决定下一步教学如何推进。所以，反馈是否有效、高效直接影响线上课堂的教学效率。及时反馈原则是为了解和提高不同特点学生的学习效果而合理选择评价时机的原则，它能获取线上课堂教学中双向或多向的信息交流。教师可以对学生在线学习的效果进行摸底排查，通过问卷的形式来了解学生学习效果的反馈情况。问卷中可设置学号、课堂知识、问卷填写时间等问题，这样既能了解有哪些同学在听课，也能提醒学生专心上课，同时增加了学生的紧迫感。此外，老师推送的啦啦操课程、作业、批改作业、反馈作业及直播课堂等，都会紧紧地串联老师和学生，使得老师与学生之间的联系更加紧密。同时，应保证反馈能全面、客观、公正地体现评价结果。

4. 因地制宜原则

因地制宜原则是指根据教学环境的客观条件，采取适宜于学生情况的学习方式的原则。啦啦操线上教学不同于学校教学，在学校学习时，学校会提供相应的练习器械，如花球、沙袋、把杆、体操垫等。线上学习时，不是每个家庭都拥有这些设备，但学生可将毛巾卷起来或将矿泉水瓶装满水当作花球来使用，以增强手臂发力的感觉。为了增强手臂力量，在做线上花球啦啦操练习时，如家中有沙袋或橡皮筋等轻器械均能帮助学生进行手臂发力练习。在线上进行啦啦操技术学习时，最好在瑜伽垫上做练习加以缓冲，避免踝、膝关节受伤。选择练习场地时，要选择网络信号好的地方，避免出现网络卡顿现象。采用线上学习时，家人应尽量回避，保证学生上课专心致志，不被干扰。

（二）线上课程教学方法

啦啦操线上教学应在坚持线上教学原则的基础上，采取适宜的线上教学方法，才能有效提高教学效果。线上啦啦操课程教学方法要区别于其线下课程教学，要不断打通教与学之间网络屏障的隔阂，保证教与学之间的积极互动与监督，确保教学效果与学习质量。

1. 同步在线法

同步在线法是利用直播类教学工具，构建虚拟教室，实施一对多同步在线授课，或者一对一在线答疑等的一种教学方法。直播授课过程中，可以通过点名提问、在线投票、随机测试等活动与学生建立互动关系。教师在设计啦啦操线上教学活动时要考虑学情，在充分了解学生学习的情况下，进行合理的设计。比如教学设计、教学安排、教学组织以及教学进度，注重发挥榜样的力量，调动学生的学习积极性。教师要科学地控制教学节奏，适当放慢语速，主动从学生那里获得反馈信息；要采取课上积极鼓励，课后分享啦啦操图片和视频的方式，促进教学质量的提高。

2. 异步在线法

异步在线法是以“录播”的形式进行的一种教学方法。通常会在硬件条件和网络压力比较大的时候选择异步在线教学。可以是授课教师自己借助“录屏软件”制作“录播视频”，也可以共享“爱课程”或者“中国大学 MOOC”平台的各种公开视频资源等。异步在线教学模式不是各种资源的堆砌，而是要从啦啦操教学内容的设计到教学学习过程设计，以“任务点”“闯关式”学习进行设定，环环相扣。教师讲课时要面向全体学生，要求学生课前做到预习，听课时要有针对性。教师要关注学习能力较弱的学生，善于引导、启发，让学生自主获取新知识；对学习能力较强的学生，要提出更高标准的要求，避免“吃不饱”现象。教师可以在线发布主题讨论、知识竞答、在线答疑等课堂活动与学生建立互动关系，让学生全程参与各项学习活动。

3. 师生互动法

师生互动法是指通过 QQ、微信、线上教学平台的语音、文本、图片等功能，教师与学生积极互动，启发学生对问题进行深入思考的一种教学方法。师生互动法能使学生战胜胆怯，敢于在课堂上积极发言，能够有勇气向教师提问，无形中缩小了师生间的距离。充分利用线上教学平台的互动和大数据功能，教师开展教学设计、教学活动和教学评价，积极营造一个能满足学生特点的啦啦操学习环境和互动式教学方式，培养学生的学习能力，拓宽学生的知识面，通过提问、作业、展示、比赛、表扬鼓励等形式与学生有效互动起来。教师要组织学生互相分享学习中的有效方法，讨论线上学习遇到的普遍困难和个别问题，使线上学习更有效、更高效。教师与学生互动的时候，应保持平等的语气和真诚的态度，这样学生才能在互动过程中自由畅谈想法、提出见解。

4. 三维教学法

课前、课中、课后三维教学法是指将课前预习，即学生线上自主学习，课中线上交互式授课，课后线上答疑、测验、作业等活动结合起来完成教学任务的一种教学方法。三维教学法能够有效提高线上教学工作的教学质量，使学生掌握并巩固每天学习的知识，争取做到日日清，确保教学从有序走向有效，学生学而不乱，学有所获。教师在课前将本次课的教学目标和内容发送至学生手中，学生提前观看和学习，提前知晓难点部分，这样在课上学习时，学生才会有目标地进行学习。教学过程中教师要强调学习难点、重点和动作细节，及时解决学生的疑虑和困惑。在课后，要求学生认真复习，录制视频发给教师检查，待教师指出不足后再加强练习。

5. 人文关怀法

人文关怀法是尊重学生的主体地位和个性差异，关心学生丰富多样的个体需求，激发学生的积极性、主动性、创造性，促进学生自由全面发展的一种教学方法。教师在教学过程中应注意观察学生的学习状态，要求学生上课时必须穿运动鞋、运动服进行教学活动，以保护脚踝关节，避免受伤。线上教学主要依靠电子设备，教师和学生长时间对着屏幕会造成视觉疲劳，应鼓励学生在复习技术动作时，眼睛离开电子设备，往窗外远眺，以缓解眼部疲劳。教师在教学过程中，多给予学生展示的机会，鼓励学生勇敢地分享技术、展示成套动作。当发现学生的优点和进步时，要及时表扬肯定学生，让学生感觉受到关注。此外，可以将线上平台、微信、QQ 中的特殊符号，如“赞”“鲜花”“加油”“奋斗”“你真棒”等发送给学生，拉近师生间感情交流的距离，让学生感受到教师的鼓励与关怀。

6. 评价激励法

评价激励法是指激发学生的学习动机，诱发学生的学习行为，使其产生一种内在的动力，朝着所期望的学习目标努力的一种教学方法。为了更好地激发学生的学习积极性，提升教学效果，教师应建立“课前—课中—课后”三阶段综合评价激励机制。课前教学效果可以通过学生对校内教学平台设置的任务的完成进度及资源访问量等指标来评价激励；课堂教学效果评价可由学生签到、完成课堂测试、讨论等方面的情况综合获得；课后教学评价激励则由学生完成课后测试的情况和考试成绩获得。教师可借助线上教学网络平台的统计功能，根据学生访问次数、观看视频次数、打开文件次数、参与讨论次数等数据做成统计表，定期公示在“通知”栏里，起到激励和鞭策学生学习的效果。在线上讨论区开展的主题讨论，以发帖和跟帖的形式激励学生对相应主题进行深入思考。学习效果评价采取自评、互评和教师评价的方式，引领学生主动思考，促进学生评判性思维的发展，确保课程的教学质量。

第三节　啦啦操教学质量评价

啦啦操课程教学要求教师要设计好每一堂课的教学活动内容，来满足学生的求知欲。那么，应如何评价教师的教学质量和学生的学习效果？评价需要哪些原则指导？应选择什么样的评价内容与方法？如何设定适合的评价指标？它们对课程的实施和质量监控又能发挥哪些作用？本节将围绕啦啦操教学质量评价展开说明。

一、教师优质教学评价

教师教学评价是指以教学目标为依据，按照科学的标准，运用一切有效的技术手段，对教师教学过程及结果进行测量，并给予价值判断的过程。啦啦操课程教学评价贯穿于教学目标确定、内容选择、组织实施的各个环节，目的是及时对照体育教学目标，解决体育教学中出现的问题以及实现体育教学资源的合理配置，追求最佳效果和目标的达成。教师优质教学评价的原则、内容、指标和方法直接影响啦啦操课程培养目标的实现和课程价值的挖掘，对啦啦操课程的组织实施、教学质量保障，以及教师个人发展都起着至关重要的作用。

（一）教师优质教学评价的原则

1. 目标导向原则

目标导向原则是指优质教学评价是以科学的教学目标为前提，引导教师实现课程教学目标的一种评价原则。在啦啦操教学中，教师优质教学评价应以目标导向原则为理论基础，同时兼顾两个层面的目标进行评价。首先，针对啦啦操的教学过程、效果进行评价；其次，要考虑到教师个人的未来发展，将两者相互关联、相互补充制定相应的评价标准。啦啦操课堂的教学任务应符合课程大纲的教学目标，课程的教学目标对应毕业要求指标点。教师优质教学评价中涉及的教学内容、作业、讨论问题、实验实践内容、课堂练习、教学辅导与答疑等要对应教学任务，重点与难点的设置也要与教学目标相对应。

2. 总结性评价与过程性评价相结合原则

总结性评价是指一个学习阶段结束后为检验教学效果而进行的评价；过程性评价是指在学习过程中为检验教学效果所进行的评价。总结性评价与过程性评价相结合原则是由重视结果向重视过程的转变，使评价更客观、更符合啦啦操课程教学的特点和项目发展实际。总结性评价与过程评价相结合对教师在教学过程中的表现给予及时反馈，能调动教师的主观能动性，既提高教学质量，又提高体育教学评价的科学性。

3. 定量评价与定性评价相结合原则

定量评价是指依据统计数据，建立数学模型，并用数学模型计算出分析对象的各项指标及其数值的一种评价方法。定性评价是指评价者运用逻辑推理、哲学思辨、观察等思维方法，依据评价对象过去、现在的延续状况及最新的信息资料，对评价对象的性质、特点、发展变化规律作出判断的一种评价方法。定量评价与定性评价相结合原则是定量评价与定性评价的统一。定性评价是定量评价的基本前提，没有定性的定量是一种盲目的、毫无价值的定量。定量评价使定性评价更加科学、准确，它可以促使定性评价得出广泛而深入的结论。定量评价与定性评价相结合是从以结果和分数来评定教学，转变为注重教师的教学态度、教学过程、教学情感投入、学生个性塑造、教导团队合作等方面的综合评定。

（二）教师优质教学评价内容

1. 教学目标的制定是否明确

确定啦啦操课程教学目标最重要的依据是教学大纲，其次是教材，还有学生的实际情况。首先要明确啦啦操教学大纲中规定的啦啦操课程总体教学目标，然后要钻研教材，明确啦啦操教材在实现整体教学目标中的作用，以及教材中的单元教学目标，最后落实到具体一节课的教学目标。教师备课写教案时，在研究了所教的一节课与它所在的单元和教材关系的基础之上，还要根据教学内容特点与学生实际，在啦啦操的认知、技能与德育方面有较为具体的目标。

2. 教学内容的安排是否合理

教师在确定了啦啦操教学的目标之后，就要根据教学目标妥善处理教材，合理地组织啦啦操教学内容。教学内容的安排要抓住重点、难点和关键，按照学生的认知规律、学习基础，安排教学内容的量、度和序，并在啦啦操教学内容中有机地融入和渗透有关德育和促进学生全面发展的内容。

3. 教学方法的运用是否恰当

教师在啦啦操课程中运用的教学方法首先要有利于教学目标的实现，其次要适合教学内容的性质和特点，还要符合学生的实际和教师自身的特点。在啦啦操教学过程中，无论采用何种教学方法，都要贯彻启发式教学的指导思想。

4. 课堂教学的效果是否良好

是否达到预期的课堂教学效果是衡量教学是否成功的重要指标。评价啦啦操课堂教学效果时，要有正确的质量观，不能仅仅看学生掌握知识与运动技能的情况如何，还要看以学生认知能力为核心的多种能力发展得如何，以及学生良好的学习态度和个性心理品质形成得如何，这些都要落实到评价指标体系中。

5. 教学结构的设计是否优化

教学结构是啦啦操教学过程中各要素的组织形式，要取得良好的教学效果，就需要优化啦啦操教学结构。学生观、教学观的变化，要求有与之相适应的教学结构，其中的核心问题是摆正学与教的关系，即教师的教要为学生的学服务，教学结构要围绕学生如何学进行设计。啦啦操教学结构是否优化，要看课堂教学过程是否成为学生真学、真练的过程。好的教学结构应该具备以下特征：教学目标明确、教学重点突出、教学思路清晰、教学环节简单实用、体现学生的主体性、符合学生与教材的实际等。

（三）教师优质教学评价指标

教师优质教学评价是对教师教学工作质量所做的测量、分析和评定。啦啦操教学效果评价指标要充分体现啦啦操课程教学的特点，能够反映本课程的教学规律，同时也要能够直观地反映出教师的优点和不足，对教师发展有重要的引导作用。教师教学评价指标从自我评价、同行评价两个维度进行系统评价，还需要将定性指标和定量指标相结合，全面评价教师教学效果。

1. 自我评价的指标

教师自我评价是指在课程完成后教师进行的自我反省和自我总结。教师自我评价一级指标包括课前准备、过程管理和教学反思三个方面；二级指标从教学态度、教学规范、教学内容、教学方法、教学改革、课堂管理、指导实践、教学效果、课后指导、教学创新十个方面进行自我评价（表 4-3-1）。

表 4-3-1　教师优质教学自我评价指标

一级指标	二级指标	指标说明	分值	评价等级				
				优（9~10）	良（8~8.9）	中（7~7.9）	及格（6~6.9）	不及格（6以下）
课前准备	教学态度	热爱党的教育事业，认真落实立德树人的根本任务，为人师表，言传身教，严格遵守《新时代高校教师职业行为十项准则》等师德师风规定，对学生严格要求和管理	10					
	教学规范	严格执行教学课堂常规，提前准备好教学文件，包括教学大纲、教案、教学手册、教材等	10					
	教学内容	科学组织教学内容，教授内容广度与深度符合大纲要求，按时、按质、按量完成教学任务；概念准确，讲解清楚，论证严密、科学，能结合教学内容，教育学生树立正确的人生观和价值观	10					
	教学方法	运用启发式教学，注重学生分析和解决问题能力的培养，采用合理的教学方法，深入浅出，灵活运用各种教学手段辅助教学	10					

续表

一级指标	二级指标	指标说明	分值	评价等级				
				优（9~10）	良（8~8.9）	中（7~7.9）	及格（6~6.9）	不及格（6以下）
教学过程管理	教学改革	结合课程特点，根据教学要求，积极开展教学改革等相关研究工作	10					
	课堂管理	学生出勤率高，且能够有效进行课堂学习管理，具备较好的课堂驾驭能力，严格执行课程考核标准	10					
	指导实践	严格、规范指导学生的实践过程，实践效果好	10					
教学反思	教学效果	能培养学生的创新能力，学生能较好地掌握课程知识与技能，达到课程教学目标	10					
	课后指导	及时批改和反馈学生作业；积极改进考试内容、考核方式	10					
	教学创新	在完成教学过程中，采用创新的教学方法或采用创新的教学形式	10					
合计			100					

2. 同行评价的指标

同行评价是指教师之间进行的相互教学评价，评价的方式包括日常教学观摩、教学评议、教学课评优活动、教学研究活动、说课活动、教学总结等。同行对教师优质教学评价的一级指标和二级指标与自我评价的指标内容一致，教师优质教学同行评价的指标同表 4-3-1。

（四）教师优质教学评价的方法

课堂教学由学生的学习活动和教师的教学活动两部分组成，教师是组织者和指导者。合理的教师教学评价方法能够客观准确地反映出教师教学的优缺点，给教师带来教学反思，从而促使教师改进教学设计、教学流程、教学安排等，提高教学水平。

1. 自我评价的方法

自我评价法是教师在完成课堂教学后针对教学全过程进行自我评价，促使教师准确地认识自我、超越自我的评价方法。自我评价法能使教师通过自我评定确认教学风格，加深对自我现状的了解程度。教师只有亲自参与自我评价过程，认识到自己技术动作的优缺点，使大脑处于积极、活跃的状态，思路开阔，自身的语言表达能力、专业评价能力、技术动作水平才会得到真正的提高，也才会对教学有全新的认识，有利于提高教学质量。教师自我评价的方法包括自省、自评与自我总结，评价的手段包括教学目标回顾，对比学生在教学前后的变化，以及听取学生的意见。

2. 同行评价的方法

同行评价是教师之间进行的业务性评价。评价的内容围绕教学思想、教材化工作、教学设计、教学风格、教学方法的适用性、教学效果等开展。同行评价的方法主要有互评、互议、学习优点、指出不足等。教师间的教学互评应看成是业务性和探讨性的评价，不要过多地将评价与功利性因素联系起来。教学互评要形成民主、和善和虚心学习的氛围，要将评价与师德教育相结合。教学互评可采用“公开课”或“评议课”的形式，以便有的放矢。

3. 学生评价法

学生评价法是指学生通过上课的体验，结合自身的学习效果，对教师的教学过程和教学效果进行客观评价的评价方法。学生能够以课堂主体的角色分析教师教学的优缺点，对教师教学能力的提升有很大的作用。学生评价法通过学生对教师的教学风格、教学设计、教学流程、知识拓展等方面进行直观的评价，能够较为客观地反映教师教学的真实水平。教师通过学生学习效果的反馈，能够对自身的教学方法和手段选择是否合理、练习负荷是否科学等方面进行反思，最终达到提升教学水平的目的。

二、学生学习效果评价

学生的学习效果评价是学校教育的一个重要环节，是课程改革的中心和重心，是对教学目标是否达成的重要评判。学生学习效果评价的基本原则、内容结构和方式方法直接影响着课程培养目标的实现和课程功能的转向与落实，对课程的实施起着重要的导向和质量监控的作用。啦啦操课程的学生学习效果是衡量教师教学水平的重要指标之一，对提高课堂教学质量起着十分重要的作用，是提高学生自我评价和提高综合实践能力的一个有效手段。教学评价伴随啦啦操教学活动的始终，是学校啦啦操教学的重要组成部分，具有检查、诊断、反馈、督导、调节等多种功能，有很强的“指挥棒”效应。

（一）学生学习效果评价原则

1. 总结性评价与过程性评价相结合原则

总结性评价是指一个学习阶段结束后为检验教学效果而进行的评价；过程性评价是指在学习过程中为检验教学效果所进行的评价。过程性评价是对学习过程的价值进行建构的评价，是促进学习者发展的评价。总结性评价与过程性评价相结合原则是根据学生的发展进步情况而提出的。这两种评价相结合是由重视结果向重视过程的转变，使评价更客观、更符合体育的特点和啦啦操教学的实际。在贯彻该原则的过程中，对学生的表现应给予及时反馈，通过过程控制调动学生的主观能动性，既提高啦啦操的教学质量，又提高啦啦操教学评价的科学性。

2. 定量评价与定性评价相结合原则

定量评价与定性评价相结合原则是定量评价与定性评价的统一。定量评价与定性评价相结合原则是由注重体能和运动技能的评定，转变为注重学生的学习态度、习惯养成、情感、个性、合作等方面的评定。21 世纪所需要的是全面发展的高素质复合型人才，不仅要锻炼学生的身体、增强体质，还要培养其健全的人格及良好的心理品质，而这些因素又不容易量化。因此，单靠量化的方法无法全面、准确地评价学生，需将定量评价与定性评价结合起来使用。

3. 师生互评相结合原则

教师评价就是根据学校的教学目标和教师的工作任务，运用恰当的评价理论和方法手段对教师个体的工作进行价值判断。学生自我评价是学习主体对自己思想、愿望、行为和个性特点的判断和评价。目前，在体育教学评价中，学生从被动接受评价向主动参与评价转变，改变了以往以教师为主的单一性主体评价的现象，师生互评有助于实现评价的全面、公正，也利于教学相长。

（二）学生学习效果评价内容

1. 学习成绩评价

学习成绩的评价是指学生在教师的指导下，通过教学活动所获得的知识、技能等。在啦啦操学习中具体包括啦啦操不同风格动作、成套动作创编、音乐的剪辑等知识与技能方面的掌握情况，主要表现为对啦啦操运动的知识与技能方面的考核成绩。学习成绩的评价方式主要有测试、考试或比赛，评价的内容主要包括理论知识、运动技能与教学技能。

2. 心理品质评价

发展学生良好的个性心理品质是素质教育的重要目标之一，也是教学所追求的目标之一，通过啦啦操的教学活动，不仅要使学生掌握啦啦操的知识与运动技能，而且还要发展学生的身心素养，助力学生形成良好的个性心理品质。因此，在啦啦操学习效果评价体系中，还应纳入学生身心健康成长的评价，使学生通过啦啦操的学习促进身心的健康成长。

（三）学生学习效果评价指标

学生学习效果评价指标主要用于考核、评估、比较学习质量及其效果，是在确定评价问题及评价对象后对其基本情况进行描述的载体。它的核心思想是通过学生学习效果评价，促进全体学生的全面发展。学生学习效果评价指标要充分体现学生学习过程的特点，能反映学生群体学习过程的规律，能衡量学习过程的时代要素。学生学习效果评价指标包括 5 个一级指标：思想品德、运动知识、运动能力、美育教育、身心健康和 14 个二级指标：爱国情怀、合作意识、顽强意志、感恩奉献、规则意识、乐观自信、理论知识、健康知识、运动技术、运动技能、以美育体、以美育心、身体健康、心理健康，满分为 100 分（表 4-3-2）。

表 4-3-2 学生学习效果评价指标

一级指标	二级指标	指标说明	分值	评价等级				
				优	良	中	及格	不及格
思想品德	爱国情怀	培养学生具有爱国情怀和民族意识，提升人文素养和艺术气息	5					
	合作意识	培养学生的集体主义情感和团队合作意识，在互帮互助中秉持团队精神	5					
	顽强意志	培养学生的顽强意志和拼搏精神	5					
	感恩奉献	培养学生心怀感恩、无私奉献的精神	5					
	规则意识	培养学生的规则意识、正当竞争意识及正确的胜负观，约束参与学生的言行规范	5					
	乐观自信	提升学生的学习积极性和自信心，改善学习态度	5					
运动知识	理论知识	熟悉并掌握啦啦操项目的起源与发展、啦啦操专业术语、教学理论、竞赛规则、裁判法等理论知识	10					
	健康知识	了解和掌握啦啦操项目的安全准则、啦啦操保护与帮助、啦啦操运动损伤与预防等健康知识	10					

续表

一级指标	二级指标	指标说明	分值	评价等级				
				优	良	中	及格	不及格
运动能力	运动技术	形成高水平的啦啦操专项技术及服务于该专项的其他技术	15					
	运动技能	掌握并提升运用专项运动技术的实践能力	15					
美育教育	以美育体	塑造“美”体，提升鉴赏运动“美”和创造运动“美”的能力	5					
	以美育心	培养学生的礼仪修养，学会尊重、友爱与感恩，育“德行”之美	5					
身心健康	身体健康	提升学生的力量、柔韧、灵敏、耐力等身体素质及协调性；增强学生的体质健康水平，提高身体免疫力；在啦啦操运动过程中减脂塑形，矫正身体姿态，提升气质	5					
	心理健康	培养学生体育锻炼的意识，树立终身体育理念；提升学生的心理健康水平，学会释放压力、愉悦身心，享受啦啦操运动带来的乐趣	5					
合计			100					

（四）学生学习效果评价方法

教学本质就是围绕学生展开的学习活动，教师是组织者和指导者，学生才是教学活动的主体。关注学生学习活动的过程及其状态，做好学生学习状态和效果的评价工作，能够改进教学，提高教学质量，全面促进学生的学习和发展。下面介绍几种评价学生学习效果的方法。

1. 总结性评价

总结性评价主要用于教师对学生学习效果的评价。总结性评价一般是在学期、学年或某项教学活动结束时，为判断其效果而进行的评价。总结性评价不仅是对学生学习效果的分析，更重要的是教师对自己阶段性教学质量的总结和比较。在啦啦操教学中，这种评价主要以啦啦操课程成绩评定的方式进行。评定的方式可以是标准测验或者非标准的测验。标准测验一般是指标准式的啦啦操理论或实践考试，根据学生的整体水平给出客观的评价或分数；非标准测验是指教师自制或自行组织的课内教学评价。评价的内容主要包括学生的学习态度、知识掌握情况、技能水平、身体素质等方面。学生学习效果的评价结果通常是各项内容得分的累计或综合评价，评价的结果可以采用等级制或者百分制。

2. 过程性评价

过程性评价也称为形成性评价，是指在啦啦操教学过程中，为了及时了解情况，明确啦啦操教学活动中存在的问题，及时修改或调整活动计划，以期获得更加理想的教学效果所进行的即时性评价。过程性评价具有直接、具体、及时和针对性强的特点。过程性评价的内容包括学生的学习目标、参与程度、拼搏精神和学习效果，其主要方法有表扬、批评、抑制和激励，经常采用的评价手段有口头指示、手势、眼神、问卷、技能小测验、简短的评语等。啦啦操教学中的过程性评价也可以采用作业、成套测试、课堂竞赛或表演展示等多种方法进行，对啦啦操的运动技能与知识评价有非常重要的作用。

3. 自我评价

自我评价可以唤起学生对自己学习态度和表现的自省，帮助学生提高自我认知和自我教育的意识与能力。学生的自我评价可以以学校制定的评价目标为标准，通过自我评价来判断个人达到目标的程度，也可以自主确定评价标准，以此判断自己的优势和进步。学生自我评价的内容有学习目标、参与程度、拼搏精神与学习效果等；评价的方法可采用自省、自评、自我反馈、自我暗示等；评价手段包括回顾、成绩前后对比与行为表现等。学生的自我评价适宜作为一种学习性与形成性评价，不宜将其作为正式的评价。在学生自我评价的过程中，要以师生间的交流为主，注意淡化功利性，保护学生的自尊与自信。

4. 学生互评

学生之间的互评可以起到互相映照和激励的作用，帮助学生提高观察能力和评价他人的能力，有助于学生之间的交往与交流，增强学生的团队意识。啦啦操课程教学中的学生互评方法有互评、互议、学习同伴的优点、指出同伴的不足等；相互评价的手段有观察与讨论。要把学生互评作为一种教育性与集体性养成的评价，不宜作为正式或者期末学习成绩的评价。在啦啦操教学过程中，可围绕运动技能学习的互帮互助和有关动作技术学习的问题进行讨论与评价。尤其是在啦啦操的小组练习与展示以及分组创编教学的实践过程中，学生互评可以发挥较好的作用，能够有效地引导学生相互学习与帮助，加深学生对知识与技能的理解。

第四节 啦啦操教学文件的制定

制定规范的啦啦操教学文件，是反映教师教学能力的重要标志，对促进啦啦操教学管理、提升教学规范、保证教学质量有着重要作用。那么应如何科学编制啦啦操的教学大纲，编写啦啦操的课时教案，确保啦啦操教学的全面性、科学性与可行性？本节将具体介绍啦啦操教学文件的制定。

一、教学大纲的制定

教学大纲是根据学科内容及其体系和教学计划的要求编写的教学指导文件，它以纲要的形式规定了课程的教学目的、任务，知识、技能的范围、深度与体系结构，以及教学进度和教学法的基本要求。它是编写教材和进行教学工作的主要依据，也是检查学生学业成绩和评估教师教学质量的重要准则。教学大纲是以系统和连贯的形式，按章节、课题和条目叙述该学科的主要内容的教学指导文件。它根据教学计划，规定每个学生必须掌握的理论知识和基本技能，也规定了对教学进度安排和教学方法选用的基本要求。啦啦操教学大纲是根据人才培养方案的要求，结合学校实际情况，以纲要形式规定的有关啦啦操课程教学内容和要求的教学文件，是执行专业培养方案、实现培养目标的指导性文件。

（一）教学大纲制定的原则

1. 符合教学计划的要求

啦啦操教学大纲的制定首先应当考虑啦啦操课程在整个教学计划中的地位和任务，确定在培养专门人才的目标上，啦啦操课程的作用以及通过学习要达到的目的和要求。教学大纲是人才培养规格在课程中的具体体现，因而选择的教学内容必须保证专业培养目标的实现。然而教学大纲又是以学科体系为基础的，因而也必须保持学科体系自身的基本逻辑系统和完整性。选择教学内容时，不应过分强调学科的系统性而影响人才培养的基本规格和教学法的要求，也不能片面强调专业需要而任意割裂或舍弃学科的有机组成部分。教学大纲的制定还应当遵循教学计划整体优化的原则。教学计划中的每一门课程都是互相联系的，既要注意各门课程内容之间相互衔接，又要避免重复或遗漏。由于课程的教学内容有其严谨的学科体系，同一专业的各门课程所牵涉的知识范围又往往相互交叉，为了保证学科体系的完整性，不可能绝对地避免重复，因此，在编制教学大纲时，要从教学计划的全局出发，明确课程内容的分工，处理好先修课与后续课的衔接与配合，并尽可能依据教学法要求，对于重复部分进行认真的技术处理。

2. 理论联系实际

理论联系实际原则，是指教学必须坚持理论与实际的结合与统一，用理论分析实际，用实际验证理论，使学生从中理解和掌握知识、技能，培养学生运用知识解决实际问题的能力。理论联系实际原则在啦啦操教学大纲编制中主要表现为：一是啦啦操的教学目标、内容、方法与手段等，既要符合运动项目教学的基本要求，又要体现啦啦操运动的基本特征；二是啦啦操教学要充分体现啦啦操重视团队文化建设的特点，将团队文化与啦啦操的理论与实践教学紧密结合起来，让啦啦操文化真正融入啦啦操的教学过程之中。

3. 结合项目特征与教学特点

教学大纲的编制应当建立在啦啦操运动严谨的学科体系基础上，符合运动项目的内在逻辑结构，使学生掌握比较系统的项目知识与技能。作为教学大纲的知识与技能体系又不能完全等同于学科体系，在选择教学内容及组织教学过程时，必须考虑学生的学习心理，遵循教学原则，考虑教学法的要求。在处理教学内容时，还要照顾到项目内容结构的整体优化及课程与课程之间相互联系的优化组合，处理好项目内部的科学性与思想性和理论与实践的关系问题，以及教学内容的完整性、系统性、统一性和灵活性，以建立优化的学科结构。确定教学内容时，一方面要有重点地加大纵向跨度，以便使教学节奏适当加快，解决学科发展迅速、信息量激增与教学时数有限的矛盾，另一方面又要有选择地加强横向联系，促进学科多方位地展开，以扩展学生的知识视野，并促进其思维能力的发展。

4. 相对的稳定性与时代性

教学大纲要保持相对的稳定性，才能保证稳定的教学质量。但教学大纲也要及时反映现代科学技术的最新成就和当代科技发展的最新水平，保证教学大纲的“先进性”，实现教学内容的现代化。因此教学大纲的编制要不断更新内容、与时俱进。但是在更新内容时，应当从教学的目的任务和学生的接受能力出发，切忌盲目、片面地求新求多，加重学生的负担，导致教学质量降低。所以编制教学大纲、选择教材内容，包括更新和补充知识，都应当贯彻少而精、量力而行的原则，既要照顾到学生现有的水平，又要起促进学生智能发展的作用。教学内容太易或太难，过于繁琐或分量偏少都不利于学生的智能发展。

（二）教学大纲制定的依据

教学大纲是实现啦啦操人才培养目标的总体设计蓝图，制定时应回应“培养什么人”“怎样培养人”的问题，符合社会和学校对人才培养的需要。具体来讲，制定啦啦操教学大纲的依据包括培养方案、教学目的与啦啦操运动知识体系。

1. 培养方案

培养方案是学校组织专家或相关专业负责人在教育部相关专业规范的指导下自主制定的，不同地区、不同学校、不同专业有不同的培养目标、培养规格以及主干学科、主要课程设置与要求，教学大纲是具体课程的纲领性文件。

2. 教学目的

随着社会的发展，党和国家围绕“培养社会主义建设者和接班人”进行了一系列探讨，深刻回答了“培养什么人、怎样培养人、为谁培养人”的根本性问题，进一步明确了我国的教育目的。在啦啦操教学领域，教学目的是为实现教育目的而提出的总体要求，是教学活动的初衷和预期达到的结果，它规定了学生发展的基本方向。教学目的为啦啦操教学大纲的制定提供了依据。

3. 啦啦操运动知识体系

啦啦操教学的主要任务是向学生传授相关知识和技能，因此，啦啦操运动知识体系的内在逻辑规律是制定教学大纲的主要依据。啦啦操知识体系包含形式多样的内容，如基本理论、基本技术、基本技能、竞赛规则、竞赛组织、教学训练理论与方法等。教学大纲需要根据不同的人才培养方案、教学对象、教学目的和知识体系来制定。

（三）教学大纲的主要内容

教学大纲的内容因学校不同而不同，一般来说，啦啦操教学大纲主要包括课程性质、课程目标、教学要求、考核方式、必要说明、教材与参考书目六个方面的内容。

1. 课程性质

主要说明课程的基本属性、地位作用、开课对象、课程类型、课程学时学分等。

2. 课程目标

主要说明课程教学的目的任务及学生在学习本课程后在德育、知识、能力、美育、健康等方面预期达到的目标，也可按上文所述的其他维度进行说明。

3. 教学要求

主要说明教学内容、教学形式和学时分配等内容。

4. 考核方式

主要说明考核的内容、方法、评定标准等。

5. 必要说明

对未尽事宜进行必要的说明和补充，如完成大纲的组织和物质条件（教师、场地、设施等），教学方式方法的具体措施和补充意见，实施大纲的注意事项等。

6. 教材与参考书目

对选用的教材及相关参考书目进行说明，用于拓宽学生的知识面、补充教材内容，从而提高学生的自学能力。

（四）啦啦操教学大纲案例

《啦啦操》课程教学大纲

课程名称：啦啦操　　　　学时：36 学时
授课学期：　　　　　　　授课班级：
授课教师：　　　　　　　授课地点：

一、课程理念与目标

结合学校重视学生创新创意能力培养的办学特色，本课程秉承“育体、育心”的核心主旨，深入贯彻“健康第一，以人为本”的指导思想，以提升学生体质健康为主要目标，以促进学生身心健康全面发展为根本要求，以啦啦操基本动作、成套动作、队形创编、竞赛的学习与实践为主要载体，充分发挥学生自主、教师主导的课程教学理念，其主要目标如下。

知识方面：通过体育理论知识与啦啦操成套动作学习，以及身体素质的练习，学生初步掌握体育与健康的基础知识，啦啦操的基本知识、成套动作与简单的队形编排知识；掌握常用的身体素质练习与体育健身方法。

技能方面：通过啦啦成套动作技术与编排的学习，以及身体素质的练习，学生熟练掌握啦啦操成套动作技术与队形创编，能应用常用的体育健身方法，使自身的体育核心素养，以及与职业相关的身心健康素质得到提升。

情感方面：通过体育理论知识与啦啦操动作的学习过程，以及身体素质的练习过程，增进学生的体育锻炼意识，培养学生的创新能力和团结协作能力，提升学生的社会适应能力。

二、课程内容

课程内容严格按照《全国普通高等学校体育课程教学指导纲要》执行，其特色主要表现为课程内容融合了学校办学特色与学生身心发展的要求。

一是啦啦操成套动作教学与创编实践，通过情境启发与感悟，实践体验与反思，相互交流与反馈，充分发挥学生的自主能力，培养学生的创新思维，与学校注重学生职业体育素养提升和创新创意能力培养的理念相吻合，符合学校专业特色与学生专业成长的需求。

二是啦啦操运动“时尚、活力、团队”的项目特征，与大学生“青春、阳光、活力”的身心特征形成呼应，满足了其个性发展的需要，特别是与学校传媒类专业与艺术类专业学生的身心发展与职业发展要求相一致。

周次	教学内容	备注
1	体育与健康知识简介，啦啦操基本知识简介	理论
2	花球啦啦操基本手位学习，身体恢复性练习	实践

续表

续表

周 次	教学内容	备注
3	花球啦啦操规定动作 1—4×8 拍与造型学习，耐力素质练习	实践
4	花球啦啦操规定动作 1—4×8 拍与造型复习，耐力素质练习	实践
5	花球啦啦操规定动作 5—8×8 拍学习，耐力素质练习	实践
6	花球啦啦操规定动作 5—8×8 拍复习，耐力素质练习	实践
7	花球啦啦操规定动作 9—12×8 拍学习，速度素质练习	实践
8	花球啦啦操规定动作 9—12×8 拍复习，速度素质练习	实践
9	花球啦啦操规定动作 13—16×8 拍学习，速度素质练习	实践
10	花球啦啦操规定动作 13—16×8 拍复习，速度素质练习	实践
11	花球啦啦操规定动作 17—20×8 拍学习，力量素质练习	实践
12	花球啦啦操规定动作 17—20×8 拍复习，力量素质练习	实践
13	花球啦啦操规定动作 21—24×8 拍学习，力量素质练习	实践
14	花球啦啦操成套动作复习与展示，力量素质练习	实践
15	花球啦啦操成套动作队形创编理论与实践	理论与实践
16	花球啦啦操成套动作队形创编实践	实践
17	花球啦啦操成套考核（达标赛与期末考试）	实践
18	身体素质考核	考核

三、课程活动

结合学校重视创新能力与实践操作能力的人才培养目标，根据学校体育课堂教学与课外体育活动整体布局，形成了课内与课外相结合的活动序列，包括组织学校篮球赛与啦啦操相融合的啦啦操比赛、学校运动会啦啦操比赛、啦啦操期末考核达标赛，以及组建啦啦操协会、啦啦操校代表队等，形成了具有品牌特色的校园体育文化。引导学生在活动中体验，在实践中提升，针对学生的个体差异提供相应的活动内容。

四、教学方法

本课程采用的教学方法主要包括讲解示范法、小组教学方法、探究性教学方法、合作性教学方法与自主性教学方法，教学过程中突出学生主体地位，教师引导，实现多种

续表

教学方法的灵活运用。 1. 通过讲解示范法，使学生初步建立起知识与动作概念，形成正确的体育知识与技能观，为其自主学习与练习奠定基础。 2. 通过小组教学方法，将班级成员分成3小组，充分发挥骨干学生的作用，针对个体差异，实现因材施教。 3. 通过探究性教学方法，由教师设问引发思考，以及引导学生自学反方向动作与队形创编，使学生能够自主探究解决实际问题，提高独立思考和解决问题的能力。 4. 通过合作性教学方法，使学生积极参与学习与实践活动，并从中养成相互合作与协作的团结合作意识。 5. 通过自主性教学方法，使学生通过自主思考与练习实践，能够自主解决与完成教师提出的问题，提高自主学习的能力。 五、教学手段 教学手段秉承"简便易行"的基本原则，结合现代教育技术与数字化教学资源，将平时常用的电脑、手机等应用于教学过程，形式新颖，可操行强，实现了教学与生活的衔接，提高了学生的学习兴趣，帮助学生突破了教学重点与难点。 1. 教学用具与生活相结合，学生可运用手机、电脑等日常工具，在课内外搜集啦啦操教学、比赛视频，或查阅与体育健康有关的数字资源，教师也可通过网络平台对学生进行健康监督，拓宽教学的时间与空间。 2. 学生自主学习与教师主导相结合，采用小组教学的方式，由骨干学生组织各小组进行自主练习与复习，解决了优秀学生与普通学生学习差距之间的矛盾，发挥传帮带作用，实现差异化教学。 3. 教学环境与项目特点相结合，运用音响、电脑等设备播放音乐，活跃课堂氛围，调节紧张情绪、激发学生的学习热情。 六、教学评价 （一）评价原则 教学评价结合学生身心素质与实践操作能力的培养要求，形成了评价主体、评价内容、评价方式多元的考核标准与评价体系。 1. 评价主体多元，包括教师评价、学生互评与学生自评。 2. 评价内容多元，包括身体素质、运动技能与学习态度的评价。 3. 评价方式多元，包括过程性评价（学习态度）、终结性评价（身体素质）、以赛代考（运动技能）。 （二）考核内容、评分方法及评分标准 1. 运动技能（40%）：全国花球啦啦操规定套路。 （1）考试方法：以赛代考（期末组织啦啦操达标赛）。 （2）考试规则：规定时间内在音乐的伴奏下完成成套动作，教师根据啦啦操评分标准记录成绩。

续表

（3）考试标准：熟练性占 50%，规范性占 30%，表现力占 20%。 ① 动作规范：很熟练地完成全套动作，极具表现力：80～70 分。 ② 动作较规范：较熟练地完成全套动作，具有较强表现力：70～60 分。 ③ 基本完成全套动作：60～30 分。 ④ 不能完成全套动作：30～0 分。 2. 速度素质（40%）：50 米（评分参照《国家学生体质健康标准》）。 3. 学习态度（20%）：根据教师考勤与学生在课堂上的参与程度，以及学校教学常规管理的相关要求执行。 七、特色与创新 本课程结合国家基本要求与学校办学理念，遵循简便易行、可操作性强的基本原则，教学实践取得了明显成效，特色鲜明，其创新与特色之处主要表现在： 1. 课程理念新："育体"与"育心"相结合，运动技能培养与职业能力提升相结合。 2. 课程设计新：课程内容与职业发展相结合，课内教学与课外活动相结合。 3. 实施过程新：学生自主学习与教师引导相结合，教学手段与学生生活相结合，考核评价与参与赛事相结合。 八、参考书目 1.《啦啦操竞赛规则》，国家体育总局体操运动管理中心，2021 年。 2.《全国啦啦操规定套路》，国家体育总局体操运动管理中心，2021 年。

二、教案的编写

教案又称课时计划，是根据学期计划的安排和要求，参照单元教学方案设计，针对班级学生具体情况，并结合场地器材、教材等实际情况，逐一设计教学系统的各要素，并最终按照课时教学方案的呈现方式来表达一节课的具体实施方案。教案反映出教师对一节课教学过程的全部构思和设想，是教师教学设计成果的主要组成部分和最终形式。

（一）教案编写的原则

1. 科学性

教案编写符合科学性，就是指教师要认真贯彻课标精神，按教材内在规律，结合学生实际来确定教学目标、重点、难点，合理设计教学过程，避免出现知识性错误。

2. 创新性

教师备课将课本内容变成胸中有案，再落到纸上形成书面教案，继而到课堂实际讲授，过程中如何将书本知识变成一堂生动有趣、富有成效的课，关键在于教师编写教案时能“学百家，树一宗”，具备灵活运用、独立创新的能力，在自己钻研教材的基础上，广泛地涉猎多种教学参考资料，向有经验的老师请教，取其精华，去其糟粕，对别人的经验要经过一番思考、消化、吸收，独立思考，然后结合个人的教学体会，巧妙构思，精心安排，从而写出具备自身特色的创新性的教案。

3. 差异性

由于每位教师的知识、经验、特长、个性是千差万别的，而教学工作又是一项创造性的工作，因此写教案也不可能千篇一律，教师可发挥自身的聪明才智和创造力，并将教案与本地区的特点和学生实际结合起来，因材施教。

4. 艺术性

教案的艺术性就是指构思巧妙，能让学生在课堂上既学到知识，又得到艺术的熏陶和快乐的体验。教案要成为一篇独具特色的“课堂教学散文”或者是课本剧。所以，开头、经过、结尾要层层递进，扣人心弦，达到立体教学效果。教师的说、谈、问、讲等课堂语言要字斟句酌，安排恰当。

5. 可操作性

教师在写教案时，一定要充分考虑实际需要，考虑教案的可行性和可操作性。教学中教师面对的是一个个活生生的有思维能力的学生，每个人的思维能力不同，对问题的理解程度不同，常常会提出不同的问题和看法，教师又不可能事先都估计到，在这种情况下，教学进程常常有可能偏离教案所预想的情况，因此教师不能固守教案，把学生思考的积极性压下去，而要根据学生的实际灵活调整原先的教学计划和方法，启发学生的思维，针对疑点积极引导。

（二）编写啦啦操教案的依据

1. 教学进度

教学进度中对当次课教学内容的规定即为每次课教案的教学内容，因此，教学进度是教案编写的主要依据，只有认真落实教学进度安排，才能完成课程教学目标。

2. 教学对象

教案应围绕“以学生为中心”的理念，根据学生的具体情况进行编写。教学质量不仅取决于教师教的水平，也取决于学生学的状况。更为重要的是，体育教学不仅要追求近期效益，提高学生的运动技术、技能水平等，更要着眼于长远目标，要考虑到学生的发展需要，激发学生参与体育活动的主动性，帮助学生掌握锻炼身体的方法，养成终身锻炼的习惯。

3. 教学条件

教学条件，包括教学场地的规模、状况，有无镜子，地面或地板条件、音响设备等，都是教案设计的参考因素。

（三）啦啦操教案的主要内容

啦啦操教案分为理论课教案和技术课教案，具体包括以下 7 个方面的内容：

1. 授课内容及基本情况

根据单元教学计划的安排，写明授课内容、对象、课次、地点、时间和授课教师。

2. 教学目标

根据课程性质、教学内容，参照单元计划，提出全面具体、确切的课时教学目标。

3. 组织教法、学法

包括各项教学内容的顺序、教学步骤、练习方法、练习组数次数、组织教法等。一节课的结构无论划分为几个部分，都是一个统一的整体，其中主题活动是核心，其他环节都要围绕主题进行设计。

4. 各部分、各项活动的时间

分配课程各部分内容的时间和各项活动所需的时间。

5. 教学重点难点

说明本节课教学的重点、难点。

6. 教学手段

说明本节课需要使用的教学媒体、器材和教材。

7. 课后小结

课后小结是教师进行教学反思、积累教学经验、提高教育教学能力的重要措施，应及时认真填写。

（四）啦啦操教案案例

《啦啦操》授课教案		
授课内容：花球啦啦操规定动作 1—4×8 拍与造型学习；耐力素质练习	授课对象：	课次（型）：第 3 次课（实践）
授课地点：	授课时间：90 分钟	授课教师：

教学目标：

1. 知识目标：初步掌握全国花球啦啦操规定动作造型与 1—4×8 拍的动作要领与做法，了解耐力素质的练习方法与注意事项
2. 技能目标：初步学会全国花球啦啦操规定动作造型与 1—4×8 拍的技术动作，配合音乐进行练习；掌握素质练习的常用方法
3. 情感目标：进一步了解花球啦啦操的技术动作特点，提升学生的审美意识和意志品质；通过分组练习，培养学生的团结协作与自主学习能力

教学重点：全国花球啦啦操规定动作造型与 1—4×8 拍的动作学习，介绍耐力素质的练习方法

教学难点：动作规范准确，协调性较好，音乐节奏感较好；按要求完成跑步任务

场地器材：音箱、U 盘、花球

课程结构	课程内容	组织教法与要求	运动量		
			次数	时间	强度
准备部分	一、课堂常规 1. 集结队伍，师生问好 2. 点名，清查人数 3. 宣布本课教学内容 4. 检查服装，安排见习生	组织： ○○○○○○　○学生 ○○○○○○ ○○○○○○　▲老师 要求： 1. 集合快、静、齐 2. 精神饱满、姿态良好	1	2 分钟	小

续表

课程结构	课程内容	组织教法与要求	运动量		
			次数	时间	强度
准备部分	二、准备活动 徒手操练习 1. 踝关节运动 2. 膝关节运动 3. 腰部运动 4. 肩部运动 5. 头部运动 6. 弓步压腿（正压与侧压）	组织：体操队形 ○○○○○○ ○○○○○○ ○○○○○○ ▲ 教法：根据教师口令，模仿教师动作 要求：注意力集中，积极参与，认真活动	1	5 分钟	小
基本部分	一、复习花球啦啦操基本手位 1. 集体复习常用动作	组织：体操队形 ○○○○○○ ○○○○○○ ○○○○○○ ▲ 教法： 1. 教师讲解与纠错 2. 学生在口令或音乐伴奏下练习 要求：认真学习，积极思考；动作发力准确，音乐节奏感较强	1	15 分钟	中

续表

课程结构	课程内容	组织教法与要求	运动量		
			次数	时间	强度
基本部分	二、全国啦啦操规定动作造型与1—4×8拍学习 集体学习动作	组织：体操队形 ○○○○○○ ○○○○○○ ○○○○○○ ▲ 教法： 1. 教师讲解与示范，学生模仿练习 2. 配合音乐练习 要求：认真学习，积极思考；动作发力准确，音乐节奏感较强	1	20分钟	中
	三、分组练习与巩固 在小组长的带领下，分成3小组进行练习	组织：分3小组 ○○ ○○ ○○ ○○ ○○ ○○ ○○ ○○ ○○ ▲ 教法： 1. 小组长带领下复习与巩固动作 2. 教师巡回指导 3. 分组展示 要求：骨干学生积极指导，学生共同参与，团结协作，相互交流	1	20分钟	中

续表

<table>
<tr><th rowspan="2">课程结构</th><th rowspan="2">课程内容</th><th rowspan="2" colspan="2">组织教法与要求</th><th colspan="3">运动量</th></tr>
<tr><th>次数</th><th>时间</th><th>强度</th></tr>
<tr><td>基本部分</td><td>四、耐力素质练习
1. 讲解耐力素质练习的方法
2. 800 米跑练习
学生排成一路纵队绕操场慢跑两圈</td><td colspan="2">组织：一路纵队
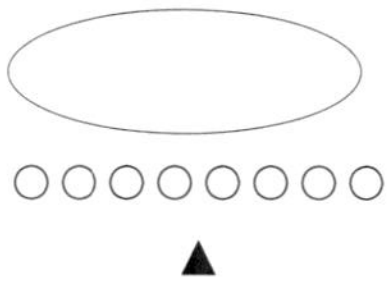
教法：讲解跑步的要求，学生自主跑步
要求：认真参与，按要求跑完全程</td><td>1</td><td>20
分钟</td><td>中</td></tr>
<tr><td rowspan="2">结束部分</td><td>一、拉伸放松
简单的头部、手臂、腰腹、腿部等拉伸动作</td><td colspan="2">组织：体操队形
教法：教师做镜面示范，学生模仿教师动作
要求：动作舒缓，配合呼吸，身心放松</td><td>1</td><td>5
分钟</td><td>小</td></tr>
<tr><td>二、集合小结
三、布置下次课内容
四、宣布下课</td><td colspan="2">组织：集合队形
教法：教师小结本课学习情况，布置课外作业
要求：认真听讲，积极反思，认真完成作业</td><td>1</td><td>3
分钟</td><td>小</td></tr>
<tr><td>密度预计</td><td>40%～45%</td><td>运动量预计</td><td colspan="4">双峰型
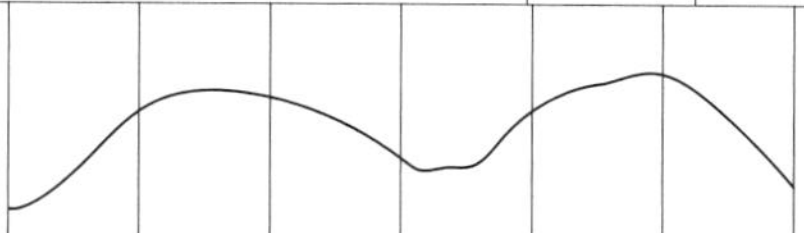
0’ 10’ 20’ 30’ 40’ 50’ 60’ 70’ 80’ 90’</td></tr>
</table>

续表

授课时实测学生运动量				
实测密度	%	实测运动量	脉搏	内容
			0’ 5’ 10’ 15’ 20’ 25’ 30’ 35’ 40’ 45’	
课后记				

思考与实践

1. 啦啦操的教学目标有哪些？请举例说明在实践教学中如何运用。

2. 啦啦操线上及线下教学方法有哪些？请举例说明在实际教学中如何运用。

3. 教师优质教学评价对提升教师教学能力的作用有哪些？

4. 请根据自己所授课内容编制一份啦啦操教学大纲。

第五章 啦啦操训练

本章导读

训练对于体育人来说可谓“苦差事”，但是啦啦操训练却能带来不一样的感受。啦啦操是一项团队参与的表演项目，其多样的表演形式令人精神愉悦，训练时众多队友给予的鼓励和支持也会让人信心倍增，大家共同享受快乐、挑战极限、战胜对手、超越自我，从而创造出各种不可能。

学习目标

1. 了解啦啦操训练的基本管理工作。
2. 了解啦啦操训练的基本内容及运动损伤的原因。
3. 掌握啦啦操基础性、专项性、指向性训练内容以及训练计划制订。
4. 体验啦啦操训练的团队协作和乐于奉献的思想，有助于培养学生的大局意识与服务意识，使学生认识到团队的力量与个人的奉献息息相关，增强学生的责任意识与担当意识。

第一节 啦啦操训练的基本管理

啦啦操训练的基本管理工作主要是以运动员档案建立为依据，对运动员的基本信息、竞技水平、心理状态进行综合管理的过程。通过建立运动员档案，全过程进行科学的信息采集和有序归档，以保障运动员训练的连续性、有效性，同时方便对训练成果进行检验。

一、啦啦操运动员档案的建立

（一）啦啦操运动员档案建立的意义

啦啦操运动员档案的建立能够为运动员的职业生涯保驾护航，为啦啦操队伍的梯队建设提供参考。通过档案信息记录，教练员能更深入了解运动员的整体水平、训练状态和心理状态，方便后期检验训练效果，提高训练质量。啦啦操运动员的档案是教练员了解运动员的通道，是运动员训练生涯不可或缺的记录表。

（二）啦啦操运动员档案建立流程及注意事项

1. 做好运动员信息资料的采集工作

运动员档案材料收集应贯穿于每个运动员成长的整个过程，收集应力求做到长期性、连贯性、系统性。

2. 建立完整的档案分类系统

运动员档案整理应力求做到分类清楚、排序合理。将各项资料分门别类地整理成有序的档案实体，以便查询和使用。整理时，可以以学生个人信息档案、竞训经历档案为主线收集、整理相关资料，附加参考运动员损伤评估和心理状态评估这两个方面。要明确专人管理档案资料，明确收集运动员档案资料的范围、内容和要求。

3. 啦啦操运动员档案的有效利用

对运动员档案中的各种信息、数据进行统计、对比、综合分析，可掌握啦啦操运动员训练和管理中的普遍规律。完整、翔实的啦啦操运动员档案有利于教练员了解运动员的各项情况，有助于制订符合其实际情况的训练计划与管理措施，提高训练和管理成效。

4. 加强档案信息化建设

利用数据库技术、数据压缩技术、扫描技术等，将纸质资料、影像文件等传统介质文件进行数据化处理，形成智能化档案信息库。对档案数据库应采用传统和现代结合、纸质和电子互补、线上线下互相辅助的管理模式，使档案提取变得更加快捷高效。

二、啦啦操运动员基本情况档案

（一）个人基本信息档案

啦啦操运动员的基本信息档案包括个人情况、家庭背景、紧急联系人这三个部分。其中紧急联系人是非常重要又容易被忽视的一条。表 5-1-1 为运动员基本信息档案示例，可以在实际工作中根据需求进行增减。

表 5-1-1　运动员基本信息档案

<table>
<tr><td>姓名</td><td colspan="3"></td><td>出生日期</td><td colspan="3"></td><td>照片</td></tr>
<tr><td>性别</td><td colspan="3"></td><td>身高
（cm）</td><td></td><td>体重
（kg）</td><td></td><td rowspan="3"></td></tr>
<tr><td>腿长
（cm）</td><td colspan="3"></td><td>臂长
（cm）</td><td></td><td>腰围
（cm）</td><td></td></tr>
<tr><td colspan="3">身体质量指数 BMI</td><td colspan="5"></td></tr>
<tr><td rowspan="4">家
庭
背
景</td><td colspan="3" rowspan="2">专业竞技
训练经历</td><td rowspan="2">参与项目
及年限</td><td colspan="4">是否支持你训练?</td></tr>
<tr><td colspan="2">支持方式
（精神 / 物质）</td><td colspan="2">不支持的原因</td></tr>
<tr><td>父亲</td><td>无</td><td>有</td><td></td><td colspan="2"></td><td colspan="2"></td></tr>
<tr><td>母亲</td><td>无</td><td>有</td><td></td><td colspan="2"></td><td colspan="2"></td></tr>
<tr><td colspan="2">紧急联系人
姓名</td><td colspan="5">与本人关系
（如父子）</td><td colspan="2">联系电话（手机）</td></tr>
<tr><td colspan="2"></td><td colspan="5"></td><td colspan="2"></td></tr>
<tr><td colspan="2"></td><td colspan="5"></td><td colspan="2"></td></tr>
</table>

（二）基础能力评估档案

运动员基础能力评估包括运动素质和专项能力评估两个部分，测试时间需要根据具体训练计划和训练周期制订，以便记录和监控运动员身体素质的变化，评判训练效果。以半年训练周期为例，评分表格如下（表 5-1-2 和表 5-1-3）所示：

表 5-1-2　运动素质测试评分表

测试项目	分类	评价标准	初始成绩	两个月	四个月	六个月
深蹲	最大力量	最大深蹲负荷量（kg）				
卧推		最大卧推负荷量（kg）				
俯卧撑	相对力量	标准俯卧撑一分钟，记录完成数量（个 /min）				
平板支撑		记录身体保持平板姿态的时间（min）				
YOYO 测试	耐力	在相距 20 m 的两个标志物之间，以不断增加的速度进行带有间歇的折返跑，记录完成的等级和组数				
立定跳远	爆发力	原地立定跳远测量距离（m）				
单腿闭眼平衡	平衡	单腿闭眼，不触碰任何物体，记录时长（min）				
左纵叉	柔韧	纵叉姿态，测量臀部离地高度。柔韧好的运动员，前腿架高（臀部贴地），测量架高的高度，此时记录为负值（cm）				
右纵叉						
横叉		横叉姿态，记录大腿根部离地高度。柔韧好的运动员，双腿架高，测量架高高度，此时记录为负值（cm）				

表 5-1-3　专项能力评估

测试项目	评分标准		初始成绩	两个月	四个月	六个月
前滚翻	鱼跃前滚翻 前手翻 前空翻	2 分 5 分 10 分				
倒立	靠墙倒立 1 min 控倒立 30 s 控倒立 1 min	2 分 5 分 10 分				
转体	单足转体 360° 单足转体 720° 单足转体 1080°	2 分 5 分 10 分				
跳跃	连续双飞燕 2 个 连续双飞燕 5 个 连续双飞燕 10 个	2 分 5 分 10 分				

三、啦啦操运动员竞训经历档案

啦啦操运动员竞训经历档案包含训练情况（参训年限、运动等级等）、竞赛档案（参与赛事的名称、竞赛成绩等）、啦啦操运动员伤病情况、工作大事记档案。表 5-1-4 为竞训经历档案示例，可以在实际工作中根据需求进行增减。

表 5-1-4　啦啦操运动员专项训练经历档案

<table>
<tr><td>训练情况</td><td colspan="5"></td></tr>
<tr><td>啦啦操训练起始时间</td><td></td><td>训练频率（次 / 周）</td><td></td><td rowspan="2">其他项目训练年限</td><td rowspan="2"></td></tr>
<tr><td>入队后承担角色</td><td></td><td>运动等级</td><td></td></tr>
<tr><td>训练情况自评</td><td colspan="5"></td></tr>
<tr><td>参与训练的原因</td><td colspan="5">● 个人喜欢或其他：
● 父母坚持
● 升学或毕业需求</td></tr>
<tr><td>竞赛档案</td><td colspan="5"></td></tr>
<tr><td>参赛日期</td><td>赛事名称</td><td>比赛地点</td><td>项目</td><td>竞赛成绩</td><td>备注</td></tr>
<tr><td></td><td></td><td></td><td></td><td></td><td></td></tr>
</table>

续表

参赛日期	赛事名称	比赛地点	项目	竞赛成绩	备注
伤病情况					
有无运动损伤	无	有（具体情况）：			
竞训大事记（难忘的训练经历、重大转折点）					
时间	事件	具体内容			

四、参考指标

（一）啦啦操运动员运动风险评估

运动员运动风险评估（Functional Movement Screen，简称 FMS）：FMS 对认识人体运动功能的协调、全面发展及运动损伤风险的规避，提高动作效率，促进竞技水平发展至关重要。FMS 功能性运动筛查评分表如表 5-1-5 所示：

表 5-1-5　FMS 功能性运动筛查评分表

测试项目		最终得分	评述
过顶深蹲			
跨栏架步	左		
	右		
直线弓步蹲	左		
	右		
肩关节灵活性	左		
	右		
肩关节排查实验	左		
	右		

续表

测试项目		最终得分	评述
主动直膝抬腿	左		
	右		
躯干稳定俯卧撑			
脊柱伸展排除性测试			
躯干旋转稳定性	左		
	右		
脊柱屈曲排除性测试			
总分			

运动风险评估适合在训练周期中，高强度训练开始的前期进行，可以用来评判运动员身体能力发展的均衡性以及损伤情况。运动风险评估满分为 36 分，因为啦啦操运动员柔韧性较好，若总评分低于 24 分，完成动作有较强烈的疼痛感，则建议寻求专业运动损伤机构做深度评估。

测试项目的具体评判标准见本书附录。

（二）心理学参考指标

心理学参考指标选取运动员情绪自评量表（DASS-21）（简体中文版），根据该量表评估运动员的心理状态，如表 5-1-6 所示：

表 5-1-6　情绪自评量表①

	不符合	有时符合	常常符合	总是符合
1. 我觉得很难让自己安静下来	0	1	2	3
2. 我感到口干舌燥	0	1	2	3
3. 我好像一点都没有感觉到任何愉快、舒畅	0	1	2	3
4. 我感到呼吸困难（例如，气喘或透不过气来）	0	1	2	3

① Taouk M. LovibondPF, LaubeR. Psychometric properties of a Chinese version of th 21-item depression anxiety stress scale (DASS.21). In Report for New South Wales Transcultural Mental Centre. 2001, Cumberland Hospital: Sydney.

续表

	不符合	有时符合	常常符合	总是符合
5. 我感到很难主动去开始工作	0	1	2	3
6. 我对事情往往做出过敏反应	0	1	2	3
7. 我感到颤抖（例如，手抖）	0	1	2	3
8. 我觉得自己消耗了很多精力	0	1	2	3
9. 我担心一些可能让自己恐慌或出丑的场合	0	1	2	3
10. 我觉得自己对不久的将来没有什么可期盼的	0	1	2	3
11. 我感到忐忑不安	0	1	2	3
12. 我感到很难放松自己	0	1	2	3
13. 我感到忧郁沮丧	0	1	2	3
14. 我无法容忍任何阻碍我继续工作的事情	0	1	2	3
15. 我感到快要崩溃了	0	1	2	3
16. 我对任何事情都不能产生热情	0	1	2	3
17. 我觉得自己不怎么配做人	0	1	2	3
18. 我发觉自己很容易被触怒	0	1	2	3
19. 即使在没有明显的体力活动时，我也感到心律不正常	0	1	2	3
20. 我无缘无故地感到害怕	0	1	2	3
21. 我感到生命毫无意义	0	1	2	3

说明：

1. 题项 1、6、8、11、12、14、18 为压力量表。压力得分≤ 14 分为正常，15~18 分为轻度，19~25 分为中度，26~33 分为重度，≥ 34 分为非常严重。

2. 题项 2、4、7、9、15、19、20 为焦虑量表。焦虑得分≤ 7 分为正常，8~9 分为轻度，10~14 分为中度，15~19 分为重度，≥ 20 分为非常严重。

3. 题项 3、5、10、13、16、17、21 为抑郁量表。抑郁得分≤ 9 分为正常，10~13 分为轻度，14~20 分为中度，21~27 分为重度，≥ 28 分为非常严重。

心理学参考量表反应测试时运动员的心理状态，建议在运动训练周期中，高强度训练阶段后进行测量，了解运动员心理健康情况；或者在发觉运动员明显训练状态不佳、情绪不稳定的时候进行测量，以便评估运动员的心理状态，提前进行必要、科学的心理干预，保障训练效果。

第二节 啦啦操训练计划的制订

运动训练计划是指在运动训练过程中，拟定一个可行且具体的行事指引方案，团队所有人员将根据指引方案内容进行各种技术技巧或体能训练。

现今国内啦啦操队伍存在两种类型：一次性任务队伍和常训队伍。这两种不同类型的队伍任务目标与训练需求不同，则训练计划制订方向也会有所区别。

一、啦啦操训练计划

任何类型的队伍其训练计划种类都应包含阶段性目标、训练地点、训练时间以及详细的训练项目或简要的训练大纲等；其中训练计划可分为专项技术训练计划、体能训练计划、力量训练计划、个体训练计划等。

（一）不同队伍类型的训练规划

1. 一次性任务队伍

（1）常规赛事集训队：从各地啦啦操队伍中遴选人员组队，赛事结束后各人员返回各地啦啦操队伍，恢复正常训练。

（2）单次赛事组队：从其他运动专业中遴选人员组队，赛事结束后，此啦啦操队伍解散，各人员返回各自运动专业并恢复正常训练。

一次性任务队伍训练规划可参考表 5-2-1。

表 5-2-1 一次性任务队伍训练规划参考表

序号	进程	内容
1	制订套路动作框架	根据赛事做出高标准的框架性编排
2	制订第一阶段人员遴选标准	以套路动作中的技术技巧动作作为人员遴选标准

续表

序号	进程	内容
3	第一阶段集训目标制订	因人员组成来自各地队伍，着重整合人员动作标准
4	第一阶段集训目标检视与人员筛选	完成第一阶段集训后进行测试，并筛减未完成目标的人员
5	第二阶段集训目标制订	达成统一标准后，着重于全体完成高标准的套路动作
6	第二阶段集训目标检视与修正套路动作	完成第二阶段集训后，检视人员是否能完整呈现套路动作，若无法顺利完成，则需评估是否降低套路动作标准
7	完成最终成套动作创编及训练	

2. 常训队伍

常训队伍一般包括学校社团、校队、俱乐部。常训队伍训练规划可参考表 5–2–2。

表 5–2–2　常训队伍训练规划参考表

序号	进程	内容
1	制订参与赛事概略	根据年度赛事表，选出预定参与赛事
2	第一阶段常训目标制订	着重提升全体人员水平（含体能、技术动作）
3	第一阶段常训目标检视与重点人员关注	完成第一阶段集训后进行测试，并关注未完成目标的人员
4	第二阶段常训目标制订	达成统一水平后，着重于全体完成高标准的技术技巧动作
5	赛事套路训练	根据日常动作训练，编排合适的套路动作
6	修正套路动作	检视人员是否能完整呈现套路动作，若无法顺利完成，则需评估是否降低套路动作标准
7	参与赛事	
8	赛后恢复	检视赛事动作完成情况，并重新制定目标，重复进程 2—7 的训练规划

啦啦操运动项目与其他单项竞技运动项目的不同之处在于，限定时间内其需要同时展示翻腾动作、转体动作与跳跃、托举、舞蹈技巧等技术技巧动作，

并且啦啦操运动是团体展示项目，人与人之间的动作配合更需要默契及动作熟练、稳定度高。因此在制订训练计划时，需要根据不同队伍的特点，按部就班地进行目标明确且有一定程序的训练。

（二）技巧啦啦操与舞蹈啦啦操专项的核心

技巧啦啦操和舞蹈啦啦操整体套路是由多个技术技巧、多人配合组建而成，在整体训练中爆发力、耐力、专项技术、团队默契缺一不可。但啦啦操专项竞赛表现的核心是评分标准规范下的动作套路。根据裁判法，动作套路的动作难度水平和艺术表现程度综合决定评分。影响啦啦操套路中专项技术的主要因素包括：力量与基础体能、身体核心控制能力、协调性与专项动作能力，如转体、滚翻、手翻、空翻、跳跃、抛接、托举、支撑等。技术技巧操作难易程度按跳跃动作、托举动作、翻腾动作与抛接动作的难度划分，如：直体跳较团身跳容易、直上直下肩位托举较直上直下高位托举容易等。

（三）年度与阶段性训练规划

根据啦啦操的专项特点，在年度训练计划中可以划分为三大阶段、四个时期，每个阶段与时期训练侧重点各有不同，可参阅表 5-2-3。

表 5-2-3　年度训练计划各项阶段时期划分

阶段	准备阶段		比赛阶段	休整阶段
时期	体能力量准备	专项技术准备	赛事准备期	休息调整期

1. 准备阶段

（1）前期：以提升运动员基础体能、肌肉力量、核心控制能力为主，专项技术为辅（表 5-2-4）。

表 5-2-4　技术体能力量与专项技术所占比例参考

阶段	准备阶段	
时期	体能力量准备期	专项技术准备期
百分比（%）	70%	30%
训练项目	杠铃负重、定时跑、核心力量、多级跳等	基础技术技巧动作 基础肢体形体训练

（2）中期：在运动员具有一定体能及力量的基础上，开始着重提升运动员基础技术和技巧动作的稳定度，以及运动员之间的默契配合程度。

维持此时期的体能力量，并由基础体能力量训练转为专项技术技巧所需的专项体能力量训练（表 5-2-5）。

表 5-2-5　技术体能力量与专项技术所占比例参考

阶段	准备阶段	
时期	体能力量准备期	专项技术准备期
百分比（%）	50%	50%
训练项目	折返跑、倒立行走，连续 5 个团身空翻等	基础技术技巧加入转体或空翻变化

（3）后期：这个时期对于专项技术训练的负荷会有所提升，而日常的体能力量训练则作为辅助（表 5-2-6）。

表 5-2-6　技术体能力量与专项技术所占比例参考

阶段	准备阶段	
时期	体能力量准备期	专项技术准备期
百分比（%）	30%	70%
训练项目	击掌俯卧撑 30 次 5 组 开合跳 200 次 3 组等	比赛用技术技巧动作训练

啦啦操中所有技术技巧动作都可以依照技术技巧操作难易程度逐一划分学习进度，而且运动员也确实需要循序渐进地学习新动作，如果是跳跃式地学习新动作，容易造成动作基础技术不扎实而导致运动伤害的风险提高。

2. 比赛阶段

这个阶段属于比赛套路稳定与优化训练阶段，通过套路重复训练，提升套路表现质量。

（1）前期：赛事准备前期，多半处于动作组合磨练以及交互搭配训练阶段，因此对于体能力量与专项技术要求负荷各为 50%，同时保障运动员身体能力平衡并维持专项技术的精进，可以采用有针对性的半套或全套训练方法（表 5-2-7）。

表 5-2-7 技术体能力量与专项技术所占比例参考

阶段	比赛阶段	
时期	赛事准备期	
百分比（%）	体能力量 50%	专项技术 50%
训练项目	短跑反复冲刺 套路动作组合、半套	赛事套路 专项技术组合

（2）中期：这个时期技术组合逐渐成熟，对于技术组合训练的时间和负荷也会逐渐增加，因此对于体能和专项技术组合的训练比例也应有所调整，体能占比 30%，专项技术组合占比 70%（表 5-2-8）。

表 5-2-8 技术体能力量与专项技术所占比例参考

阶段	比赛阶段	
时期	赛事准备期	
百分比（%）	体能力量 30%	专项技术 70%
训练项目	慢跑 3 000 m 通过套路动作组合维持 心肺有氧功能	专项技术段落组合 半套、全套反复间歇训练

（3）后期：这个时期技术组合已大致成型，队伍的训练模式也需要逐渐调整，增加专项技术组合的训练时间，体能占比 20%，专项技术组合占比 80%（表 5-2-9）。

表 5-2-9 技术体能力量与专项技术所占比例参考

阶段	比赛阶段	
时期	赛事准备期	
百分比（%）	体能力量 20%	专项技术 80%
训练项目	快速力量与爆发力，套路动作成组。维持心肺有氧功能	专项技术目标全套组合、反复间歇训练

3. 休整阶段

经历过前两个阶段，此时运动员的身心正处于疲惫的状态，需要一定时间的休息调整，备足精气神等待下一个阶段的能力提升。

（四）各项训练计划安排

1. 专项技术训练计划

在专项技术训练安排中，教练员需熟知每一项技术技巧动作的难度系数划分，并依据运动员能力对训练计划按级进阶，如表 5-2-10 所示。

表 5-2-10　专项技术进阶参考表

序号	原始动作项目	进阶	提升动作项目
1	前滚翻	→	倒立前滚翻
2	后滚翻	→	后滚翻成倒立
3	水平姿态预备位屈臂托举	→	水平姿态预备位直臂托举
4	平转一周	→	单足吸腿立转一周
5	分腿跳	→	屈体分腿跳

2. 体能训练计划

在完成一个套路后，运动员的心率会从平缓的 60～100 bpm 急剧变化到 160～200 bpm，同时全身肌肉疲乏的恢复速度也会有所变化。

因此教练员可以在训练前期对运动员进行体能检测并归档记录，在集训中和集训后再次检测、查看是否达成预期目标（表 5-2-11）。

表 5-2-11　体能训练检测参考表

序号	检测项目	当前	提升	目标
1	心率	完成套路后心率 200 bpm 需要 2 min 缓和	→	完成套路后心率 160 bpm 需要 1 min 缓和
2	肌肉耐力	单足立踵平衡 30 s	→	单足立踵平衡 60 s
3	心肺有氧	10 min 完成 3 000 m 慢跑	→	8 分钟完成 3 000 m 慢跑

3. 力量训练计划

啦啦操的技术技巧动作需要肌肉爆发力与耐力的互相协调才能完成，因此教练员也可以对运动员进行前期检测，并在训练过程中监测是否达成预期目标（表 5–2–12）。

表 5–2–12　力量训练检测参考表

序号	检测项目	当前	提升	目标
1	肌肉爆发力	单次跳高离地高度 20 cm	→	单次跳高离地高度 40 cm
2	肌肉耐力	1 min 内完成 15 个反复托举（跳跃）动作	→	1 min 内完成 25 个反复托举（跳跃）动作

4. 个体训练计划

无论是何种类型的队伍，在群体中每个个体的能力并非全面均衡发展，而是各有差异。个体训练计划是有针对性地解决训练问题的重要部分。个体训练计划应根据具体情况进行设计与安排。

（五）训练课表安排

周训练课表安排可参考表 5–2–13（训练时间计划均依据具体情况而定）。

表 5–2–13　周训练课表安排参考

队伍类型	参考内容						
	周一	周二	周三	周四	周五	周六	周日
一次性任务常规赛事集训队	专项技术 力量训练	专项技术	专项技术 个体训练	专项技术	专项技术 体能训练	体能训练 力量训练	休息
一次性任务单次赛事集训队	专项技术 力量训练	专项技术	专项技术 个体训练	专项技术	专项技术 体能训练	休息	休息
常训队伍社团、俱乐部类型	专项技术 力量训练	专项技术	专项技术 个体训练	专项技术	专项技术 体能训练	体能训练 力量训练	休息
常训队伍校队类型	专项技术 力量训练	专项技术	专项技术 个体训练	专项技术	专项技术 体能训练	体能训练 力量训练	休息
备注	1. 假设常训队伍（社团、俱乐部类型）每日训练时间为 90 min。 2. 假设常训队伍（校队类型）每日训练时间为 2.5 h。 3. 假设一次性任务常规赛事集训队为全天候训练 5～8 h。 4. 假设一次性任务单次赛事集训队训练时间为 3～4 h。						

二、啦啦操参赛训练计划

（一）竞赛目标设计与训练重点问题

1. 竞赛目标设计

啦啦操全年举办赛事种类众多，如表 5-2-14 所示，包括全国各分站联赛、总决赛、境外赛事以及最高级别的世界锦标赛等。

表 5-2-14　2019—2020 年啦啦操赛事与活动

序号	日期	赛事	地点
1	2019/03/04	意大利国际啦啦操锦标赛	意大利安科纳
2	2019/04/17	全国啦啦操联赛（青岛站）	山东青岛
3	2019/05/25	全国啦啦操联赛（清华大学站）	北京
4	2019/06/16	中国（南昌）青少年啦啦操精英赛	江西南昌
5	2019/10/31	亚洲啦啦操锦标赛暨亚太啦啦操公开赛	广东深圳
6	2020/01/16	全国啦啦操联赛（广州站）	广东广州
7	2020/04/16	世界啦啦操锦标赛	美国奥兰多
8	2020/08/15	中国（南京）啦啦操公开赛	江苏南京
9	2020/09/10	2020 年全国啦啦操运动员等级训练营—郑州站	河南郑州

对于任何类型的队伍来说，都需要根据参赛任务自定一个团队竞赛目标，而目标设定可从动作难度、竞赛名次、套路动作、竞技水平与重点训练要求等方面考虑。

2. 动作难度目标设定

动作难度的目标设计可考虑技术技巧能力提升，例如，初期时运动员只能做到单一侧手翻、单一后软翻，给予明确目标以及结合阶段性训练，提升运动员技术技巧能力，使其完成侧手翻接后软翻。技术技巧能力的提升需要遵循循序渐进的训练原则。如表 5-2-15 所示。

表 5-2-15 技术技巧进阶目标参考表

序号	原始动作项目	进阶	提升动作项目
1	前滚翻	→	倒立前滚翻
2	后滚翻	→	后滚翻成倒立
3	水平姿态预备位屈臂托举	→	水平姿态预备位直臂托举
4	肩位托举	→	高位托举
5	高位托举	→	转体上法进入肩位托举
6	双脚并腿立踵	→	单足吸腿平衡
7	单足吸腿平衡	→	单足吸腿立踵
8	单足吸腿立踵	→	单足吸腿转体一周
9	分腿跳	→	屈体分腿跳

3. 竞赛名次目标设定

设定名次提升的目标，不仅是要求运动员能力的提升，同时也是要求教练员的成套编排水平、教学水准的提升（表 5-2-16）。

表 5-2-16 赛事进阶目标参考表

序号	原始赛事名次	进阶	挑战赛事项目
1	区、市级赛事二等奖	→	区、市级赛事一等奖
2	区、市级赛事冠军	→	全国等级赛事冠军
3	全国等级赛事冠军	→	各国举办国际公开赛前三或冠军
4	国际公开赛	→	世界锦标赛前三或冠军

4. 套路动作目标设计

主要是根据本队伍在该区域或全国的技术水平层级及其他竞赛队伍水平的相关资料，在编排内容以及技术能力上作出的优胜目标设计或自身队伍的水平提升目标设计。

5. 竞技水平与重点训练要求目标设计

目前国内赛事除青年组分为高水平组、体育院系组、普通院系组和高职高专组之外，其余组别皆以年龄作为划分。

境外赛事除世界啦啦操锦标赛中的国家组为全球最高等级赛事之外，其余境外公开赛或俱乐部组级别的赛事均为该主办地区最高等级赛事。

通过赛事级别、组别的分类，对于队伍的竞赛目标也可以作出明确的设定，如某队伍现今水平为该县市第一，则可以设定目标为参与该省级别的分站赛，并取得优异成绩。

逐渐提升参赛水平以及挑战高一层级的赛事，借此提升队伍的竞技水平能力以及获得省内外或境内外不同的赛事经验，也能够提升教练员编排、训练的能力。

有明确的目标和时间设定，可使运动员提升技术水平和心理抗压能力，即使运动员在限定时间内并未达成技术技巧的能力提升，但也可因此获得相应的身体能力成长和心理成长。

（二）团队精神培养与心理状态控制

良好的团队凝聚力除了体现队伍精神与特色文化之外，也能在个人或队伍遇到挫折时，体现出良好的自我修复能力和支撑力。而缺乏凝聚力的团队，则容易被不良的心理状态感染，造成团队士气低落。因此，教练员需要格外重视团队的凝聚力培养，营造互帮互助的氛围，帮助运动员建立积极的心理状态。

（三）啦啦操参赛程序准备与啦啦操竞赛礼仪

1. 参赛程序准备

参赛队伍应根据赛事组委会的要求组织报名参赛，一般参赛的准备程序如下：

（1）汇报单位或学校领导。

（2）制定与提交参赛人员名单。

（3）提交参赛相关文件。

（4）制订赛事训练日程计划。

（5）制定出行方式与集体行动时间表。

（6）安排后勤与装备运输。

（7）检查赛前准备流程。

2. 竞赛礼仪

竞赛礼仪是竞赛文化修养的重要体现，一支优秀的队伍应当在场地、环境、人际交流等各个方面有良好的礼仪表现。

（1）尊重场地、环境规则。运动员应当对使用的场馆、训练场地和途经环境保持尊重并自觉维护环境卫生，有了良好的场馆设施与环境，才能保障运动员的安全训练和正常比赛。

（2）友善的人际交流。在参赛过程中，无论在竞赛场地上或在前往赛事场地的路途中，遇见其他带队教练员或其他队伍的运动员时，应保持礼貌、友善的态度；在赛事结束后，如有交流机会，也应当相互交流彼此的学习经验，而非相互指责或抱怨。

（3）尊重裁判。成套动作展示完毕后，无论最终得分、成绩或名次是否符合教练员及运动员的心理预期目标，都应当尊重裁判的专业评价，并虚心受教。

若出现争议评价，也应当冷静面对，并向裁判长及仲裁委员虚心求教，而非强词夺理或无礼争吵。

（4）上下场的文明礼仪表现。所有运动员在成套动作展示前的上场与展示完毕的下场，均能体现团队礼仪及运动员文明素养。

在准备区域热身后，上场前应保持安静，并快速列队，整齐有序地跟随赛事工作人员抵达上场预备位置，其间不大声喧哗、嬉戏玩耍，影响场上表演队伍。

在预备等待过程中，若场上表演队伍发生失误或意外中断成套动作展示，应为其加油打气。

完成动作展示后，下场前应快速检视场地上是否有本队的表演道具或队员脱落的物品，并快速拾起带离场地，避免影响后续队伍的表演以及安全。

第二节　啦啦操训练原则与方法

啦啦操训练的原则是训练行为的指导准则，主要包括循序渐进安全第一原则、指向性强化训练原则、专项技能与体能相结合原则及目标整合训练优化原则。啦啦操训练方法是达成训练目标所采用的方式、方法，与训练原则一起，保障训练活动科学、有序进行。

一、啦啦操训练的原则

运动训练原则是人们在运动训练活动中所遵循的基本准则，正确认识啦啦操项目的特征和运动员竞技能力的变化规律，是确立啦啦操训练原则的基本依据。啦啦操训练主要遵循以下几项基本原则。

（一）循序渐进安全第一原则

1. 概念

循序渐进安全第一原则是指啦啦操训练遵循从由低到高、由简到繁、由易到难的发展规律，严格按照分项目、分级别的特点，安排与运动员竞技能力相当的技术技巧动作进行练习的原则。

2. 要点

（1）循序渐进，科学地制订训练计划，系统地进行练习活动。

（2）一切训练活动都要遵循安全第一的理念，在保障运动员安全的情况下进行。这就要求教练业务能力强，场地专业，且有严格的保护措施。

（二）指向性强化训练原则

1. 概念

指向性强化训练原则是指有明确的目标和针对该目标的训练方法，根据具体的赛事目标，强化运动员的竞技能力，最终使其获得优异竞赛成绩的原则。

2. 要点

（1）赛事目标要具体，训练的节奏要以赛事时间为基准，训练的量和强度以竞赛成绩目标为依据。

（2）科学、合理地安排赛事之间的间歇和调整，明确多个赛事的主次关系。

（三）专项技能与体能训练相结合原则

1. 概念

专项技能与体能训练相结合原则是指在啦啦操运动训练过程中，要根据项目特征、对象水平和训练的不同时期、不同阶段的任务，将专项技能与体能训练有机结合起来的原则。

2. 要点

（1）重视专项技能和体能训练相结合。

（2）根据运动员训练水平、啦啦操项目特点和各时期任务、要求，科学确定训练内容和比例。

（3）体能训练内容和手段的选择既要全面，又要结合专项需求，突出重点。

（四）目标整合训练优化原则

1. 概念

啦啦操训练由不同类别的技术技巧动作、操化动作共同组成，对运动员身体能力提出更加综合性的要求。目标整合训练优化原则是指将不同层次、不同类别的啦啦操训练内容有机融合，按照训练目标的要求，优化训练过程，提高训练效率的原则。

2. 要点

（1）将训练内容按照类别分成小的模块，如跳跃类、金字塔类，每类内容达成各自的目标。

（2）整合训练的各个模块，注意将各模块的训练穿插进行，避免过度疲劳。

（3）保障整合后的训练节奏，提升训练效率。

二、啦啦操体能训练方法

（一）通用体能训练

1. 力量素质训练法

力量素质是人的机体或机体的某一部分肌肉工作（收缩和舒张）时克服内外阻力的能力。针对肌肉提高克服内外阻力能力而进行的训练法称为力量素质训练法。力量素质训练法主要包括爆发力训练、最大力量训练、力量耐力训练、核心力量训练，训练过程中要注意根据相关的训练标准，训练时域应有 8～12 周，以保障训练的有效性。

（1）爆发力训练。使肌肉在最短时间内能发挥最大力量能力的训练方法。

一般采用小重量（最大负荷的 30% 左右）、快速度的练习方法，每组 10～20 次，每次训练以 3～6 组为宜。

（2）最大力量训练。最大力量，又称绝对力量，是用最大力量克服阻力的能力。

① 重复训练法，具体做法为：完成 6～8 组动作，每组 2～6 次，组间休 3

分钟，负荷强度为最大力量的70%～90%。

② 举杠铃，主要是采用克服大阻力（最大力量的80%以上强度），重复次数少的练习。

（3）力量耐力训练。力量耐力是指肌肉长时间克服阻力的能力。

可通过中等强度的中距离跑来锻炼力量耐力。这个训练阶段人体处于有氧为主代谢供能状态，人体有充足的氧气供血液循环使用。在这种训练中，心率应控制在最大心率的75%～85%。

（4）核心力量训练。针对人体核心区域（肩关节以下、髋关节以上包括骨盆在内的区域）进行的提高肌肉工作（收缩和舒张）时克服内外阻力能力的训练。

反向卷腹，20次一组，完成三组，组间休息1分钟，以此类推还可做快速两头起、仰卧两头起、背肌两头起、静力支撑、仰卧举腿、仰卧起坐、仰卧提腿摆动、仰卧单车、侧卧提臀、悬垂举腿等形式的核心力量训练。

（5）综合性力量训练形式（参考）。

① 振动力量训练。使人体接受机械性刺激时产生有节奏的生物学反应而进行的训练。

针对底座男运动员爆发力和最大力量的振动力量训练方案：振动频率为15～25 Hz，振幅为2～6 mm，采取局部和全身刺激（根据训练动作的需要）。

针对核心稳定性，参考振动频率为25～35 Hz，振幅为3～7 mm。振动训练的形式可选择在振动台上完成负重半蹲（负荷＞80%×1 RM）、负重全蹲（负荷＞70%×1 RM）、负重单脚站立（负荷30 kg）、平板支撑（双手固定在振动台，下肢单脚和双脚支撑，交替进行）或负重弓步支撑（负荷＞50%×1 RM）。实际训练过程中，需密切关注运动员对刺激频率、振幅的承受能力，通过运动员的感受反馈进行调整。

② TRX悬吊训练（Total Resistance Exercise）。悬吊训练，又称“全身阻抗力锻炼”，指以不稳定状态为前提的一种训练法，可以增强身体平衡能力，以及提升神经肌肉控制能力，确保身体核心肌肉力量获得进一步发展，从而让各关节能够灵敏活动，防止出现运动损伤。

TRX悬吊训练方法，即所有的动作设计都与TRX悬吊带相关，采用重复训练法和循环训练法，每节训练课进行4～5个动作训练，结合啦啦操专项核心力量练习，采用大小肌肉群同时训练的原则进行TRX悬吊训练，如悬吊双腿平板支撑、悬吊双腿 V 型支撑、悬吊单肘并腿侧撑、悬吊双腿仰卧起坐等针对核心力量练习的方式。

③ 波速球（BOSU）训练。利用波速球制造不稳定性状态，有效地提高力量、平衡感、核心力量、有氧耐力。

a. 动力性训练。

V 字折叠伸展动作：臀部与波速球的半球面中间位置接触，保持身体稳定，双腿微屈，腹部收紧，双手放在波速球上，向心收缩时大腿面尽量靠近身体的上半身，离心收缩时慢慢放回。注意头部和颈部尽量处于静止状态，整个过程不要过快完成，避免依靠惯性完成动作。

V 字交替扭转卷腹：仰卧在波速球上（臀部与半球接触），双臂举过头顶，两腿伸直。发力时身体扭转同时单侧手臂向斜前上方试图触摸对侧脚，顶峰收缩稍作停顿，回到原位，另一侧做相同动作。注意双腿还原时尽量伸直。

波速球俄罗斯转体：轻坐在波速球上，上半身保持自然直立，并微微向后倾。双腿屈膝，双脚全脚掌踩于地面，双手手臂向前自然伸直，上半身向左右方向缓慢转动。注意双脚踩实地面，不要离开地面。

b. 静力性训练。

跪姿平衡：双膝跪在半球上，保持身体平衡，双脚离开地面。注意小腿弯曲小于 90°，脚踝绷直。

波速球平板支撑：采用两个波速球，一正一反，手肘支撑在半球一侧，脚支撑在平底一侧，身体保持一条直线。注意身体不要塌腰。

波速球侧撑：身体侧撑在波速球的半球面，支撑手臂呈弯曲状，另一只直臂向上。注意侧腰要挺直，不要塌陷。

2. 平衡素质训练法

平衡素质是肌体抵抗破坏平衡的外力，以保持身体的完整性和对称性，使全身处于稳定状态的能力。平衡素质包括静力平衡素质与动力平衡素质。

（1）静力平衡素质。使人体重心和姿势保持相对静止的静态姿势的能力。

可练习单脚站立、前脚掌支撑站立、半蹲等。

（2）动力平衡素质。在运动的状态下，对人体重心和姿势的调整与控制能力。

可练习走步、前脚掌走、曲线或障碍跑、在较窄的平衡板上行走、原地转圈后停下来等。

（3）综合性平衡练习形式。

① 平衡盘。利用平衡盘制造不稳定状态以增加身体保持平衡难度的训练方法。

单个平衡盘并腿站立双手举球蹲起练习：呼气下蹲，吸气起立，在屈膝收髋过程中保持身体重心垂直，尽量减少扭动和晃动。

双平衡盘同肩宽站立：两脚各站立于左右平衡盘上，要求同上。

② 瑞士球。利用瑞士球制造不稳定状态以增加身体保持平衡难度的训练方法。

跪球平衡：站在球后侧双手扶球，双膝顶住球稳定身体，抬起脚跟，保持身体平衡，双脚离地。

平板支撑：俯撑姿势，双手屈肘撑在瑞士球上，保持身体成平板状。

俯身卷腹：双手俯身撑地，双腿放在球上方，保持身体稳定，收腹，有控制地卷起身体抬高臀部。

3. 柔韧素质训练法

柔韧素质是指人体各个关节的活动幅度以及肌肉、肌腱和韧带等软组织的伸展能力。柔韧素质包括静力拉伸素质和动力拉伸素质。

（1）静力拉伸。身体固定，肢体环节固定，以静力保持和缓慢伸拉为主的练习方式。

① 把杆肩拉伸。借助把杆，进行肩关节正、反方向的拉伸。

② 并腿体前屈。

③ 分腿体前屈。

④ 三面叉。左纵叉、右纵叉、横叉。

（2）动力拉伸。是指按照一种有节奏的、速度较快的、多次重复同一动作的拉伸练习。

① 上肢柔韧的动力拉伸训练。可采取双手直臂握绳进行正、反方向的转肩练习。

② 躯干柔韧的动力拉伸训练。

站立后仰甩腰：双脚开立，上体后仰，向下甩腰，也可单手扶把杆进行练习，以保持身体稳定性。

③ 下肢柔韧的动力拉伸训练。进行原地或行进间踢腿训练。

（3）本体感觉肌肉促进拉伸法。是一种神经－肌肉本体促进的拉伸方法，通过反牵张反射，促使肌肉放松。肌肉在做等长收缩时，腱梭将刺激信号传入神经中枢，使肌肉放松并产生反牵张反射。

第一步，静态拉伸肌肉约30秒，第二步，让目标肌肉主动收缩发力对抗6~8秒，第三步，继续静态伸展约30秒。

4. 耐力素质训练法

耐力素质是机体在一定时间内保持特定强度负荷或动作质量的能力，耐力素质包括有氧耐力素质和无氧耐力素质。

（1）有氧耐力素质。机体长时间进行有氧供能的工作能力。

持续训练法可提高有氧耐力，特点是负荷强度较低，负荷时间较长，无间断地连续进行练习，练习时，平均负荷心率指标应在每分钟130~170次。

（2）无氧耐力素质。机体以无氧代谢为主要供能形式，坚持较长时间工作的能力。

采用反复的大强度练习或专项比赛负荷的练习，如400米跑、成套动作重复练习、连续大踢腿练习等。

高强度间歇训练法（HIIT），这是发展糖酵解供能系统的供能能力、磷酸盐与糖酵解供能混合代谢系统的供能能力的一种重要的训练方法。每个训练单元持续的时间较短（大约在40秒以内），负荷强度大，在训练中心率常在190次/分左右，间歇时间很不充分，在心率恢复到120次/分的时候开始下一个单元的训练。

（二）专项体能训练

专项体能指运动员在某专项中表现出来的身体综合能力。这种能力与运动员的机体形态结构、各器官的机能水平、该领域运动素质水平、能量物质储存能力、心理因素以及外界环境等都有很大关系，是运动员能否在专项竞技运动比赛中取得优异成绩的关键因素。

啦啦操专项包含了技巧啦啦操和舞蹈啦啦操，技术技巧动作包含翻腾、托举、金字塔、抛接、跳跃、平衡与柔韧，对体能的要求有很强的专项特征，将专项体能分为力量、平衡、耐力和柔韧四大部分，在此介绍几种行之有效的训练方法。

1. 专项力量训练

（1）底座反复托举尖子的最大力量练习。对于底座运动员来说，最有效的专项力量练习方式，需要在精力相对充沛，注意力高度集中的情况下进行练习。

① 尖子运动员跨坐在底座运动员颈部，底座运动员进行腿部力量练习。

底座运动员腿部力量练习

② 尖子运动员站于底座运动员手掌，底座运动员反复完成托举尖子运动员的动作，进行全身力量练习。

底座运动员全身力量练习

（2）啦啦操标准手位的负重练习。将啦啦操标准手位编制成组合形式，配合特定节奏的音乐进行负重练习，音乐的速度可以由慢到快，逐渐增加强度。

（3）反复负重踢腿练习。腿部负重的踢腿练习，可以重拍落在踢腿上举的动作，也可以重拍落在上举后收腿的动作，重复训练，强化腿部肌肉力量。

（4）连续跳跃组合练习。将啦啦操原地跳跃动作编成连跳组合动作，进行连续跳跃组合练习，中间可规定间歇时间，在机体不完全恢复的情况下反复练习。

2. 专项平衡训练

（1）尖子单脚稳定性练习。尖子单脚固定姿态站在平衡垫上进行两个8拍的平衡练习，或进行姿态变换的练习（可以一个8拍换一种姿态，保持单脚站立）。

（2）立踵平衡练习。以前脚掌着地，脚跟提至最高点，保持核心收紧，两个8拍或以上的身体稳定性练习。

（3）连续转体练习。单独完成连续转体动作，或将连续转体动作编排到操化组合中一起练习，可以选择配合音乐完成。

3. 专项耐力训练

（1）高质量半套动作间歇性练习。完成完整的半套比赛套路动作，包含所有技术技巧动作，要求每个技术技巧动作高质量完成，对间歇时间进行严格规定，机体在不完全恢复的情况下进行下一次练习。

（2）完整成套动作练习。完成完整的成套动作的练习，包含所有技术技巧动作，要求操化动作、技术技巧动作按照比赛的要求完成。

（3）有针对性的成套动作重复练习。将成套动作分为操化成套（只完成操化部分，不包含技术技巧）、操化加托举、金字塔成套（完成操化的同时，加上托举和金字塔部分）、操化加跳跃动作成套、操化加平衡转体动作等，目的在于有针对性地在成套动作中，提升某一部分技术技巧动作的质量，同时锻炼成套耐力素质。

4. 专项柔韧训练

（1）弹力带踢腿练习。脚部加弹力带进行的前、旁、后或横劈腿的踢腿练习，借助弹力带的力量加强柔韧素质。

（2）抱腿、控腿练习。前、旁、后的控腿或抱腿练习，可借助把杆和墙壁加强稳定性，要求保证腿部高度的同时，保持膝关节伸直和绷脚尖状态。

（3）甩腰练习。有人辅助或者自己进行下腰再起身的腰部柔韧练习，练习要在完全热身活动之后进行。

（4）转肩练习。直臂抓木棍或绳子，进行从身前绕至身后的转肩练习，随着肩部柔韧的改善，两手握距越来越小。

弹力带踢腿练习　抱腿、控腿练习

甩腰练习　过肩练习

三、啦啦操专项技能训练方法

（一）抛接与金字塔训练方法

1. 抛感训练法

抛感训练法是指通过连续小抛颠轿和“升降电梯法”，来使肌肉反复收缩完成大量的发力一致性训练。练习时体会抛出的发力顺序、力的速度、大小和方向，提升轿子弹性、磨合底座之间、底座与尖子间的配合。

示例：尖子由底座从低位开始抛至空中姿态的造型或翻转、转体动作后，再由底座接住的动作过程。抛接过程为“抛、空中姿态、下落、接”四个步骤。常见的如篮抛、海绵抛。

2. 小蹦床训练法

小蹦床训练法是指利用蹦床的弹性，练习抛接空中动作的练习方法，一般由尖子队员参与训练。练习时控制躯体空中姿态变化、把握平衡状态，加强空中身体协调能力，提高肌肉精细控制能力，促进感知觉协调。

示例：在蹦床上单独或连续完成团身跳、分腿跳、并腿屈体跳、空转、空翻等动作。

3. 替代训练

替代训练是指借助辅助替代物代替尖子进行抛接的训练。可提高抛接的方向感和均衡性，是保护尖子安全，提高练习效率的有效方法，也是磨合多底座抛接动作配合的方法。

示例：从徒手下压模仿用力法，逐渐过渡到抛物体，替代物可用沙包、海绵棒等，观察替代物在动作过程中的稳定性和出手后替代物的运动路线，及时调整下一次用力的大小、方向、先后顺序和均衡度。随着练习的进程可逐渐增加替代物的重量和体积。

（二）跳跃类动作训练法

跳跃类动作按照动作幅度大小可分为：小跳、中跳、大跳；按照位移方式可分为：原地类、移动类和转体类。跳跃类动作对腿部力量要求较高，在保证腾空时间的同时，还要求身体姿态要准确、优美。

1. 小跳训练

小跳练习时，侧重脚部弹性推地，轻盈落地，以及整个过程中脚尖的感觉。练习初期，可以采用把杆辅助的形式，遵照先双脚、后单脚跳跃的顺序练习，以逐渐增强腿部力量和身体控制。

扶把双脚小跳练习

扶把单脚小跳练习

离把双脚小跳练习

离把单脚小跳练习

加手臂小跳强化训练

2. 中跳训练

中跳练习要在小跳姿态控制准确的基础上进行，是小跳发展到大跳的过渡训练，通过各种原地垂直或舞姿跳跃训练，强化身体控制能力，要求一定的跳跃高度以完成空中舞姿。

双起双落一位中跳

双起双落横劈腿开合跳练习

双起单落横劈腿开合跳练习

双起双落纵劈腿开合跳练习

双起单落纵劈腿开合跳练习

3. 大跳训练

大跳在腿部力量的基础上，对腰背肌的力量也提出了很高的要求，需要全身动作的舒展性、协调性。训练时要同时协调好大腿内外侧肌肉、膝关节和脚背的关系，同时注重背肌、头顶的控制，使动作整体向上爆发，体现出动作的弹性和美感。

分腿跳双人辅助练习　分腿跳器械辅助练习　独立分腿跳练习　行进间横劈腿跳辅助练习　行进间横劈腿跳练习　行进间纵劈腿跳辅助练习　行进间纵劈腿跳练习

（三）平衡与柔韧类动作训练法

花球、爵士啦啦操平衡与柔韧类动作内容较多，特选择具有代表性的动作，进行训练方法的介绍。

1. 压腿

压腿是提高柔韧能力的重要途径之一，在练习中可以运用多种形式进行压腿训练。

2. 踢腿

在练习完整踢腿练习前，可通过小踢腿练习感受动力腿离开地面时脚尖延伸与膝盖所形成的对抗性力量，作为大踢腿练习的基础训练，踢腿练习的角度随队员能力的增强由 25°—45°—90°—180° 逐渐增大。

3. 抱腿

抱腿技术建立在扎实的压腿和踢腿训练的基础上，通过上下肢协调配合进行，是平衡与柔韧的综合展示，练习初期可以通过踢腿同时手轻触小腿或踝关节的上下肢配合练习来增加手臂与腿的同步配合，随后进行抱腿和抱腿立半脚尖的练习。

初级把杆练习　动力性地面练习

静力性地面练习　小踢腿练习

大踢腿练习　行进间练习

上下肢同步练习　抱腿强化训练

4. 控腿

控腿是队员柔韧与力量的综合表现，练习初期建议在把杆上完成由低到高的辅助控腿练习，逐渐过渡到脱离把杆控腿练习。并通过不同形式的控腿练习，提高队员的控制能力（图 5-3-1 至图 5-3-3）。

图 5-3-1　前控腿

图 5-3-2　旁控腿

图 5-3-3　后控腿

肩的练习

5. 肩的练习

肩膀是手臂技术展现的基础，尤其是在爵士啦啦操中，肩部的柔韧在造型及技巧上肢动作多样性变化方面起到至关重要的作用。

（四）转体类动作训练法

旋转技术训练是一个完整且循序渐进的练习过程，练习初期应从扶把杆练习开始，再从单一练习到连续旋转，由慢速到快速，整个过程都是建立在一个系统的完备的训练基础之上。

提踵练习

1. 提踵练习

高提踵是完成旋转类动作的基础，其核心问题是控制身体平衡，踝关节的稳定性则是身体平衡的前提，直接影响旋转动作的稳定性和成功率，因此，提高踝关节力量和稳定性是旋转类技术技巧训练的基础和保障。

留头甩头练习

2. 留头甩头练习

留头甩头是旋转技术训练的基础环节之一，在连续旋转中能够起到辨别方向、稳定平衡、增加旋转圈数的作用。

平转练习

3. 平转练习

把杆平转练习时，双脚外开，半脚尖立，脚跟内旋，双手扶把杆，每次转体 180° 留头甩头。

离把练习

4. 离把练习

练习初期同把杆上练习一样先转 180° 再转 180° ，熟练后进行 360° 完整练习，单个动作熟练后，进行连贯练习。

5. 四位转的练习

在完成四位转技术动作之前，应先完成一系列非转体辅助技术的准备练习。

（1）双手扶把杆蹲起，单足吸腿立踵练习。

（2）单手扶把杆蹲起，单足吸腿立踵练习。

（3）脱离把杆蹲起，单足吸腿立踵练习。

（4）双手扶把杆四位转练习。

（5）单手扶把杆四位转练习。

（6）脱离把杆四位转练习。

6. 挥鞭转的练习

挥鞭转是在四位转练习基础上的加强与提高，除进行四位转准备练习外，还包括挥鞭转的专门性练习。

（1）双手扶把杆摆腿练习。

（2）单手扶把杆摆腿练习。

（3）双手扶把杆连续蹲，库佩立练习。

（4）单手扶把杆连续蹲，库佩立练习。

（5）双手扶把杆连续蹲，库佩立转练习。

（6）单手扶把杆连续蹲，库佩立转练习。

（7）双手扶把杆挥鞭转练习。

（8）单手扶把杆挥鞭转练习。

（9）脱离把杆挥鞭转练习。

第四节　啦啦操运动防护

啦啦操同其他运动项目一样存在着一定的运动损伤风险。为了有效预防运动损伤的发生，啦啦操运动员应该认真学习与了解啦啦操运动损伤的基本知识，学会自我运动保护的能力。在最初参与啦啦操训练活动时，运动员们需要了解《安全准则和基本要求》内容。本节主要介绍啦啦操运动中可能会出现的运动损伤情况、运动损伤的预防和处理措施等基本知识，为学生更好地学习和了解啦啦操训练的运动防护提供指导，并为后续章节的学习打下良好基础。

一、啦啦操常见运动损伤

随着啦啦操运动水平的快速发展，啦啦操运动形式走向多样化，且技术动作难度越来越高，啦啦操运动员发生损伤的概率也随之提升。因此，了解啦啦操运动损伤的特点和类型，掌握简单的预防、急救以及康复知识是有效减少运动损伤的重要途径。

（一）啦啦操常见运动损伤的分类

啦啦操常见运动损伤可按照损伤特征、损伤部位、病程阶段等进行分类。

通常，根据损伤后皮肤、黏膜完整性可将啦啦操运动损伤分为开放性损伤和闭合性损伤；根据损伤的组织结构可分为肌肉损伤、肌腱损伤、内脏损伤等；根据损伤的轻重程度可分为轻度损伤、中度损伤和重度损伤；根据损伤特征可分为擦伤、裂伤、刺伤、切伤、挫伤、拉伤、扭伤、挤压伤等；根据损伤的部位可分为头颈部损伤、肩部损伤、肘部损伤、手腕部损伤、胸腹盆损伤、腰背部损伤、髋部损伤、膝部损伤、踝足部损伤等。此外，还可以根据损伤发生的时间性将其分为急性运动损伤和慢性运动损伤。

1. 急性运动损伤

急性运动损伤是指一次性发作或外在原因所导致的人体损伤现象，如擦伤、骨裂、骨折、关节脱位、挫伤、扭伤、拉伤等。

2. 慢性运动损伤

慢性运动损伤是指由于长期运动局部过度负荷或多次细微损伤累积而导致的运动损伤，可以引起组织发生结构与功能异常改变，表现为慢性疼痛和功能减退，如髌骨劳损、网球肘等。有些慢性运动损伤是因为急性运动损伤后未及时治疗或治疗不当，病程迁延而转为慢性运动损伤，如慢性肌腱炎、骨膜炎、关节炎等。

（二）啦啦操不同部位的运动损伤

1. 腕关节损伤

腕关节是啦啦操运动损伤的多发部位。在技巧啦啦操中，运动员大量使用腕关节完成各种高难度动作，特别是在完成托举动作时，手腕所承受的负荷较大，如果控制不当或技术要领错误，容易发生手腕过度背伸的挫伤。

腕关节损伤的主要症状：腕背疼痛、握力下降、腕部软弱无力，并出现局部肿胀、皮下淤青等情况，使腕关节活动幅度受限。部分受伤者尺骨头隆起，严重者可能出现腕关节脱位等情况。

2. 踝关节损伤

在啦啦操运动中，踝关节损伤也比较常见。踝关节属于滑车关节，由胫骨及腓骨的远端和距骨三节骨构成，胫骨下关节面、内踝关节面和腓骨外踝关节面共同形成叉状关节窝。啦啦操运动中的技巧动作冲击力较大，如果运动中落地缓冲不当、重心不稳、场地不平或落地时刚好落在两床垫子的接口处，都容易导致踝关节损伤。

踝关节损伤的主要症状：疼痛剧烈，情况严重者会出现局部出血、渗液明显、肿胀等现象。伤后 2~3 天，损伤部位会出现明显的淤血青紫，致使走路疼痛、足部不敢着地。

3. 膝关节损伤

膝关节由胫骨、腓骨、股骨和髌骨构成，在膝关节的周围有髌韧带、外侧副韧带、内侧副韧带，关节囊内有前后交叉韧带和内外侧半月板，结构复杂，在负荷不当的情况下容易发生运动损伤。

在啦啦操运动中，造成膝关节损伤的原因有：落地技术不正确，膝关节局部负荷过大，错误的动作技术和身体姿态，缺乏充分的准备活动或准备活动不正确，身体机能和心理状态不良等。

膝关节损伤的主要症状：疼痛剧烈，严重者会出现局部肿胀、淤血等症状，且膝关节的活动范围受限。若为慢性损伤，则伴随有膝关节的轻微疼痛，在完成动作过程中，膝关节活动也会受到一定限制。

4. 肩关节损伤

肩关节由盂肱、胸锁、肩锁、肩胛胸壁间以及肩峰肱骨间关节等部分组成。啦啦操动作节奏快，肩关节的运动幅度较大，尤其是技巧啦啦操中的托举、篮抛、金字塔、翻腾等动作，如果动作技术要领不正确，或训练方法不当，容易使肩关节发生损伤。

肩关节损伤的主要症状：肩部有不适感，伴有肩部疼痛，并逐步加剧；肩关节活动范围受限，上臂外展或内、外旋转时疼痛加剧。若为慢性损伤，则会出现冈上肌、三角肌和冈下肌肌肉萎缩、无力等症状。

5. 肘关节损伤

肘关节是由肱尺、肱桡和桡尺三个关节构成的复合关节。在啦啦操运动中，肘关节的损伤主要和动作技术、场地、心理等因素有关。

肘关节损伤的主要症状：肘部疼痛剧烈，肘关节的活动受限，有时会出现局部肿胀，若为软组织撕裂，则会出现皮下淤青、肿胀等症状；若为慢性损伤，受伤者在做完准备活动后，疼痛感会减轻或消失，但在重复受伤动作时，疼痛则会重现。

6. 肌肉拉伤

啦啦操运动中的抱腿转、跨跳等动作，对练习者的柔韧性要求较高，如果运动员肌肉的弹性低、柔韧性较差或者准备活动不充分，则容易造成大腿肌群或韧带的拉伤。

肌肉拉伤的主要症状：常伴有撕裂声，疼痛、肿胀、压痛明显，伤处出现收缩畸形，并引起运动功能障碍。

7. 疲劳性骨膜炎

疲劳性骨膜炎多发生在胫骨、腓骨和趾骨等部位。疲劳性骨膜炎的发生，是由于肌肉附着部位的骨膜长期受到牵拉，肌张力过强，使该部分骨膜组织松弛或分离，骨膜淤血、水肿、血管扩张，进而发展成为骨膜炎。通常情况下，长期训练方法不当、训练强度过大、落地缓冲不足等因素，容易使腿部各肌群长期处于过度疲劳状态，从而导致急慢性疲劳性骨膜炎的发生。

疲劳性骨膜炎的主要症状：有典型运动史的运动员患疲劳性骨膜炎时，局部会反复出现疼痛，运动负荷加大时，疼痛明显加重，严重时有刺痛和烧灼感。

（三）啦啦操运动常见损伤原因

在啦啦操教学与训练活动中，教练员和运动员一定要提高对预防运动损伤的重视程度，做足各种准备，尽量避免致伤因素的出现。啦啦操运动常见损伤原因可分为直接原因和间接原因。

1. 直接原因

（1）身体素质较差。啦啦操运动员完成一套高质量的成套动作，需要具备良好的身体素质，包括速度素质、力量素质、柔韧素质、耐力素质与灵敏素质等。啦啦操运动员在练习难度较高的动作前，必须具备完成动作所需的身体素质。比如，在练习翻腾动作时，下肢力量不足容易导致运动员无法保证起跳高度和动作流畅性，从而增加摔伤、扭伤的风险。

（2）动作技术错误。动作技术错误是啦啦操运动常见损伤原因之一。动作技术错误主要是指，运动员动作的发力点或运动路线违背人体正常生理结构，违反运动生物力学原理。比如，在技巧啦啦操的抛接动作中，尖子队员若把握不准起抛动作发力时机，下落时身体松散或偏离仰卧姿势，就会导致重心偏移、动作失衡，造成运动轨迹偏移，容易引发运动损伤。

（3）心理障碍。初次接触技巧啦啦操项目的运动员比较容易出现心理障碍。技巧啦啦操中的托举、抛接和翻腾等动作，具有一定的安全风险，容易给运动员带来心理上的压力，难免会出现犹豫、恐惧、紧张等心理状态。

大部分啦啦操运动员都曾经历过运动损伤。部分运动员虽然经过治疗已完全康复，但是由运动损伤带来的消极心理反应却尚未消除。当运动员重新参加训练或比赛，尤其是重复上次导致受伤的动作时，就会出现焦虑和恐惧心理，从而影响动作的稳定性，容易造成二次损伤。

对于竞赛经验不足的运动员而言，临场的心理负担过重，比赛动机过高，会使自身情绪过于紧张，身体僵硬，缺失信心，动作的准确性和完成质量下降，失误概率上升，从而造成运动损伤。

2. 间接原因

（1）训练控制与教练员因素。

① 统一对待与差异化。啦啦操队中的运动员数量较多，啦啦操教练员们普遍采用全队统一的训练计划来指导运动员训练，难以根据运动员的个体差异进行区别对待，部分能力较弱的运动员可能无法完成高强度的训练内容，运动负荷过高，从而导致运动损伤。

② 训练枯燥与注意力分散。部分教练员制订的训练计划过于枯燥，千篇一律的训练内容会在一定程度上降低运动员参与训练活动的积极性，使他们出现应付式训练、注意力涣散等情况，练习动作时无法全身心投入，从而导致运动损伤的发生。

③ 动作保护与技术要点不准确。在练习动作过程中，教练员若讲解模糊，辅助练习时保护不到位，运动员无法正确理解教练员的指导要点，也容易造成运动损伤。

在日常训练活动中，教练员必须全面提高个人素养，加强教学能力，学习运动损伤相关知识，熟练运用并指导运动员掌握正确的保护与辅助方式，尽量避免运动损伤的发生。

（2）运动环境因素。在啦啦操训练和比赛活动中，场地过硬或地面不够平整，都会对运动员动作的完成产生影响，增加运动损伤发生的概率。啦啦操运动场地应为平坦、防滑、有弹性的专用地垫，专用地垫可以有效减缓啦啦操动作对下肢各关节、软组织的冲击，预防损伤。若训练条件有限，应注意训练场地的平整度、弹性等因素。

季节因素会对运动员的身体机能产生一定影响。秋冬季节天气寒冷，若运动员准备活动不充分，肌肉和韧带容易受到损伤。夏季天气炎热，运动强度过高，机体水分流失过多，容易引起运动员中暑。

二、啦啦操运动损伤的防护措施

（一）运动损伤基本预防措施

1. 充分进行准备活动

准备活动的意义在于，预先调动身体各部位机能，提高中枢神经系统的兴奋性，使身体更加协调、灵活。准备活动的负荷应根据个人身体机能水平、气候条件、场地等因素而定。通常情况下，一般练习者应该结合专项动作，保持5～10分钟心率达到140～160次/分钟的中等强度运动，使身体微微出汗。同时，应注意准备活动与正式训练之间的间隔时间不宜过长，一般5～10分钟，冷天一定要注意保暖。

2. 全面加强身体素质

在练习难度较高的动作之前，应加强身体素质的全面训练，特别是力量训练，从而帮助练习者更好地掌握动作技术，有效预防因动作力量不足造成的运动损伤。

3. 掌握正确动作技术

在啦啦操训练活动中，教练员应注意引导练习者充分理解动作技术要领，建立正确的动作表象，使练习者的动作技术遵循运动生物力学原理，及时纠正错误动作，防止因技术动作错误导致的运动损伤。

4. 有效进行放松训练

啦啦操训练结束后，运动员要进行拉伸、按摩等有效的放松训练，放松训练能够帮助运动员缓解疲劳，促使机体快速恢复，从而预防运动性疲劳导致的运动损伤。

5. 采取心理干预措施

消极的心理因素会影响啦啦操运动员的训练、比赛和生活，在焦虑、恐惧等消极心理状态下训练和比赛，易引发运动损伤。教练员应注重对运动员的心理教育或心理干预，帮助运动员调整心理状态，使其积极面对训练和比赛活动，从而避免运动损伤的发生。

6. 营造良好的运动环境

营造良好的训练环境非常重要，如铺设啦啦操专用地垫，完善辅助训练器材等，为啦啦操运动员营造安全、舒适的训练和比赛环境，既有利于调动运动员的训练积极性，提高训练效果，又能够有效消除安全隐患，预防损伤事故的发生。

（二）运动损伤预防评估

运动损伤预防评估是指预先对运动员的身体状态，运动过程中可能存在的运动风险、消极因素等进行全方位评估，以期最大限度地降低发生运动损伤风险的可能性。

1. 直接因素评估

（1）身体因素评估。如图 5-4-1 所示，根据啦啦操常见运动损伤，可从 FMS 功能性动作筛查、上肢功能评价、躯干功能评价、下肢功能评价等方面

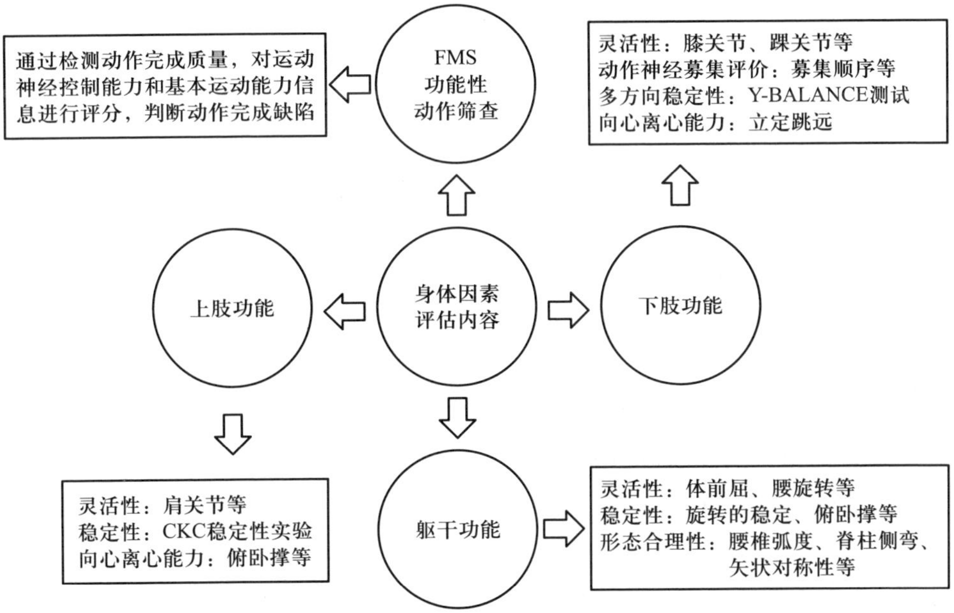

图 5-4-1　身体因素评估内容

进行身体因素评估。

（2）训练因素评估。对运动员参与训练活动时的状况进行评估。在训练活动中，观察运动员的状态，根据运动员的反应来评价是否出现局部负荷过重、运动负荷过大、准备活动不充分和整理活动不当等情况，总结评价训练效果和运动员状态，根据实际情况合理调整训练计划。

（3）动作技术因素评估。对运动员动作技术的学习和掌握程度进行评估，了解训练活动中运动员对动作技术的掌握程度，据此合理选择教学方法，纠正错误动作技术，从而保证训练效率，降低因错误动作技术导致的运动损伤风险。

（4）心理因素评估。导致运动损伤常见的心理因素包括注意力不集中、精神过度紧张、情绪低落或过度兴奋等。对运动员的心理因素进行评估，能够帮助教练员充分认识运动员的性格，有利于教练员合理把控训练节奏，调整训练进程，调动赛前氛围，从而降低消极心理因素造成运动损伤的风险。

2. 间接因素评估预防措施

（1）教练员因素评估。对教练员的教学能力及其制订的训练计划进行评估。教练员应根据运动训练原则对运动员进行教学指导，运用适宜的教学方法，制订科学的训练计划，合理把控训练活动的节奏。

（2）运动环境因素评估。在训练和比赛之前应对运动环境进行评估。严格检查场地和器材，筛查安全隐患，确保运动场地符合训练和比赛要求，若条件有限，则应注意场地的平整度、弹性等因素。

（三）运动损伤的处理与保护措施

1. 运动损伤处理的 RICE 原则

RICE 原则是指处理运动损伤的四个步骤：制动 rest、冷敷 ice、加压 compression、抬高 elevation。

在发生肌肉拉伤、关节扭伤等急性运动损伤时，可采取如图 5-4-2 所示的 RICE 原则进行处理和保护。

2. 运动损伤的处理与保护措施

（1）腕关节损伤的处理与保护。损伤发生后，应即刻停止运动，并对局部进行冷敷。若情况较为严重，出现脱位、骨折等情况，则应请骨科医生进行处理。另外，在治疗期间，可配合中药和推拿等方法进行辅助治疗，以促进伤处恢复。若非脱位、骨折，在受伤 24 小时后，则可进行局部按摩。

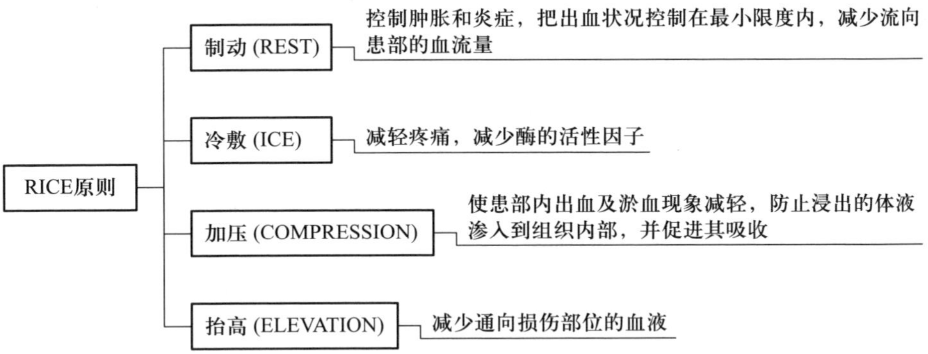

图 5-4-2　急性运动损伤处理的 RICE 原则

（2）踝关节损伤的处理与保护。运动员受伤后，应立即停止训练，并对局部进行冷敷或用冷水冲洗，加压包扎，防止毛细血管扩张继续出血。若有出血症状，则先用拇指按压止血，再检查韧带是否断裂。24 小时后，可采用伤药外敷、针灸、按摩、理疗等方法进行治疗。如果韧带完全断裂，则应急救固定并送医院做进一步治疗。伤后 2～3 周，可进行踝关节功能恢复训练。

（3）膝关节损伤的处理与保护。伤后应立即进行冷敷，若有内出血，则应立刻加压包扎，并抬高患者肢体，以减少出血、肿胀。伤后 1～2 天，可采用理疗、中药外敷、按摩等方法进行辅助治疗。一般情况下，在损伤发生 2～3 周后即可进行恢复训练。

（4）肩关节损伤的处理与保护。若为急性损伤，应立即停止训练，冷敷、加压包扎并请医生进行处理；若为慢性损伤，且急于比赛或训练，则可采取局部封闭 1～2 次的方法进行处理。

急性损伤期过后，即可循序渐进地进行一般性功能练习，辅以理疗、针灸以及局部按摩等措施，促进肩关节功能的恢复。

（5）肘关节损伤的处理与保护。若为急性损伤，应即刻停止运动，冷敷、加压包扎并请医生进行处理；2～3 周后，可以开始进行肘关节的功能恢复训练，并可逐步加大其活动的幅度；慢性损伤则可以采用针灸、理疗、局部按摩等保守治疗的方法进行处理。

（6）肌肉拉伤的处理与保护。肌肉拉伤后，应立刻停止运动，若只出现局部红肿或疼痛，则应立即进行冷敷并请医生进行处理。症状较轻者，在损伤发生24小时后，可改用热毛巾进行局部热敷，并可采用外敷伤药、理疗、按摩等方法，加速组织的再生修复。后期应加强对肌肉功能的恢复训练，可采用按摩、理疗、功能锻炼等方法，并适当辅以药物治疗。

（7）疲劳性骨膜炎的处理与保护。疲劳性骨膜炎属于慢性损伤，在治疗早期，应减少局部负荷，并对损伤部位进行热敷、按摩，运动时可用绷带对损伤部位进行包扎，症状较严重者，则必须用弹力绷带进行包扎。休息时，注意抬高患肢，并请医生辅以中药外敷、按摩、针灸、理疗等恢复措施。

三、啦啦操训练后的整理与恢复

整理活动的基本目的是消除疲劳。训练结束后，由于能量恢复的原因，运动员的各种身体机能状态仍处于较高水平，必须经过一段时间的机能代偿，才能恢复到安静状态。可以通过整理运动来消除疲劳，缓解肌肉酸痛。

恢复是指通过适当的身体活动和适宜的营养补给，帮助运动员在生理和心理上缓解训练和比赛导致的疲劳，促进身体和心理状态的恢复。

恢复过程大致可分为运动后能量代偿阶段和进入内环境稳态平衡的安静状态阶段，运动停止后能量代偿阶段主要表现为中枢兴奋性下降，呼吸、心率减慢等，内环境稳态平衡的安静状态阶段主要表现为呼吸、心率恢复正常等。

（一）训练后的放松练习

放松训练是指使运动员从紧张状态松弛下来的一种练习方法。放松有两层含义，一是指肌肉松弛，二是指消除紧张。放松训练的直接目的是使肌肉放松，最终目的是使整个机体活动水平恢复正常状态并达到心理上的松弛，从而使机体保持正常机能状态。放松方法主要有以下4种。

1. 呼吸放松法

通过深呼吸来进行调整放松。深呼吸是一种简单易行的放松方法，在任意时间、地点都可以进行，一般坐姿、卧姿、站姿都可以，呼吸以深、长、慢为主，要把气吸足、吸饱。一般提倡腹式呼吸，吸气的时候膈肌下降，腹部内敛，呼气的时候膈肌上升，腹部外凸。在做深呼吸时，要将主要精力放在一呼一吸当中，让自己体验呼吸过程中的放松状态。

2. 肌肉放松法

肌肉放松有很多种方法，一般依照原运动形式的低负荷状态过渡到无负荷状态的动力性放松或者肌肉关节牵拉放松的方法进行，按照从大肌肉群到小肌肉群的顺序进行活动。

3. 想象放松法

想象自己身处一个令人放松、愉快的场景中，从而达到身心放松的目的。

4. 自主训练法

自主训练法于 1890 年由德国脑生理学家格特提出，后经舒尔茨修订，并广泛使用。自主训练有沉重感（伴随肌肉放松）、温暖感（伴随血管舒张）、缓慢地呼吸、心脏慢而有节律地跳动、腹部温暖感、额部清凉舒适感 6 种放松程度。在指导下进行缓慢呼吸，由头到脚逐个部位体验沉重感，从而达到全身的放松。具体做法如下：

第一步：先取坐姿，把背部轻轻靠在椅子上；头挺直，稍稍前倾；两脚摆放与肩同宽，脚底紧贴地面，然后两手平放在大腿上；闭目静静地深呼吸三次，排除杂念，把注意力引向两手和大腿的边缘部位；把意念排导在手心。最后，你会感到注意力最先指向的部位会慢慢地产生温觉，然后会渐渐地扩散到手心部位。这时你心里可以反复地默念："静下心来，静下心来，两手就会暖和起来。"

第二步：你若是根据这个要领把注意力放在脚上，你的脚也会感到温暖；一旦两只手、两只脚都真的产生温暖感觉后，你的身心便会感到轻松，头部会感到清爽。自主训练法虽然很简单，但功效却不小，它有助于解除心理紧张、心理压力，增强心理耐力。经过一段自主训练后，人会变得心理松弛和舒畅起来。再经过进一步练习，会更加熟练，并达到运用自如的程度，这样即使离开安静的环境，在步行、乘车或工作时，也可以抽出时间做一做，能使人在日常生活中，常葆心理松弛、心情舒畅的状态。

（二）运动性疲劳的缓解

运动性疲劳是指人体运动到一定阶段，运动能力及身体功能暂时下降的现象。缓解运动性疲劳主要有如下的方法：

1. 通过科学的训练安排缓解疲劳

科学化的训练能使身体机能得到全面提高，出现疲劳状态时，科学的训练安排也能加快疲劳的消除。

（1）合理安排恢复时间。训练课中的恢复时间应根据运动负荷的性质、大小以及训练者的恢复能力来确定。

（2）将积极性恢复手段融入训练中。进行剧烈运动时，机体需氧量大大超过最大摄氧量，从而造成供能物质的无氧分解，产生乳酸堆积，导致机体疲劳。因此，采取适宜的呼吸频率和较大的呼吸深度，加大机体的摄氧量，有效提高氧的利用率，是有效消除乳酸堆积的可行办法。

（3）变换训练内容。安排小强度运动进行积极性休息也是机体恢复的一种重要手段。采用减量训练的方法，即在大负荷训练课后，安排小负荷或中等负荷训练，既能保证训练效果，又能帮助机体进行积极性恢复。此外，也可以在训练课中安排多项内容进行循环练习。活动类型较多时，能够充分调动不同的肌群，完成一项活动所用的肌群在进行另一项活动时就会得到休息和即刻恢复。

2. 合理膳食与训练后补充足够的营养

在合理膳食的基础上，训练后还应科学地摄入营养物质，补充如电解质、糖、蛋白质、维生素等。可根据不同训练情况和不同对象，合理选择营养物质，加速运动性疲劳的消除。

3. 保证充足的睡眠

睡眠是人体最好的休息手段，运动员保证每天 8~9 小时的高质量睡眠，能够保障训练效果，有效消除身体疲劳。

4. 引导运动员消除心理疲劳

消除心理疲劳可采用语言暗示诱导运动员进行肌肉和神经的放松训练，如睡眠暗示、想象放松、催眠、音乐放松等手段，帮助运动员进行心理恢复。此外，在舒适优雅的环境中听音乐也可以减弱训练的枯燥性，消除心理疲劳。

5. 采用物理手段缓解疲劳

利用局部或全身按摩、冷疗、水疗、局部热敷、频谱仪、电磁疗、针灸等手段，帮助运动员缓解肌肉酸痛感，缩短机体的恢复时间。

6. 强化团队意识与优化训练环境

强化团队意识，营造良好的训练氛围，优化训练环境，改善教练员、运动员和工作人员之间的关系，默契配合、相互协调、相互信任，有助于运动员保持积极的心理状态，提高训练质量，加速机体恢复进程。

思考与实践

1. 啦啦操运动员档案建立流程及注意事项是什么?

2. 如何制订啦啦操短期训练计划（每日、每周及每月计划）?

3. 如何制订啦啦操中、长期训练计划（季度、年度计划）?

4. 啦啦操训练的基本原则是什么? 要如何应用这些基本原则指导训练?

5. 啦啦操运动损伤产生原因以及运动损伤的处理与保护措施分别有哪些?

第六章 啦啦操竞赛组织与规则

本章导读

如何筹谋规划一场精彩的啦啦操赛事?

如何评判啦啦操比赛中各队的水平?

正如精湛的技艺来自一滴滴汗水的浸润，“规划”与“执裁”的能力也来自我们对“啦啦操竞赛组织与规则”的熟悉与经验的寸积铢累。本章将具体介绍啦啦操竞赛组织与规则的相关知识，使学习者对啦啦操竞赛有更深入的了解。

学习目标

1. 熟练掌握啦啦操竞赛的主要规则和裁判方法。

2. 正确区分国际与国内规则的异同，把握规则的发展对创编和训练的导向性作用。

3. 了解各组织机构的工作职责及流程，基本具备组织一场基层比赛的能力。

第一节 啦啦操竞赛组织管理

在众多体育竞赛项目中，啦啦操以其独有的项目文化内涵受到广大青少年的喜爱。啦啦操的赛事体系是怎样的？竞赛工作又应该如何展开？组织过程中还需要注意哪些问题？本节将围绕啦啦操竞赛组织管理展开说明。

一、啦啦操的赛事分类

啦啦操比赛按照赛事组织可分为国际赛事和国内赛事两大类。其中，国内赛事按照不同的赛事级别可分为国家级赛事、省级赛事、市级赛事等。

（一）国际啦啦操赛事

啦啦操国际赛事一般包括世界啦啦操锦标赛、洲际比赛以及在各个国家举办的国际啦啦操公开赛。

知识链接

世界啦啦操锦标赛

世界啦啦操锦标赛由国际啦啦操联合会于每年四月下旬在美国奥兰多迪士尼乐园举办，是世界上参赛规模最大、竞技水平最高的国际级高水平啦啦操赛事，每年有近 80 个国家和地区的啦啦操代表队参赛，年均参赛人数超 2 万人。

（二）国内啦啦操赛事

啦啦操项目在我国经过了十多年普及发展，赛事体系日趋成熟。目前，国内啦啦操赛事主要包括系列赛、单项赛和其他类型比赛。

系列赛分别是中国啦啦操俱乐部联赛、中国城市少儿啦啦操精英赛和全国啦啦操联赛。联赛分为分站赛和总决赛，每年会在全国各地举办分站赛，分站赛前三名队伍有资格参加每年一度的总决赛。

单项赛分别是全国啦啦操锦标赛（图 6–1–1）、全国啦啦操冠军赛（图 6–1–2）、全国啦啦操精英赛。其中锦标赛和冠军赛设立技术等级组，运动员可以凭借比赛成绩和个人能力水平测试成绩晋升运动员技术等级。

其他类型比赛还包括中国啦啦操争霸赛、中国啦啦操挑战赛、中国啦啦操大奖赛、中国大学生啦啦操锦标赛、全国啦啦操网络比赛等。

图 6-1-1 全国啦啦操锦标赛

图 6-1-2 全国啦啦操冠军赛

二、啦啦操的竞赛组织机构

啦啦操竞赛组织机构设立得是否科学、全面在较大程度上决定了一场啦啦操比赛能否顺利进行。现如今，全国性啦啦操比赛每年举办 50~60 场，每年参赛人数超过 10 万人。密集的赛事安排和庞大的参赛群体，对办赛单位和工作团队提出了巨大挑战。因此，设立科学高效的竞赛组织机构对赛事组织工作起到了至关重要的作用。

一般而言，在单项赛事的筹备过程中，通常由主办单位和承办单位共同组成赛事组织委员会（简称组委会），并根据赛事级别、参赛规模等因素，设立责任明确、分工具体的职能部门。以全国性啦啦操赛事为例，可分为以下职能部门：综合部、竞赛部、仲裁委员会、裁判委员会、宣传部、大型活动部、后勤保障部、安全保卫部、医疗救护部等（图 6-1-3）。

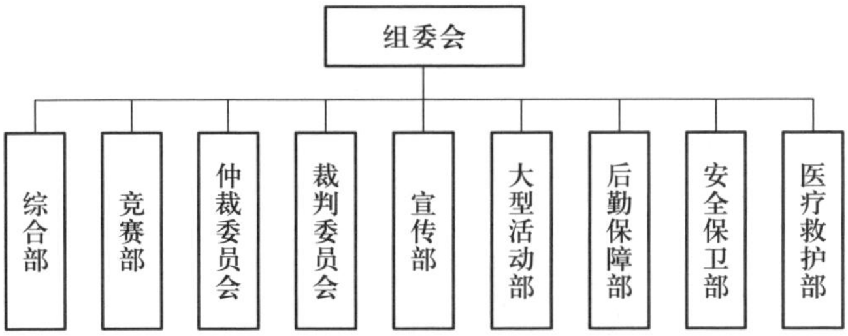

图 6-1-3 组委会结构图

（一）综合部职责

（1）组织协调日常工作；

（2）统筹组委会各项会议以及公文、档案、文件、材料的准备与管理；

（3）领导和嘉宾的邀请、联络沟通、督办落实；

（4）负责开幕式的礼仪服务、组织接待。

（二）竞赛部职责

（1）制定竞赛规程，组织竞赛报名、资格审查；

（2）编排、制作竞赛秩序册；

（3）检查竞赛场地规范和技术标准，落实竞赛器材及裁判用品；

（4）招募志愿者及各岗位培训；

（5）兴奋剂检测；

（6）成绩统计、发布成绩公告、汇总成绩册。

（三）仲裁委员会职责

（1）监督赛风赛纪、赛场秩序、裁判组执裁的公正性和竞赛安全；

（2）解决竞赛过程中出现的各类申诉；

（3）撰写仲裁报告。

（四）裁判委员会职责

（1）制定赛事期间裁判组工作日程安排；

（2）组织裁判组赛前学习、考核；

（3）组织裁判员抽签；

（4）督导裁判组执裁工作；

（5）协助仲裁委员会解决竞赛过程中出现的评判申诉；

（6）检查成绩册并由裁判长签字确认。

（五）宣传部职责

（1）组织实施赛事新闻发布、社会宣传；

（2）协调各类媒体、宣传载体，做好赛事宣传；

（3）根据竞赛要求，做好开幕式和比赛活动的转播、录播等；

（4）做好赛事摄影、摄像、采访及材料存档。

（六）大型活动部职责

（1）竞赛开幕式、嘉年华活动的策划和组织实施；

（2）协调落实开幕式、嘉年华活动的舞美、服装、道具、灯光、音响、视频等；

（3）负责开幕式、嘉年华活动演职人员的管理与接待。

（七）后勤保障部

（1）制定赛事接待等后勤保障工作方案并组织实施；

（2）配合食品安全监管、车辆调度，安排参赛人员住宿、餐饮；

（3）比赛场馆的供电、供水、供气及网络运行保障，场馆维修维护；

（4）购买赛事保险。

（八）安全保卫部

（1）制定安全保卫工作方案和各类突发事件处理预案并组织实施；

（2）负责赛事全程的安全保卫、治安管理、消防检测工作；

（3）负责赛事期间维护社会稳定和突发事件处理；

（4）负责交通秩序及现场车辆通行管理；

（5）负责赛事证件的监制、审查、使用管理和通行管理。

（九）医疗救护部

（1）制定医疗救护工作方案并组织实施；

（2）负责赛事及大型活动期间现场医疗保健和医疗救护工作。

三、啦啦操竞赛工作程序

啦啦操比赛的赛事组织工作与其他操舞类项目的竞赛工作程序有着诸多相通之处，同时由于啦啦操项目多元化、包容性的特点和庞大的受众群体，在竞赛组织运营管理的具体工作中又有着诸多不同之处，比如复杂的信息统计与审核、繁多的赛事文件编写、后勤保障工作等。因此，竞赛岗位工作程序的严谨和完备是圆满完成赛事任务的必要条件，下面以国家体育总局体操运动管理中心主办的全国啦啦操赛事为例，列举啦啦操竞赛的工作程序。

（一）赛前筹备工作

1. 制定竞赛规程

啦啦操竞赛规程是啦啦操赛事组织管理过程中的纲领性、指导性文件，是参赛单位参加比赛必须遵循的章程规范。竞赛规程一般由主办单位制定，并下发承办单位和各参赛单位征求意见，修订后再由主办单位公布下发。

竞赛规程一般包括以下几个内容：

（1）比赛名称。一般包括年份（届）、规模、性质、冠名商及其他合办赛事名称。

（2）竞赛日期与地点。一般简要写明大致比赛时间段和所在省市，具体时间地点在赛事通知中公布。

（3）主办单位、承办单位、协办单位。

（4）竞赛组别和项目。明确比赛的具体组别、分组要求、比赛项目。

（5）参赛资格与人数。明确参赛者的具体参赛资格。

（6）竞赛办法。明确比赛的评分规则、计分办法、比赛形式，是否区分预赛和决赛，是否区分单项奖和团体奖。

（7）录取名次与奖励。明确具体的计分方法、录取原则、奖项计算和奖励分布。

（8）报名与报到。明确报名时间、截止时间、报名方式、报名要求等；明确比赛报到的时间、地点、联系人及联系方式。

（9）裁判员与仲裁委员会。明确裁判员和仲裁的选派原则、级别要求、着装要求等。

（10）突发公共事件应急预案。一般包括应急预案、安保方案、医疗方案、消防方案等。

（11）经费。一般包括参赛单位关于食宿费、差旅费、赛事服务费、保险费等相关费用的支付方式、收款单位说明、发票信息等。

（12）未尽事宜和规程解释权。

2. 开通报名通道

在竞赛规程发布后，即可开通报名系统，组织参赛单位按照报名流程依次完成单位备案、人员注册、信息提交、缴费等。主办方还应在报名期间及时关注报名进度，跟进报名情况，解答报名问题，统计报名信息。

3. 勘测比赛场地

一套完整详细的勘测流程和明确的勘测标准是赛事顺利举行的前提，只有在赛前了解清楚场地情况，才能在赛时避免出现紧急情况。在比赛通知发布后，主办方须组织技术人员进行场地勘察，熟悉场地设施设备，制定符合赛事运转流程的运动员行进路线等，大体内容如下：

（1）测量内场基本数据，制作场地图及布置方案。

（2）查看相关功能用房配置（照片留存）、运动员、嘉宾、工作人员进退场路线，检录路线，场馆物料准备情况。

（3）检查用电情况（强、弱电室）。

（4）检查网络情况（确认场馆网络速度）。

（5）检查看台座位数量（确认进场人数上限和观众座位分布）。

（6）光度测试（达到 350～400Lux）。

（7）检查用餐地点（确认参赛队伍的就餐地点及往返路线）。

（8）检查停车场（确认参赛队伍的上下客地点及往返路线）。

4. 组建工作团队

组建竞赛工作团队是组织一场啦啦操赛事必不可少的筹备环节，也是确保赛事顺利举办的关键因素。

工作团队一般由竞赛工作人员和志愿者组成。具体包括竞赛长、检录长、记录长以及负责宣告、放音、证书打印、颁奖礼仪、仲裁录像、摄影、直播、开幕式编排、内场、走场、报到等工作的人员。

志愿者要有责任心、执行力和操作基本办公软件的能力。其中礼仪志愿者一般需要身高为 165～175 厘米的女生，同时要求相貌端庄、仪态自然，有礼仪工作经验者优先考虑。

5. 核对参赛费用

报名截止后应根据报名情况统计核对每支参赛队伍的费用缴纳情况，核对完成后根据队伍提供的开票信息开具相应发票。如比赛涉及外地参赛队伍，还需安排好相关食宿、交通事宜。

6. 编写赛事文件

（1）裁判员选派通知。一般包含仲裁选派通知、裁判长选派通知、副裁判长选派通知、裁判员选派通知等；一般于赛前 20 天发送。

（2）嘉宾邀请函。一般于开幕式前 7 天发给出席嘉宾。

（3）志愿者招募通知。一般由组委会根据当站比赛情况起草，并于赛前 7 天发给承办单位，招募要求一般包括招募人数、工作时间、培训时间、专业要求、相关待遇等。

（4）新闻通稿。一般于赛前 3 天起草完成，交由赛事负责人审核。

（5）参赛指南。公布与赛事相关的服务信息，指导参赛单位便捷有效地完成比赛任务。内容一般包括报到时间及地点，报到流程及注意事项，领队、教练员、裁判员联席会议时间及地点，走场（适应场地）安排，其他参赛注意事项，组委会联系方式等。

（6）参赛手册（秩序册）。参赛手册（秩序册）是竞赛编排工作的文字体现，一般由承办单位的竞赛部门负责编制，由主办单位审定。啦啦操比赛的参赛手册（秩序册）一般包括赛事通知、竞赛规程、组委会名单、仲裁委员会名单、裁判委员会名单、日程安排表、场地图、比赛队伍信息、人数统计表等。

（7）开幕式文件。开幕式文件内容一般包括开幕式流程、出席嘉宾名单、彩排方案、开幕式嘉宾致辞稿、开幕式主持词、运动员宣誓词、裁判员宣誓词。在啦啦操比赛的开幕式流程中，一般由承办单位的副职领导担任主持人，由承办单位正职领导致欢迎辞，主办单位出席领导致开幕辞，指定运动员带领全体运动员宣誓，指定裁判员代表全体裁判员宣誓，最后由开幕式现场最高领导宣布开幕。

开幕式文件范例：

××××年××啦啦操比赛

开幕式流程

一、时间

二、地点

三、主持人

四、暖场表演

看台啦啦操表演

五、活动内容

1. 奏唱中华人民共和国国歌

2. ________（当地领导）致欢迎辞

3. ________（当地领导）致开幕辞

4. 啦啦操表彰、授牌仪式

5. 运动员代表宣誓

6. 裁判员代表宣誓

7. ________（领导）宣布开幕

六、开幕式表演

1. 集体展示

2. 啦啦操串烧表演

××××年××啦啦操比赛

开幕式主持词

尊敬的各位领导、各位嘉宾、全体运动员、教练员、裁判员、朋友们：

大家上/下午好！

今天我们相聚××，一起来参加××××年××啦啦操×赛的比赛，共同创造体育荣誉的辉煌。首先，请允许我介绍出席今天开赛仪式的领导和嘉宾，他们是：________。让我们为他们的到来表示热烈的欢迎和衷心的感谢！

今天的开幕式一共有七项议程。

首先，进行第一项：请全体起立，面向国旗，奏唱中华人民共和国国歌……请坐下！

下面，进行第二项：请________致欢迎辞，大家欢迎！

下面，进行第三项：请________致开幕辞，大家欢迎！

下面，进行第四项：请________为获得××啦啦操××××的单位授牌，

获得××啦啦操表彰的单位是：____________________。

下面，进行第五项：请运动员代表宣誓。

下面，进行第六项：请裁判员代表宣誓。

最后，请________宣布本次比赛开幕。

××××年××啦啦操比赛

开幕式致辞

尊敬的各位领导、各位来宾、全体运动员、教练员、裁判员：

大家上/下午好！

值此激动人心的时刻，我谨代表××向各位来宾、各代表队，致以衷心的感谢和诚挚的问候！

长期以来，××（承办地）高度重视全民健身体育工作，大力推动群众体育事业蓬勃发展。

啦啦操是一项风靡全球的新兴体育项目，以“团队·时尚·活力”的项目特点深受广大青少年儿童的喜爱和追捧。在 ×××× 的正确指导下，在 ×××× 的大力推广下，我国啦啦操项目得到了迅猛发展。

今天，这里举行的是一场体育的盛会，更是一个全民健身的展示平台，希望各代表队能够借此机会，加强交流，增进友谊，共同追求勇于拼搏的体育梦想。

最后，预祝本次比赛取得圆满成功，预祝全体运动员取得优异的成绩。祝愿各位来宾，各位朋友身体健康，万事如意。

谢谢大家！

运动员宣誓词

我宣誓（举右手）：

为弘扬体育精神，传播啦啦操文化，
我们将努力做到：品德好、学习好、
气质好、技术好，成为“啦啦操四好运动员”。

宣誓人：（本次比赛运动员）

裁判员宣誓词

我宣誓（举右手）：

为弘扬体育精神，传播啦啦操文化，
我们将努力做到：恪守体育道德，
遵守竞赛规程，公平公正裁决，
圆满完成裁判工作。

宣誓人：（本次比赛裁判员）

（8）食宿交通安排。一般包括住房安排表、交通安排表、就餐安排表等。

（9）比赛出场顺序、走场顺序、颁奖顺序等。

7. 物料设计印刷

（1）背景板（长 16 米、高 5 米）。一般作为赛场主背景，放置于比赛地垫正后方，背景内容包括比赛名称、主办单位、承办单位、协办单位、赞助单位、相关标志等（图 6-1-4）。

图 6-1-4　背景板

（2）照片墙、标志墙背景板（长 5 米、高 4 米）。一般作为赛场辅助背景，放置于背景板两侧，背景内容包括比赛名称、相关标志等；在比赛场地大小受限的情况下，可做相应调整。

（3）回头背景板（长 12 米、高 3 米）。一般作为嘉宾席、裁判席的背景，放置于嘉宾席正后方，背景内容包括比赛名称、相关标志等。

（4）指引背景板（长 5 米、高 3 米）。一般作为比赛场地主要进出方向的指引背景，放置于户外主要通行路口，背景内容包括比赛名称、相关标志、比赛主要功能区域及方向指引箭头等。

（5）欢迎背景板（长 8 米、高 3 米）。一般作为营造赛事场外氛围的背景，放置于场馆外的主要进出口，背景内容包括比赛名称、相关标志、欢迎标语等。

（6）签名墙背景板（长 5 米、高 3 米）。一般作为营造赛场氛围的背景，放置于场馆内外的主要进出口，背景内容包括比赛名称、相关标志、签名空白区域等。

（7）桌前板（长 10 米、高 0.8 米）。一般作为挡在裁判席桌前的背景，尺寸可根据裁判席实际大小进行调整，如裁判席铺桌布则可省略。

（8）引导牌（长 0.7 米、高 0.5 米）。一般作为开幕式队伍举牌使用，在报到或开幕式彩排时发给参赛队伍，内容包括比赛名称、相关标志、参赛队伍名称等。

（9）横幅（长 10 米、高 1 米）。一般作为营造赛场氛围的布置元素，悬挂在场馆醒目位置，内容主要为与啦啦操项目相关的文字标语。

（10）餐券。一般作为参赛队伍在比赛期间就餐的凭证，在报到时发放，内容主要为比赛名称、相关标志、日期、早午晚餐、组委会印章，最好用不同颜色区分。

（11）车辆通行证。一般分为大巴通行证、小车通行证、VIP 通行证等，作为参赛队伍、工作团队、嘉宾等在比赛期间乘车通行的凭证，在报到时或比赛前统一发放，内容主要为比赛名称、日期、停车区域、组委会印章，最好用不同颜色区分（图 6-1-5）。

图 6-1-5　车辆通行证

（12）工作证件。一般分为运动员证、教练证、领队证、工作证、志愿者证、裁判员证、仲裁证、嘉宾证、媒体证、观摩证等，作为参赛队伍、工作团队、裁判团队、嘉宾、媒体等在比赛期间进出场馆、相关区域的凭证，在报到时统一发放，内容主要为比赛名称、相关标志、证件名称，最好用不同颜色区分。

（13）席卡。一般作为开幕式、领队教练员会议、裁判员技术方向会议等场合主要嘉宾的姓名牌，内容主要为比赛名称、相关标志、可供打印姓名的空白区域等。

（14）道旗（高 3 米、宽 1 米）。一般作为营造场外氛围的布置元素，放置于场馆外主要进出口，内容为比赛名称、相关标志、欢迎标语、与啦啦操项目相关的文字标语等（图 6-1-6）。

（15）证书与奖杯。

① 证书类别：运动员获奖证书（运动员每人一张，附加一张给参赛单位备案），优秀教练员证书，优秀裁判员证书，优秀领队证书，优秀志愿者证书。

② 奖杯类别：单项奖杯，团体奖杯（全国啦啦操联赛总决赛颁发）。

8. 场地布置与搭建方案

场地布置与搭建可参考图 6-1-7。

图 6-1-6　道旗

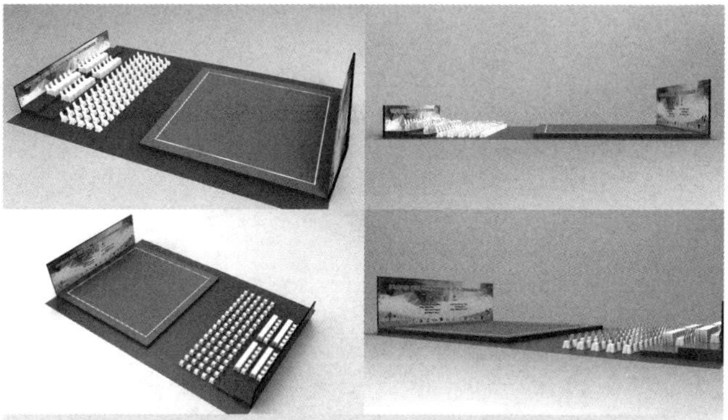

图 6-1-7　场地搭建效果图

（二）赛时运营工作

1. 报到与走场

（1）报到。本地参赛单位一般在比赛场馆报到，外地参赛单位一般在驻地宾馆报到。报到流程一般为交费及领取发票、领取比赛物料、核对比赛音乐等。

（2）走场。比赛开始前一般会为参赛单位安排适应场地的时间；一般每个队伍有 2~3 分钟的定点走场时间。

2. 联席会议

（1）联席会议一般在比赛第一天下午或第二天上午进行，由各参赛队伍的领队、教练员及比赛裁判员共同参加。会议地点一般选择比赛场馆内可以容纳至少 80 人的会议室，需配备音响话筒、投影或大屏。

（2）领队教练员会议流程。

① 队伍签到出场，播放相关宣传视频。

② 介绍出席嘉宾。

③ 领导嘉宾致辞。

④ 本次比赛情况通报，讲解注意事项。

⑤ 裁判长答疑。

（3）裁判员技术方向会议。

① 裁判员点名。

② 宣布裁判纪律，组织技术学习。

③ 裁判员抽签分组，熟悉评分系统。

3. 检录与入场

（1）检录。引导参赛队伍从热身场地至检录处集合，按照出场顺序上注明的检录时间进行检录工作，确保进场顺序与比赛顺序一致。在全国啦啦操锦标赛、全国啦啦操冠军赛的技术等级组比赛的检录过程中须进行身份证验证。

（2）入场。根据宣告员的指令指引比赛队伍入场，同时把控比赛场地进出口，维持场地秩序。

4. 放音与宣告

（1）放音。包括暖场音乐，开幕式音乐（运动员入场音乐、国歌、开幕音乐、集体展示音乐、裁判员入场音乐等），比赛音乐，颁奖音乐。

（2）宣告。包括开场播报，进场播报，分数播报，颁奖播报。

宣告播报样稿

1. 开始前 15 分钟

距离________（比赛名称）第（×）场比赛正式开始，还有 15 分钟，请观众朋友们尽快入座，请各岗位工作人员抓紧时间做好准备；请参加第（×）场比赛的前五支队伍抓紧时间到检录处检录。

2. 开始前 5 分钟

本次比赛由________主办，________承办，________协办；为了您的财产安全，请妥善保管好您的随身物品，不要随地乱扔垃圾，将垃圾投入就近垃圾桶，让我们共同维护赛场卫生，谢谢您的配合。

3. 开始前 3 分钟

距离________（比赛名称）开始还有 3 分钟，请各岗位工作人员做好准备。

担任本场比赛仲裁主任的是：________；

担任本场比赛仲裁委员的是：________；

担任本场比赛总裁判长的是：________；

担任本场比赛副裁判长的是：________。

________（比赛名称）第（×）场正式开始，首先进行________（组别项目）的比赛，即将上场的是________；下面进行________（组别项目）的比赛，即将上场的是________，________（上一个队伍）最终得分是______分。

5. 证书打印与颁奖

（1）证书打印。根据由记录电脑导出的证书 PDF 文件进行打印，确保证书样式、数量准确。

（2）颁奖。在每场比赛结束后，准备证书、奖杯和相关奖品为比赛队伍颁奖（图 6-1-8）。

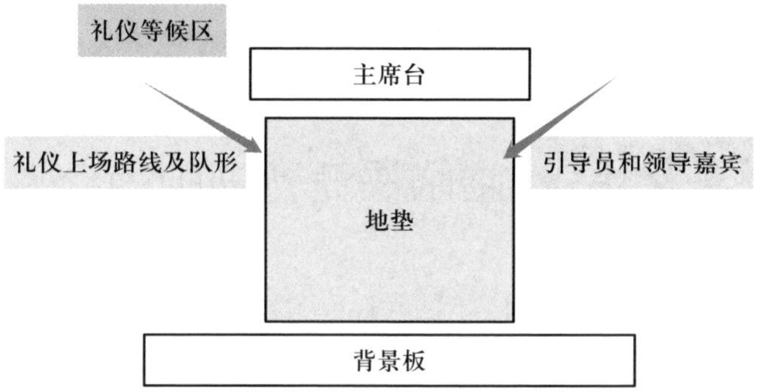

图 6-1-8　颁奖示意图

（三）赛后收尾工作

赛后收尾工作是啦啦操赛事运营过程中一项具有保障性的基础工作，也是赛事能够画上圆满句号并且能够可持续举办的工作。

1. 物品清点与回收

（1）纸质文件。证书、席卡、评分表、成绩单、成绩册、参赛手册、A4 纸等。

（2）电子用品。评分系统、办公电脑、打印机、照相机、摄像机等。

（3）其他用品。奖杯、办公用品等。

2. 电子文件归档与成绩上传

（1）文字类。出场顺序、走场顺序、颁奖顺序、评分表、主持词、讲话稿、致辞稿、新闻稿等。

（2）图片类。开幕式照片、比赛照片、颁奖照片等。

（3）音频类。开幕式音乐、比赛音乐、颁奖音乐、暖场音乐等。

（4）视频类。仲裁录像、宣传视频等。

3. 各类人员补贴发放

（1）裁判团队。

（2）工作人员。

（3）志愿者。

（4）安保、保洁、场地医生等。

4. 总结汇报与致谢

在赛后收尾工作过程中，应对赛事进行总结，向主管部门提交汇报材料。同时，应向参与赛事举办的组织和个人表示感谢或表彰。致谢对象一般包括主办单位、政府部门、赞助单位、工作团队、志愿者团队等。

第二节 啦啦操竞赛规则简介

在啦啦操赛事或活动中，应用什么样的方法去评价一个成套动作呢？这就涉及啦啦操竞赛规则的介绍。

一、技巧啦啦操竞赛规则简介

虽然各种形式的加油助威活动已存在了数千年（例如带领群众欢呼歌唱、体育赛事中的娱乐活动等），但是普遍认为啦啦操这一体育运动起源于19世纪末。在1898年啦啦操运动诞生后的几十年，啦啦操的概念及其赛事文化传播到美国大学体育赛事及高中体育活动当中。通过逐渐推广，啦啦操运动的技术也得到新的发展，进一步地激发了群众的兴趣。同时增加了标语牌、旗帜、扩音器、花球（20世纪50年代前的初始形式）等道具，也开始使用手位动作、简单的托举和翻腾技巧，以此来提高啦啦操运动员的表现力和影响力。至此，技巧啦啦操诞生了，随之而来的是技巧啦啦操竞赛及其规则的产生和发展。

（一）技巧啦啦操安全总则

（1）所有运动员必须在已获得啦啦操教练资格的领队或教练员的监管指导下进行训练和比赛。

（2）教练员必须熟练掌握难度技术动作，根据运动员和整体队伍的水平，安排难度适合的套路级别。

（3）所有队伍、俱乐部、教练员、领队必须制定并审核赛事意外伤害事故的应急方案。

（4）在训练和比赛中，禁止运动员及教练员服用含酒精、麻醉药物、运动表现增强物质或非处方药，以免影响其日常监督能力或完成套路能力。

（5）运动员必须在啦啦操专用地垫上进行练习和比赛。禁止在混凝土、沥青以及湿滑、不平坦或有障碍物的地面上进行技术技巧动作（托举、金字塔、篮抛或翻腾）。

（6）比赛时必须穿软底运动鞋。禁止穿舞蹈鞋／靴、体操鞋（或类似款式）。鞋必须有牢固的鞋底。

（7）禁止佩戴或粘贴覆盖任何种类的珠宝饰品。

（8）禁止出现任何辅助运动员增加高度的设施。

（9）成套中道具不是必备品。如果在成套中使用道具，需确保运动员的安全。仅允许使用旗帜、横幅标语、标志牌、花球、扩音器和布条这类道具。附有杆状或类似支撑装置的道具不得使用于托举和翻腾的连接动作中。为了视觉效果，有意地移除任何位于比赛服上的物件，该物件一旦离开身体，将被视为道具脱落。

（10）训练和比赛过程中，运动员的口中不得有口香糖、糖果、止咳药片或其他可能造成窒息的食品或非食用物品。

（11）所有技巧动作必须符合相应级别，禁止超过本级别难度规定范围。

（12）提倡各队将本土文化融入啦啦操中，所有的口号都推荐使用各队的母语和本土语言。

（二）技巧啦啦操分类与要求

1. 技巧啦啦操项目分类（图 6-2-1）

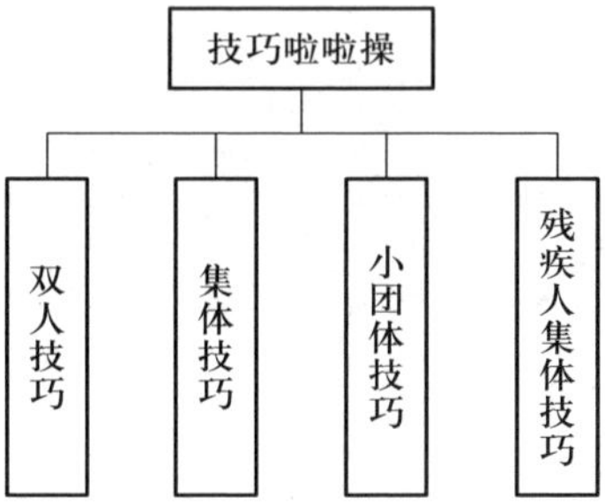

图 6-2-1　技巧啦啦操项目分类

2. 技巧啦啦操级别分类（表 6-2-1）

表 6-2-1　技巧啦啦操级别分类

	0 级	1 级	2 级	3 级	4 级	5 级	6 级
国内标示	初级	中级	中级	高级	高级	精英级	超级
国际标示	Beginner	Novice	Intermediate	Median	Advanced	Elite	Premier
特殊人群	Special						
残疾人群	Adaptive						

3. 技巧啦啦操服装要求（图 6-2-2、图 6-2-3）

（1）允许有水钻装饰物。

（2）不可以有尖锐装饰物。

（3）服装不可以过分暴露。

（4）不可以佩戴珠宝饰品。

（5）必须穿软底运动鞋，软底运动鞋必须有牢固的鞋底。

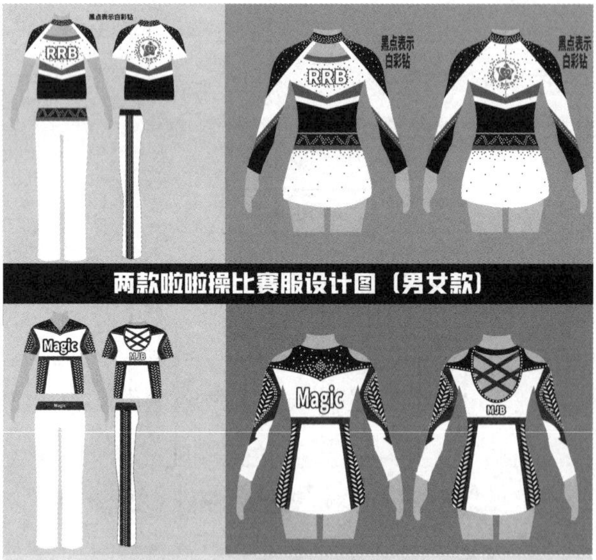

图 6-2-2　啦啦操服装示例

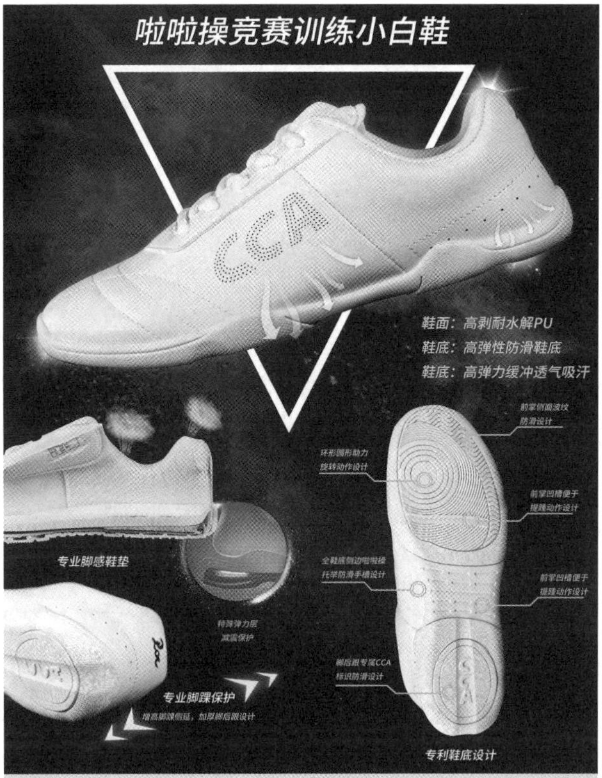

图 6-2-3　啦啦操运动鞋示例

4. 技巧啦啦操道具要求

（1）带有旗杆的旗帜与喇叭仅限于在地面上使用。

（2）标志牌、无旗杆的旗帜、花球可以在托举中使用。

（3）坚硬的道具不可以在托举中丢掷至地面。

5. 技巧啦啦操规则要求

（1）成套动作归纳表（表 6-2-2）。

（2）托举、金字塔动作归纳表（表 6-2-3）。

（3）翻腾动作归纳表（表 6-2-4）。

（4）篮抛动作归纳表（表 6-2-5）

表 6-2-2　成套动作归纳表

序号	1	2	3	4
项目	集体技巧啦啦操（国内规定动作）	集体技巧啦啦操（自选动作）	小团体配合技巧啦啦操	双人配合技巧啦啦操
男女	依竞赛规程而定	男女混合 / 全女子	男女混合 / 全女子	男女混合
人数	依竞赛规程而定	16～24 人	4～5 人	2 人
比赛时间	口号最少 30 秒，口号与音乐间隔最多 20 秒，音乐时长依照规定时间	口号最少 30 秒，口号与音乐间隔最多 20 秒，音乐时间不超过 2 分 15 秒	60 秒～90 秒	60 秒～90 秒

表 6-2-3　托举、金字塔动作归纳表

级别	0 级	1 级	2 级	3 级	4 级	5 级	6 级
上法	0°	90°	180°	1. 360° 2. 有协助的空翻	1. 540° 2. 有协助的空翻	1. 810° 2. 有协助的空翻	1. 810° 2. 一周空翻加转体 720°
托举最大高度	两层一人半高	两层两人高	两层两人半高				
金字塔最大高度	两层一人半高	两层两人半高					三层两人半高
下法	0°	0°	90°	1. 单脚托举 90° 2. 双脚托举 450° 3. 有协助的空翻	1. 单脚托举 450° 2. 双脚托举 810° 3. 有协助的空翻	1. 810° 2. 有协助的空翻	1. 两人高，两人接 810° 2. 两人半高，三人接 540° 3. 自由空翻

表 6-2-4　翻腾动作归纳表

级别	0 级	1 级	2 级	3 级	4 级	5 级	6 级
允许	1. 前（后）滚翻 2. 原地侧手翻 3. 踺子	1. 前（后）滚翻 2. 前（后）软翻 3. 侧手翻 4. 踺子	1. 鱼跃滚翻（无背弓） 2. 行进连续前（后）手翻	1. 原地前（后）手翻 2. 行进踺子接后手翻接团身后空翻	1. 原地空翻，后手翻接空翻 2. 空翻最多为一周	原地（行进）空翻加转 360°	原地（行进）空翻最多一周加转 360°
不允许	1. 前（后）手翻 2. 前（后）软翻 3. 踺子后连接任何翻腾	1. 前（后）手翻 2. 踺子后连接任何翻腾	1. 原地空翻 2. 侧空翻 3. 原地连续前（后）手翻 4. 跳跃动作前后连接手翻 5. 腾空过程中旋转	1. 原地空翻 2. 行进空翻后接任何翻腾 3. 侧空翻后接任何翻腾 4. 翻腾过程中旋转	1. 连续的空翻组合 2. 跳跃动作前后马上接原地空翻动作		

表 6-2-5　篮抛动作归纳表

级别	0 级	1 级	2 级	3 级	4 级	5 级	6 级
允许	禁止抛接		1. 海绵抛接 2. 髋位及以上的摇篮接 3. 直体篮抛	1. 篮抛最多一个技术技巧动作，如屈体分腿跳、团身踹腿、美女亮相 2. 抛接可出现旋转	在抛接中最多加入两个技巧动作	1. 最多转体 900° 2. 两个以上技巧动作	空翻抛接 $1\frac{1}{4}$ 周空翻加两个额外的技巧动作
不允许			抛接中出现空翻、旋转、倒置及飞行抛接	1. 篮抛：踢腿转体 360°，屈体分腿转体 180° 2. 旋转抛接动作总和不超过 360° 3. 空翻、倒置或飞行抛接	1. 抛接动作转体超过 810° 2. 空翻、倒置或飞行抛接	空翻、倒置或飞行抛接	无空翻的抛接中，转体度数超过 1260°

二、技巧啦啦操裁判组成与评分表

（一）技巧啦啦操裁判组成

技巧啦啦操裁判组由 1 名裁判长、1~2 名违例裁判员、10 名评分裁判员组成，同时还有 1 名记录员、若干名检录员、1 名宣告员和 1 名放音员（图 6-2-4）。裁判组可以根据赛事规模适当增减人数。

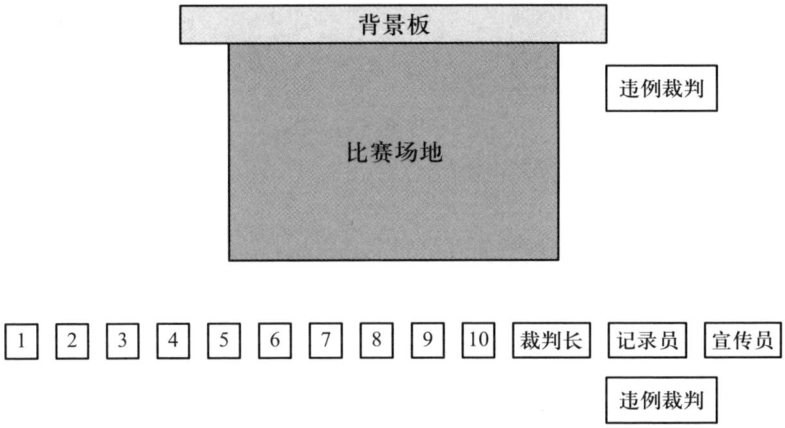

图 6-2-4　技巧啦啦操裁判组成

（二）评分表

技巧啦啦操根据赛事组别、级别及运动员性别区分为集体技巧（男女混合组、全女子组）、残疾集体技巧（部分、全体）、特殊集体技巧（部分、全体）、小团体技巧（男女混合组、全女子组）、混合双人技巧等组别；而级别则有零级至六级，各组别、级别评分表可参阅《2021 版啦啦操竞赛规则》，现以集体技巧啦啦操（男女混合组）评分表举例（表 6-2-6、表 6-2-7）。

表 6-2-6　集体技巧啦啦操（男女混合组）0 级至 1 级评分表

队伍名称:________________　裁判员编号:______　组别:______　日期:____年__月__日

评分项	评分标准	分值
口号	声音的大小、节奏及流畅性；带领观众的能力；正确使用标语牌、花球、喇叭和旗帜等道具； 适当利用手位动作、托举和金字塔；完成度；鼓励使用母语	10 分
托举	技术的完成度、难度（托举级别、底座数量、组数）；托举同步性、多样性和创意性	25 分
金字塔	技术的完成度、级别；金字塔造型的数量、底座数量、过渡性；金字塔的多样性和创新性	25 分
翻腾	集体翻腾；技术技巧的完成度（含跳跃）；难度；技术的正确性；同步性	10 分
成套流畅性、过渡性	完成成套各部分的流畅性、节奏、一致性和过渡连接	15 分
总体印象、观众吸引力	整体展现；表现力；舞蹈（如有）；观众反应效果。	15 分

得分________（总分 100 分）

评价：

表 6-2-7　集体技巧啦啦操（男女混合组）2 级至 6 级评分表

队伍名称:________________　裁判员编号:______　组别:______　日期:____年__月__日

评分项	评分标准	分值
口号	声音的大小、节奏及流畅性；带领观众的能力；正确使用标语牌、花球、喇叭和旗帜等道具； 适当利用手位动作、托举和金字塔；完成度；鼓励使用母语	10 分
托举	技术的完成度、难度（托举级别、底座数量、组数）；托举同步性、多样性和创意性	25 分
金字塔	技术的完成度、级别；金字塔造型的数量、底座数量、过渡性；金字塔的多样性和创新性	25 分
篮抛	技术的完成度、高度、同步性（如有多组）、难度、多样性	15 分
翻腾	集体翻腾；技术技巧的完成度（含跳跃）；难度；技术的正确性；同步性	10 分
成套流畅性、过渡性	完成成套各部分的流畅性、节奏、一致性和过渡连接	5 分
总体印象、观众吸引力	整体展现；表现力；舞蹈（如有）；观众反应效果	10 分

得分________（总分 100 分）

评价:

三、舞蹈啦啦操竞赛规则简介

舞蹈啦啦操包含花球啦啦操、街舞啦啦操、爵士啦啦操、高踢腿啦啦操（非世界锦标赛正式项目）四个项目，在国内还有一项独具特色的自由舞蹈啦啦操。舞蹈啦啦操各项目之间主要从技术、风格、表现形式等元素进行区别。本小节主要对花球、街舞、爵士啦啦操进行详述。

花球啦啦操是传统的舞蹈啦啦操项目之一，成套全程要求使用花球。在竞赛规则中需要从一致性、视觉效果、正确的花球手位动作以及干净、有力、准确的技术表现等方面进行评判。另外，成套的视觉效果非常重要，视觉效果包括：层次变化、团队配合、队形变化和队员整体的同步性等，花球啦啦操成套应在保留更多传统啦啦操元素的前提下融入街舞和爵士的元素。

街舞啦啦操融合了受传统街头风格影响的动作和律动，规则评判重点为完成度、风格性、创意性、身体各部位的分离和控制、律动感、一致性和对音乐的诠释。街舞啦啦操需要穿着能够明显体现出街舞文化的服饰。

爵士啦啦操需要融合并展现传统且具有爵士风格的动作和组合，规则评判重点为完成度、延展、控制、身体姿态等技术配合动作力度、冲击力、情感表现等对音乐的诠释。爵士啦啦操应有效地利用音乐，展现出快节奏的、生动的、能量充沛的、积极的、与音乐和谐的动作。

花球啦啦操视频欣赏

街舞啦啦操视频欣赏

爵士啦啦操视频欣赏

（一）舞蹈啦啦操安全总则

（1）允许做非腾空动作的倒置动作（例如头倒立）。

（2）当作有手部支撑的腾空动作（除了前滚翻和后滚翻）时，禁止支撑手持花球或道具。

（3）禁止一运动员在另一运动员上方或下方同时做髋部高于头的翻腾动作。

（4）仅限做最多 2 个连续的髋部高于头的翻转动作。

（5）在完成头位以上的托举或配合动作全程中，至少有一位底座必须与尖子保持直接接触。

（二）舞蹈啦啦操项目分类与要求

1. 舞蹈啦啦操项目分类

分为集体舞蹈啦啦操和双人舞蹈啦啦操两个项目。

2. 舞蹈啦啦操级别分类

舞蹈啦啦操无级别分类。

3. 舞蹈啦啦操服装要求

（1）所有服饰应保证安全性。

（2）所有服装应覆盖身体相关部位。

（3）超短裤、三角裤内应着紧身衣。

（4）比赛期间必须穿鞋。

（5）当首饰作为服装的一部分时，允许使用。

（6）所有男性运动员在比赛服内应着一件紧身打底衣。

4. 舞蹈啦啦操道具要求

（1）在花球啦啦操比赛中，花球被视为服装的一部分。

（2）舞蹈啦啦操禁止使用手持道具。

（3）帽子、项链、外套等具备比赛元素的物件可以有目的性地利用或除去。

5. 舞蹈啦啦操规则要求

成套动作归纳表（表 6-2-8）如下所示。

表 6-2-8 成套动作归纳表

序号	1	2	3
项目	集体 舞蹈啦啦操 （国内规定动作）	集体 舞蹈啦啦操 （自选动作）	双人 舞蹈啦啦操
性别	男女均可	男女均可	男女均可
人数	8～24 人	花球、街舞啦啦操 16～24 人 爵士啦啦操 18～24 人	2 人
比赛时间	音乐部分不超过 2 分 15 秒	音乐部分不超过 2 分 15 秒	音乐部分不超过 1 分 30 秒

6. 舞蹈啦啦操规则要素

（1）花球啦啦操规则要素。

① 花球啦啦操成套要素：一致性、视觉效果、花球队形的空间变化和花球的发力技术。动作必须干净、利落。

② 允许不持花球的特殊情况：需要用手支撑地面时，需要完成复杂托举时，任何有可能造成身体伤害的情况，残疾啦啦操花球项目在完成托举时，禁止手持花球。

③ 花球啦啦操成套评判要素：队员间的动作整齐划一，层次、团队和队形的体现，可以融入街舞和爵士的元素，花球成套中应保留更多啦啦操传统的元素（例如手位、发力、移动）。

（2）街舞啦啦操规则要素。

① 街舞啦啦操成套要素：将街舞的街头风格融入成套的动作和律动中。

② 街舞啦啦操成套评判要素：完成度、风格性、创新性、律动感、一致性、身体各部位的分离和控制、对音乐的诠释。

（3）爵士啦啦操规则要素。

① 爵士啦啦操成套要素：以团队协作为基本手段，通过队形变化、技术技巧完美融合展现具有爵士风格的舞蹈动作和组合。

② 爵士啦啦操成套评判要素：正确的技术技巧动作、延展性、有美感的控制、身体各部位的定位、风格。

（三）舞蹈啦啦操裁判组成与评分表

1. 舞蹈啦啦操裁判组成

舞蹈啦啦操裁判组由 1 名裁判长、1~2 名违例动作检查裁判员、9 名评分裁判员组成，同时还有 1 名记录员、若干名检录员、1 名宣告员和 1 名放音员（图 6-2-5）。裁判组可以根据赛事规模适当增减人数。

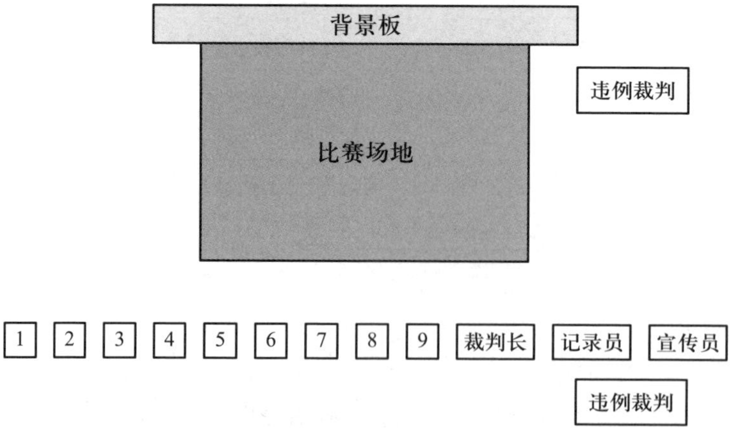

图 6-2-5　舞蹈啦啦操裁判组成

2. 舞蹈啦啦操评分表（表 6-2-9 至表 6-2-11）

表 6-2-9 集体花球啦啦操评分表

队伍名称：________ 裁判员编号：______ 组别：______ 日期：____年__月__日

技术完成		
风格完成	花球动作技术完成的质量，如定位、控制、准确性及力度	10 分
动作技术完成	动作的力度、强度、定位、控制、姿态及投入性	10 分
技术技巧动作完成	以正确的定位、身体姿态、控制、延展、平衡、力度及展现技术技巧动作的能力	10 分
团体完成		
动作与音乐的同步性	队员动作与音乐的同步性	10 分
动作一致性	队员动作整齐划一、清晰、干净且精准	10 分
空间性	在成套和过渡动作中，每个队员的定点及间距准确	10 分
编排		
音乐性	动作配合音乐的重拍、旋律、节奏、结构、歌词及风格等呈现出创新、独特且原创的效果	10 分
舞台展现、视觉效果	多变的队形和流畅的过渡动作；通过小组及双人配合、地板动作、托举、层次及对比动作等展现强烈的视觉效果	10 分
难度动作复杂性	动作的难度包括动作的节奏性、重心变化、方向变化、连接性及持续性、复杂性等；动作的难度以正确的技术完成为评判标准	10 分
总体效果		
互动性、感染力、观众号召力及适宜性		10 分
通过真挚的表现力和观众号召力，展现出成套活力充沛的能力；以年龄适宜的音乐、服饰及编排增强表演效果		

得分________（总分 100 分）

评价：

表 6-2-10　集体街舞啦啦操评分表

队伍名称：______________　裁判员编号：______　组别：______　日期：____年__月__日

技术完成		
风格完成	街舞风格的完成质量和节奏感	10 分
动作技术完成	动作的力度、强度、定位、控制、姿态及投入性	10 分
技术技巧动作完成	以正确的定位、身体姿态、控制、延展、平衡、力度及展现技术技巧动作的能力	10 分
团体完成		
动作与音乐的同步性	队员动作与音乐的同步性	10 分
动作一致性	队员动作整齐划一、清晰、干净且精准	10 分
空间性	在成套和过渡动作中，每个队员的定点及间距准确	10 分
编排		
音乐性	动作配合音乐的重拍、旋律、节奏、结构、歌词及风格等呈现出创新、独特且原创的效果。	10 分
舞台展现、视觉效果	多变的队形和流畅的过渡动作；通过小组及双人配合、地板动作、托举、层次及对比动作等展现强烈的视觉效果。	10 分
难度动作复杂性	动作的难度包括动作的节奏性、重心变化、方向变化、连接性及持续性、复杂性等；动作的难度以正确的技术完成为评判标准	10 分
总体效果		
互动性、感染力、观众号召力及适宜性		10 分
通过真挚的表现力和观众号召力，展现出成套活力充沛的能力；以年龄适宜的音乐、服饰及编排增强表演效果。		

得分________（总分 100 分）

评价：

表 6-2-11　集体爵士啦啦操评分表

队伍名称：________________　裁判员编号：______　组别：______　日期：____年__月__日

<table>
<tr><th colspan="3">技术完成</th></tr>
<tr><td>风格完成</td><td>动作的持续性；爵士的风格性、延展性及展现效果等的质量</td><td>10 分</td></tr>
<tr><td>动作技术完成</td><td>动作的力度、强度、定位、控制、姿态及投入性</td><td>10 分</td></tr>
<tr><td>技术技巧动作完成</td><td>以正确的定位、身体姿态、控制、延展、平衡、力度及展现技术技巧动作的能力</td><td>10 分</td></tr>
<tr><th colspan="3">团体完成</th></tr>
<tr><td>动作与音乐的同步性</td><td>队员动作与音乐的同步性</td><td>10 分</td></tr>
<tr><td>动作一致性</td><td>队员动作整齐划一、清晰、干净且精准</td><td>10 分</td></tr>
<tr><td>空间性</td><td>在成套和过渡动作中，每个队员的定点及间距准确</td><td>10 分</td></tr>
<tr><th colspan="3">编排</th></tr>
<tr><td>音乐性</td><td>动作配合音乐的重拍、旋律、节奏、结构、歌词及风格等呈现出创新、独特且原创的效果</td><td>10 分</td></tr>
<tr><td>舞台展现、视觉效果</td><td>多变的队形和流畅的过渡动作；通过小组及双人配合、地板动作、托举、层次及对比动作等展现强烈的视觉效果</td><td>10 分</td></tr>
<tr><td>难度动作复杂性</td><td>动作的难度包括动作的节奏性、重心变化、方向变化、连接性及持续性、复杂性等；动作的难度以正确的技术完成为评判标准</td><td>10 分</td></tr>
<tr><th colspan="3">总体效果</th></tr>
<tr><td colspan="2">互动性、感染力、观众号召力及适宜性</td><td rowspan="2">10 分</td></tr>
<tr><td colspan="2">通过真挚的表现力和观众号召力，展现出成套活力充沛的能力；以年龄适宜的音乐、服饰及编排增强表演效果</td></tr>
</table>

得分________（总分 100 分）

评价：

思考与实践

1. 啦啦操竞赛是怎样分类的?

2. 啦啦操竞赛组织机构下设哪些部门?

3. 请简述技巧啦啦操 0 级至 1 级的评分表内容。

4. 花球啦啦操评判的要素内容有哪些? 在花球成套中哪些情况下可以不持花球?

第七章 校园啦啦操展演活动

本章导读

身处校园中的你会不会被手持花球的啦啦宝贝们所吸引?

当啦啦操惊艳地出现在你的学习生活当中，你会不会想知道啦啦操为什么这样备受青睐，成为校园主题教育的新宠儿?

本章就将带你了解校园啦啦操展演活动，你不仅可以成为其中的参与者，也可以成为活动的策划者和组织者。

学习目标

1. 了解校园啦啦操展演活动的内涵与意义。
2. 掌握校园啦啦操展演活动的方案制订与组织实施的方法。
3. 熟知优秀啦啦操团队及优秀啦啦操队员的评价标准。

第一节 启蒙校园啦啦操展演活动

如今，啦啦操在校园活动中扮演着越来越重要的角色，尤其是它通过校园展演活动呈现出五彩斑斓的一面。那么，究竟校园啦啦操展演活动的概念如何界定？有哪些独有的特征？又如何进行分类？本节将围绕这些问题展开说明。

一、校园啦啦操展演活动的概念

校园啦啦操展演活动有别于竞技赛场上的啦啦操比赛，它能呈现出更为丰富的多维样式。因此，我们不妨先来明确一下“校园啦啦操展演活动”的基本概念。首先来看“校园啦啦操”，指的是一种场域概念，代表在学校地域或范围内面向全体师生开展的啦啦操活动；其次来看“展演活动”，“展演”意为“以展览为目的的演出”，“展演活动”即指“以展览为目的而演出的一种行动”。

综上，“校园啦啦操展演活动”的基本概念即可概括为：基于学校场域下，以师生为对象，依托啦啦操运动项目内容所进行的有目的、有组织的展览表演性行动或事务。这种校园啦啦操展演活动重在普及啦啦操运动，意在弘扬啦啦操文化，贵在惠及全体师生。

二、校园啦啦操展演活动的特征

校园啦啦操展演活动的特征体现在以下几方面。

其一是具有大众性。不同于啦啦操竞技赛场中主要吸引少数精英运动员参赛，校园啦啦操展演活动更多为广泛的普通学生群体提供参与展示的平台。

其二是具有辅助性。校园啦啦操展演活动除了自身具有独立的开展形式外，还常配合其他运动项目或主题活动开展。

其三是具有宣传性。开展校园啦啦操展演活动常伴随有宣传组织方（或学校）最新教育理念，推介相关教育主张或价值标准，以达到更好的建校育人的目的。

其四是具有普惠性。校园啦啦操展演活动不仅让更多学生收获到参与活动的良好体验，而且其结果评比多采用等级方式（如一、二、三等奖）而非逐一名次排序方式来评奖，更多鼓励“普惠式”设奖的指导思想，例如，设置最佳表演、最佳人气、最佳创意等各种特别奖。

三、校园啦啦操展演活动的分类

校园啦啦操展演活动的涉及面非常广，大体上可分为校外校园啦啦操展演活动和校内校园啦啦操展演活动两大类（图 7–1–1）。校外校园啦啦操展演活动包括国际性校园啦啦操展演活动、全国性校园啦啦操展演活动、省 / 区 / 市级校园啦啦操展演活动、校际校园啦啦操展演活动四种形式；校内校园啦啦操展演活动中包括全校性校园啦啦操展演活动、年级间校园啦啦操展演活动、班级内校园啦啦操展演活动三种形式。

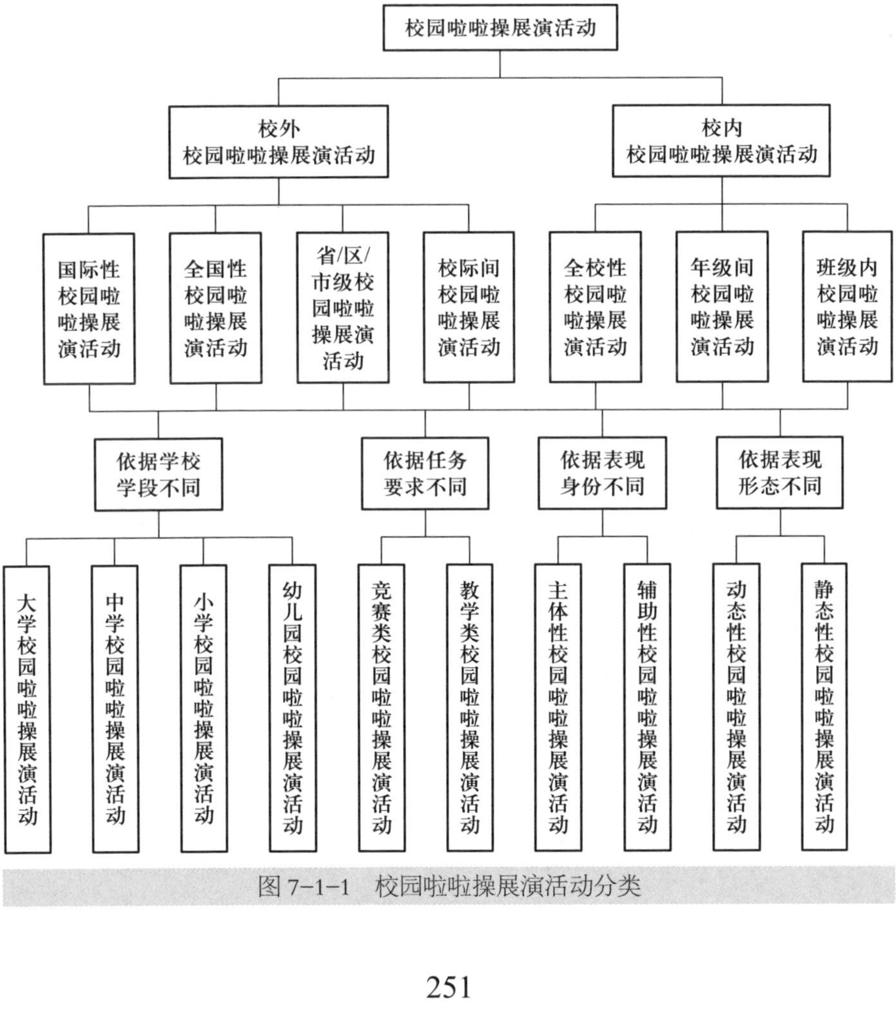

图 7–1–1　校园啦啦操展演活动分类

但无论是校外校园啦啦操展演活动，还是校内校园啦啦操展演活动，根据分类因素定位的不同，都可再进一步细化为不同的类型。

（1）依据展演学校学段的不同，可分为大学校园啦啦操展演活动、中学校园啦啦操展演活动、小学校园啦啦操展演活动和幼儿园校园啦啦操展演活动。

（2）依据展演任务要求的不同，可分为竞赛类校园啦啦操展演活动和教学类校园啦啦操展演活动。其中，竞赛类校园啦啦操展演活动如校园运动会、艺术节举办的啦啦操展演活动等；教学类校园啦啦操展演活动如学校大课间啦啦操展演活动等。

（3）依据展演表现身份的不同，可分为主体性校园啦啦操展演活动和辅助性校园啦啦操展演活动。其中，主体性校园啦啦操展演活动的主要对象是啦啦操本身，如校园广场啦啦操展演活动；而辅助性校园啦啦操展演活动的主要对象则是其他内容，啦啦操为次要对象，对主要对象起到服务或从旁辅助的作用，如校园篮球（或足球等）比赛中的看台啦啦操展演活动。

（4）依据展演表现形态的不同，可分为动态性校园啦啦操展演活动和静态性校园啦啦操展演活动。其中，动态性校园啦啦操展演活动如校园啦啦操套路展演活动，静态性校园啦啦操展演活动如校园啦啦操文化墙展演活动。

本教材所聚焦的校园啦啦操展演活动集中在校内校园啦啦操展演活动的范畴，主要针对各学段学校自身所进行的全校性或非全校性（含年级、班级）的校园啦啦操展演活动来展开讨论。

第二节 校园啦啦操展演活动的组织

校园啦啦操展演活动之所以深受主题教育的青睐，得益于它不同凡响的创新意义。在此基础上，如何将啦啦操有序地融入校园学习生活当中，实现心中所想，科学合理的内容安排和组织实施是必备条件。第二节将重点阐述校园啦啦操展演活动的组织。

一、校园啦啦操展演活动的意义

（一）促进“五育”融合的新方法

德育、智育、体育、美育和劳育相结合的“五育并举、融合育人”，是当前国家加强教育强国建设，培养德智体美劳全面发展的社会主义建设者和接班人的一项教育系统工程。校园啦啦操展演活动作为具备“团队、时尚、活力”项目文化且样态丰富的体育运动组织形式之一，其延展发挥“立德树人”“创新精神”“审美教育”及“自强自立”的作用十分明显，不但充分体现出体育与其他“四育”的协作育人功能，而且非常适合融入当今校园多元文化盛行的现实背景中，发挥其突出功效。

（二）推动“阳光体育运动”开展的新形式

阳光体育运动是教育部、国家体育总局、共青团中央为切实提高全国亿万学生的健康素质，吸引广大青少年走进大自然、走到阳光下，积极推动学生参加体育锻炼的一项重要举措。校园啦啦操展演活动契合阳光体育运动面向“健康、运动、阳光、未来”的指导理念和行动指南，充分利用课间操、每天锻炼一小时等有利机会，优化实践形式，让学生们主动走到户外、走向操场，享受阳光体育运动所带来的价值和乐趣体验。

（三）增强“学、练、赛、用”协同的新平台

新一轮基础教育课程改革强调充分发挥学生教学主体作用，鼓励推动开放性、生成性的课堂和课内外实践，作为一项新的教育教学理念，要求体育课程内容及教学任务中要强化“学、练、赛、用”等环节的紧密关联，并形成协同效应，给予学生更多有效参与课程的机会。校园啦啦操展演活动能够通过在体育课堂中学习、练习、评比啦啦操，在学校大课间或课外活动中比赛及运用啦啦操等系列性平台，提供一体化完成“学、练、赛、用”教育教学模式的机会。

（四）培养社会体育指导员骨干力量的新路径

社会体育指导员自 20 世纪 90 年代在我国设置和培养以来，在广大基层群众的健身服务工作中发挥了重要作用，已成为推动我国全民健身事业发展的重要力量和宝贵的人才资源。啦啦操作为社会体育指导项目的内容之一，依托校园啦啦操展演活动中众多的实践锻炼机会，“润物细无声”式地培育着大量社会体育指导员储备人才，为啦啦操项目将来能快速投入并服务社会积攒了雄厚

的后备力量。

二、校园啦啦操展演活动方案的制订

校园啦啦操展演活动的方案主要包括以下 7 个方面的内容。

1. 目标任务

对校园啦啦操展演活动要达成的预期目的而设定的总目标或任务性指标。

2. 活动名称

校园啦啦操展演活动的具体命名。

3. 活动组织单位

包括指导单位、主办单位、承办单位和协办单位等。其中，指导单位是指对校园啦啦操展演活动业务工作进行布置、指导和评价的上级部门、机关或团体；主办单位是指发起校园啦啦操展演活动，并对活动主旨、效果等事项负责的一方；承办单位是指操持校园啦啦操展演活动具体事项，并对活动具体过程负责的一方；协办单位是指校园啦啦操展演活动运作过程中提供协助或赞助的一方。

4. 活动安排

主要包括校园啦啦操展演活动具体的活动时间、活动地点、活动内容、参与活动对象及人数等内容。

5. 活动嘉宾

邀请出席校园啦啦操展演活动的领导和来宾。

6. 活动媒体

参与宣传报道校园啦啦操展演活动的电视、广播、报纸、杂志、网络或自媒体等各类媒介。

7. 工作布置

主要设立所要举办的校园啦啦操展演活动的领导小组以及安排好校园啦啦操展演活动的前期协调、邀请接待等方面工作。以下提供目前校园啦啦操展演活动中一种常见的方案案例，供大家参考。

2019 年 ×× 大学第十届校园啦啦操展演活动方案

为了深入实施素质教育，积极推进书香校园建设，让经典走进校园，让体育、艺术 2+1 教育理念深入人心，×× 大学第十届校园啦啦操展演活动将于 2019 年 11 月 8 日在学校体育馆举行，为保障本届展演活动的顺利圆满举办，特制订本次活动的工作总体方案。

一、活动名称

2019 年 ×× 大学第十届校园啦啦操展演活动

二、活动组织单位

1. 指导单位：×× 市教育局、体育局

2. 主办单位：×× 大学

三、活动安排

1. 展演内容及要求：选取现有“经典咏流传”歌曲（曲目可适当改编），创编啦啦操场地展演套路（时间 120~150 秒），并配套创编看台啦啦操展演动作（时间 30 秒以内），在各队展演套路结束后进行呐喊助威。

2. 报名时间：11 月 1 日，18：00 前。

3. 彩排时间：11 月 7 日，14：00—17：00。

4. 活动时间：11 月 8 日，14：00—17：00。

5. 颁奖时间：11 月 8 日，17：00—17：30。

6. 活动地点：学校体育馆。

7. 参会人数：本次展演活动以学院为单位组织队伍参加。其中，场地展演 24~30 人 / 学院，看台展演 50 人 / 学院，预计参演总人数 1 500 余人。

8. 奖项设置：设一等奖 20%，二等奖 30%，三等奖 50%，获奖单位将获证书及奖品。

四、活动嘉宾

本次展演活动将邀请 ×× 市教育局、体育局、教育工会等相关领导出席。

五、活动媒体

×× 市教育电视台、×× 日报将对本次展演活动进行宣传和跟踪报道。

六、机构设置及职责

1. 工作领导小组

组长：分管体育工作副校长。

副组长：教务处处长。

组员：体育部主任、学工处处长、校团委书记、各学院书记、校啦啦操协会会长。

职责：主要负责商讨决定组委会和各职能部门人员组成；负责召开专题工作会议，部署相关工作并督促、指导、协调各职能部门工作。

2. 会务部：由办公室、教务处、财务处、宣传部、保卫处、后勤处等组成。

职责：负责展演活动会场布置、活动宣传、调停课、邀请领导嘉宾、安保、医务、采购、经费管理等工作。

3. 竞赛部：由体育部、校啦啦操协会组成。

职责：负责报名、骨干前期培训以及展演活动内容制定、编排、开（闭）幕式彩排、裁判员选拔培训、现场裁判、成绩记录与审核、颁奖、现场解说等工作。

4. 学生部：由学工处、团委、各学院学生会组成。

职责：负责安排观众席位置，维持观众秩序，督导本学院学生进行展演前训练、彩排以及展演后领奖，安排礼仪、主持人员培训等工作。

三、校园啦啦操展演活动的组织安排

校园啦啦操展演活动的组织安排主要由活动筹备、活动报名、活动预演、活动执行、活动收尾 5 个阶段构成（图 7–2–1）。

（一）活动筹备阶段

1. 组织机构及工作职责

成立由学校主要领导挂帅、相关活动配合部门负责人及工作人员所组成的组织机构或组织委员会。由组织机构或组委会共同讨论和确定校园啦啦操展演活动的相关重要事项，分工细致，各司其职。

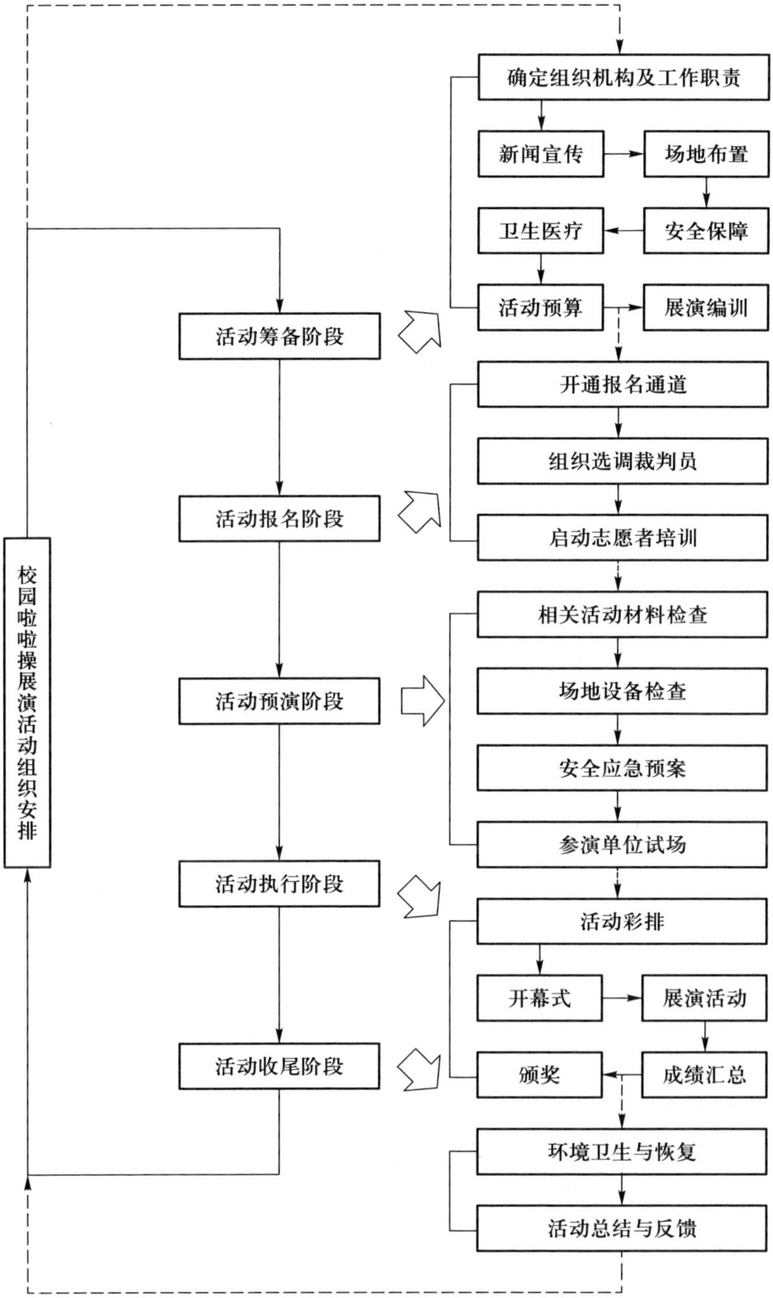

图 7-2-1　校园啦啦操展演活动组织安排路线图

2. 新闻宣传

可通过媒体、网络、印刷品（传单）、校园展板以及校园广播等多种途径和方式宣传报道即将开始的校园啦啦操展演活动，通过宣传报道提前加深活动印象，做好展演活动的预热工作。

3. 场地布置

根据校园啦啦操展演活动的需要合理设计和规划场地使用，充分做好场地、器材和设备等方面的准备工作。

4. 安全保障

根据校园啦啦操展演活动的需要合理配置安保力量，充分做好活动安全的应急预案工作。

5. 卫生医疗

根据校园啦啦操展演活动的需要合理配置医疗力量，充分做好活动参与者、嘉宾和观看者们的健康安全保障工作。

6. 活动预算

根据校园啦啦操展演活动的需要讨论和确定活动经费预算方案。

7. 展演编训

进行展演编训前期工作，按展演活动的要求，提前对参演单位骨干人员进行相关培训，如规定动作学习、音乐创编等。

（二）活动报名阶段

1. 开通报名通道

校园啦啦操展演活动一般采用线上报名方式（提供报名联系方式和邮箱）。同时，在开通报名时需将活动时间、对象、要求以及活动须知等信息做再次明确和强调，必要时可与参演队伍签订安全承诺书，以保证活动正常进行。

2. 组织选调裁判员

根据校园啦啦操展演活动的评判要求，评判员一般由展演活动的组委会选调相关人员组成。

3. 启动志愿者培训

根据校园啦啦操展演活动的组织要求，组织各单位的活动志愿者集中学习，以保障展演活动的顺利进行。

（三）活动预演阶段

1. 相关活动材料检查

对展演活动开展所需物料进行检查，确定物料设计是否符合要求、印刷数量是否足够等；对于议程、主持词、发言稿或讲话稿等展演活动重要材料，进行最终审核和确认。

2. 场地设备检查

对展演活动场地和设备（如音响、话筒等）进行检查和调试，特别要注意场地布置是否符合展演活动要求，设备配置分布是否合理。

3. 安全应急预案

针对可能存在的突发性事项，如临时雨天、停电、受伤、疏散或消防通道堵塞等，制订较完善的应对处置工作预案。

4. 参演单位试场

组织工作人员到位，参演单位依据正式展演内容和要求，试用场地。

（四）活动执行阶段

活动执行阶段是校园啦啦操展演活动组织安排的核心部分，该阶段的开始代表着展演活动进入了组织程序的高潮。此处提供校园啦啦操展演活动组织安排执行阶段中较常用的活动日程表（表 7-2-1）、开幕式流程表（表 7-2-2）、展演活动安排表（表 7-2-3），供大家参考。

表 7-2-1　活动日程表（样表）

日期	时间	活动内容	活动地点
2019 年 11 月 7 日	13：30—14：30	校园啦啦操展演活动开幕式彩排	学校体育馆内场
	14：30—17：30	校园啦啦操展演活动彩排	学校体育馆内场
2019 年 11 月 8 日	13：00—13：30	校园啦啦操展演活动队伍检录	学校体育馆外场
	14：00—14：30	校园啦啦操展演活动开幕式	学校体育馆内场
	14：30—17：00	校园啦啦操正式展演活动	学校体育馆内场
	17：00—17：30	颁奖	学校体育馆内场

表 7-2-2　开幕式流程表（样表）

流程	时间	环节	具体内容	负责人	参加人员	灯光	大屏
1	13：30—13：50	观众进场	看台观众陆续进场并配合暖场，同时场地两侧屏幕播放宣传片及开幕式注意事项；引导员看台、内场站定，学校 LOGO 欢迎造型	×× 老师	30 名引导员（统一服装）	场灯、舞台灯转换	暖场视频、啦啦操简介视频循环播放
2	13：50—14：00	嘉宾入场	伴随奏乐，嘉宾入场就座，同时看台简单动作配合，礼仪人员内场站定	×× 老师	6 名礼仪人员（统一礼服）	上场通道、嘉宾席灯光效果	主背景、现场镜头切换
3	14：00—14：10	仪式部分	1. 介绍领导嘉宾 2. 奏唱中华人民共和国国歌 3. ×× 大学校长致欢迎辞 4. ×× 市体育局领导致欢迎辞 5. ×× 市教育工会领导致辞	×× 老师	主持人上场；引导员退场	场灯	主背景、国歌现场人员特写、领导讲话特写
4	14：10—14：25	节目表演	经典咏流传表演： 全场灯光熄灭，一名参演运动员在体育馆场地内高声朗诵“经典咏流传”歌曲《三字经》，追光另一参演运动员走入场地中央，之后紧跟着全体运动员跑入场地，在队形上集体背诵《三字经》并伴随动作展示，营造震撼人心的现场效果；屏幕上同时出现《三字经》文字版	×× 老师	参演单位场地展演全体运动员	暗场、定点光打演员、两侧区域光、节目效果光	播放节目名称、直播抓特写
5	14：25—14：30	宣告部分	1. ×× 市教育局领导宣布展演活动开始 2. 全体运动员从后方两侧门和旁门退场	×× 老师	参演单位场地展演全体运动员	音乐、灯光配合领导宣布	暖场视频

表 7-2-3　展演活动安排表（样表）

活动时间	出场顺序	出场时间	单位	备注
14：30—17：00	1	14：30	××学院（单位 1）	前一队上场，后一队场边候场准备
	2	14：35	××学院（单位 2）	
	3	14：40	××学院（单位 3）	
	4	14：45	××学院（单位 4）	
	5	14：50	××学院（单位 5）	
	…	…	…	
	29	16：50	××学院（单位 29）	
	30	16：55	××学院（单位 30）	
17：00—17：30	成绩播报、颁奖			参赛队全体队员按出场顺序从左至右列队集中

（五）活动收尾阶段

1. 环境卫生与恢复

培养学生养成维护公共卫生的习惯，及时带走身边的垃圾，保持校园环境整洁，恢复校园场地，相关设备复归到原位。

2. 活动总结与反馈

对校园啦啦操展演活动及时做出总结，广泛听取各方面对本次展演活动的意见和建议，认真分析活动过程中存在的优点与不足以及出现的失误与差错的原因，便于下次调整和完善；重视利用多种方式宣传活动成效，扩大影响面。

第三节　校园啦啦操展演活动的评比

客观地评选出校园啦啦操展演活动中的优秀成果及表现突出的参赛者是引导和维护校园良好风气，提升校园正能量的重要工作，需要有一套既能保持公平、公正和公开原则，又易于操作的标准化体系，这套标准化体系将通过第三节的学习，使学生知晓如何在校园啦啦操展演活动的评比实施中“有规可依、有据可行”。

一、校园啦啦操展演的评分标准

校园啦啦操展演的评分标准是以保障校园啦啦操现场展演正常开展，保证展演评比公正、客观、准确而制定的一套评价准则和依据，主要适用于校园啦啦操展演活动中现场展演部分。评选工作一般由展演活动组委会推选的裁判员承担。校园啦啦操展演的评分标准满分为 100 分，主要包括完成（40 分）、创编（40 分）和总体印象（20 分）三个方面的评价内容。校园啦啦操展演的评分标准（表 7-3-1）及校园啦啦操展演的评分记录（表 7-3-2）如下：

表 7-3-1　校园啦啦操展演的评分标准

场次：　　出场顺序：　　单位：　　时间：　年　月　日

评分内容		评分要求	分值	得分
完成（40 分）	动作质量	动作技术特征明显，动作位置准确，动作路线清晰	10	
		展示出团队完成成套动作的运动能力与控制能力	10	
	合理一致性	动作整齐划一，依次和分层动作处理合理	10	
		队形变换时空配合精准，展示出清晰、恰当的空间位置	10	
创编（40 分）	主题	主题突出，内容健康、积极向上，有教育和启发意义	10	
	音乐	音质清晰，音乐与主题、动作风格相吻合	10	
	难度	适当的跳跃、旋转、托举与配合，动作素材丰富、有新意	10	
	队形	队形清晰、变换流畅、自然多样	10	
总体印象（20 分）	团队协作	具有娴熟的团队配合能力，凸显团队良好的凝聚力	10	
	舞台效果	合适的服装、道具、灯光及其他舞台元素提升表演效果，表演吸引观众，气氛热烈，感召力强	10	
总分				

裁判员签字：

表 7-3-2　校园啦啦操展演的评分记录

场次：　　　　　　　　　　　　　　　　　　　　时间：　年　月　日

出场顺序	单位	裁判 1	裁判 2	裁判 3	裁判 4	裁判 5	最后得分	名次	备注
1									
2									
3									
4									
5									
6									
7									
8									
9									
10									

最后得分的计算：去掉一个最高分和一个最低分，中间分的平均数为最后得分，若相等则取所有得分的平均数，若还相等则名次并列

记录员签字：　　　　　　　　　　　　　　　　　　裁判长签字：

二、优秀啦啦操团队的评比标准

优秀啦啦操团队的评比标准是为倡导良好的社会道德风尚，促进校园精神文明建设，践行“传承团队奉献精神，凝练体育卓越品质”的啦啦操发展理念，体现啦啦操团队文化精髓而制订的一套评价准则和依据。主要适用于在校园啦啦操展演活动中对参演团队综合表现的评比，评选工作一般由展演活动的组委会成员承担，评选指标名额由组委会确定。优秀啦啦操团队的评比标准满分为 100 分，主要包括思想表现（30 分）、展演效果（40 分）和组织保障（30 分）三方面的评比内容。优秀啦啦操团队的评比标准（表 7-3-3）如下：

表 7-3-3 优秀啦啦操团队的评比标准

单位（或团体名称）：　　　　　　　　　　　　　　　　时间：　年　月　日

评比内容		评比要求	分值	得分
思想表现（30分）	参与态度	服从组委会安排，团队意识强，准时参加展演活动中的相关事宜（报名、报到、检录、开/闭幕式和颁奖等）	10	
	台下风貌	尊重对手，尊重场内外工作人员及观众，维护竞赛氛围，积极为所有参赛队伍呐喊助威	10	
	文明诚信	举止文明，无弄虚作假、冒名顶替、使用违禁用品等现象，积极维护赛场环境卫生	10	
展演效果（40分）	展演名次	按展演成绩排序，获一等奖、二等奖、三等奖、潜力奖 分别得分 20 分、18 分、17 分、16 分	20	
	文化建设	全过程、全方位展现啦啦操团队文化元素，如着装统一，口号整齐洪亮，吉祥物等标志风格鲜明、富有寓意，团队文化墙的宣展有较强的吸引力等	20	
组织保障（30分）	领导重视	领导关心、支持，出席活动	10	
	人员饱和	参演团队及助威等人数达到规定上限要求	10	
	安全守则	无安全责任事故	10	
总分				

评判签字：　　　　　　　　　　　　　　　　　　　　审核签字：

三、优秀啦啦操队员的评比标准

优秀啦啦操队员的评比标准是以“健全人格”为目标，引导啦啦操队员积极参与到校园啦啦操展演活动当中，参考全国“啦啦操四好运动员”评选办法的基础上而制定的一套评价准则和依据。主要适用于校园啦啦操展演活动中对参演队员个体的评比。各队的候选人一般由参加展演活动的本单位推选，组委会审核，评选名额由组委会指定。优秀啦啦操队员的评比标准满分为 100 分，主要包括品德（50 分）和能力（50 分）两方面的评比内容，优秀啦啦操队员的评比标准（表 7-3-4）如下：

表 7-3-4　优秀啦啦操队员的评比标准

姓名：　　　　　　　　　　单位：　　　　　　　时间：　年　月　日

评比内容		评比要求	分值	得分
品德（50分）	作风优良	意志顽强、品德高尚、艰苦奋斗	10	
	文明礼貌	举止文明、仪表整洁、形象大方、自信不自傲	10	
	诚实守信	无弄虚作假、冒名顶替等行为	10	
	安全守则	遵规守纪，无参赛不端、责任事故等行为	10	
	团结协作	具有强烈的团队协作精神和集体荣誉感，善于处理和协调队内关系	10	
能力（50分）	学习	文化学习成绩好，具有较强的文化学习能力和学习毅力	10	
	专业	技艺全面，在本队成员中具有突出的运动技术技能水平	10	
	创造	善于观察、想象，能适时提出个人看法与合理建议	10	
	训练	保质保量完成学、练、赛安排	10	
	执行	善于贯彻教练意图，出色完成所交代的具体任务	10	
总分				

展演队伍（负责人）签字：　　　　　　　　审核签字：

思考与实践

1. 简述校园啦啦操展演活动的基本概念、特征和分类。

2. 简述校园啦啦操展演活动的意义。

3. 校园啦啦操展演、优秀啦啦操团队、优秀啦啦操队员评分（比）标准分别包括哪些内容，分值各是多少？

4. 制订一套校园啦啦操展演活动方案，请结合自身实际，举例说明。

5. 组织安排一场校园啦啦操展演活动，请结合自身实际，举例说明。

第八章 啦啦操动作组合选编

本章导读

经过前面章节的学习，想必你已经了解到啦啦操的项目分类，本章将技巧啦啦操和舞蹈啦啦操的项目细分为初、中、高三个级别，动作难度依次递进，便于不同基础的学习者了解和掌握。

学习目标

1. 通过直观、生动的成套展演，从啦啦操成套的实践范例中感受啦啦操项目的精华，提升对啦啦操运动的理解。

2. 学会舞蹈啦啦操、技巧啦啦操和自由舞蹈的动作组合，掌握技术要领。

3. 在实践活动中感受“团队、时尚、活力”的啦啦操文化，培养团结协作的精神和顽强的意志品质。

第一节 技巧啦啦操动作组合

一、初级技巧啦啦操（表 8-1-1）

初级技巧啦啦操

表 8-1-1　初级技巧啦啦操

跳跃	翻腾	篮抛	托举	金字塔
1. 团身跳 2. 跨栏跳	1. 行进间侧手翻 2. 行进间踺子 3. 肩肘倒立	直体姿态	1. 登阶上肩位单脚吸腿站 2. 肩位单脚吸腿站转火炬姿 3. 摇篮接 4. 摇篮姿转手倒立倒置下法落地 5. 髋位托举分段登阶上肩位 6. 倒带下法回预备姿落地 7. T 字离地托举	1. 踩髋上站肩＋踩髋上坐肩＋踩髋上坐肩＋踩髋上站肩 2. 撑手垂直落地

二、中级技巧啦啦操（表 8-1-2）

中级技巧啦啦操

表 8-1-2　中级技巧啦啦操

跳跃	翻腾	篮抛	托举	金字塔
1. 屈体分腿跳 2. 屈体并腿跳 3. 跨栏跳	1. 行进间侧手翻 2. 行进间侧手翻接前滚翻 3. 行进间踺子	高踢腿	1. 分段踩上双脚并腿站高位 2. 倒带下法回预备姿落地 3. 直上预备位屈臂分腿托举 4. 预备位直臂分腿托举 5. 分腿托举回预备姿上肩位单脚吸腿站 6. 肩位单脚吸腿站转后控腿站 7. 摇篮接 8. 滚筒 360°	1. 摇篮姿成直臂水上芭蕾转屈臂后成预备姿＋摇篮姿成预备姿上单脚火炬姿转摇篮接＋摇篮姿成直臂水上芭蕾转屈臂后成预备姿 2. 预备姿上肩位＋踢腿弹动转 L 单脚肩位立姿＋预备姿上肩位 3. 摇篮接

三、高级技巧啦啦操（表 8-1-3）

高级技巧啦啦操

表 8-1-3　高级技巧啦啦操

跳跃	翻腾	篮抛	托举	金字塔
1. 跨栏跳 2. 连续屈体分腿跳	1. 行进间前手翻 2. 行进间踺子	屈体分腿	1. 登阶上肩位交换踩踏单脚吸腿站 2. 肩位后控腿转单脚吸腿站 3. 后控腿成预备姿上单脚吸腿站 4. 肩位后搬腿站 5. 360° 转体下摇篮接 6. 摇篮接过渡撑手分腿下落地 7. 倒带下法落地	1. 摇篮姿 360° 转体上并脚高位＋摇篮姿 360° 转体上并脚高位＋摇篮姿 360° 转体上并脚高位 2. 肩位单脚屈膝站＋高位下预备姿转团身仰卧肩位弹起成单脚吸腿站＋肩位单脚屈膝站

第二节　花球啦啦操动作组合

花球啦啦操组合选用了传统手位动作与基本步伐，完成时要求在有核心控制的情况下发力迅速和移动平稳。动作组合分为初级、中级、高级三个等级，在中级和高级中加入旋转、跳跃、翻腾、平衡等技术技巧动作，动作难度和动作的复杂性按级别依次递进。

一、初级花球啦啦操

初级组合中包含了 X、上 V、下 V、加油等 18 种手位，配合踏步、并步等 9 种步伐，主要强调花球啦啦操传统技术的学习。

初级花球啦啦操 1

初级花球啦啦操 2

二、中级花球啦啦操

中级组合在初级基础上增加了侧上冲拳、R、曲臂 X、侧 K、上 A5 种手位并新增了交叉步、上步转体、

中级花球啦啦操 1

中级花球啦啦操 2

上步半蹲等步伐，在组合中加入了踢腿组合、吸腿转体 720°、屈体分腿跳等技术技巧。

高级花球啦啦操 1　高级花球啦啦操 2

三、高级花球啦啦操

高级组合在中级基础上增加了 W、短箭、O 三种手位，与步伐配合相得益彰。在技术技巧上增加了跨栏跳、阿拉 C 杠 3 + 2。

第三节 街舞啦啦操动作组合

街舞啦啦操组合选用多种街舞风格的舞蹈组合，运用反弹律动、摇摆、转动、滑动、波浪、震动等街舞啦啦操基本技术，全面综合地提高练习者的街舞啦啦操技术水平。动作组合分为初级、中级、高级三个等级，动作难度和动作复杂性按级别依次递进。

初级街舞啦啦操 1　初级街舞啦啦操 2

一、初级街舞啦啦操

初级组合中包含了嘻哈舞风格和霹雳舞风格，运用了反弹律动、摇摆、滑动、波浪等技术和 2 步、6 步、萨尔萨步、交叉步、定格等舞蹈动作。

中级街舞啦啦操 1　中级街舞啦啦操 2

二、中级街舞啦啦操

中级组合中包含了爵士舞风格和锁舞风格，运用了反弹律动、转动、波浪等技术和锁、指、翻腕、史酷比等舞蹈动作。

高级街舞啦啦操 1　高级街舞啦啦操 2

三、高级街舞啦啦操

高级组合中包含了嘻哈舞风格和机械舞风格，运用了反弹律动、摇摆、转动、滑动、波浪、震动等技术和走出去、机器人、稻草人、埃及手、眼镜蛇等舞蹈动作。

第四节　爵士啦啦操动作组合

爵士啦啦操组合选用了芭蕾爵士、现代爵士为主的风格，动作强调优美的线条，收缩自如的力量，要求延展性和爆发性力量相结合，运用了芭蕾基训的姿态和步伐，现代舞躯干的收缩与放松。动作必须配合音乐，对音乐进行肢体和情绪的表达。动作组合分为初级、中级、高级三个等级，根据不同等级加入旋转、跳跃、翻腾、平衡等技术技巧动作，动作难度和动作的复杂性按级别依次递进。

一、初级爵士啦啦操

初级组合主要以芭蕾爵士风格为主，基础的手臂动作和步伐，运用了基础的小跳、平转等基础性技术技巧。

初级爵士啦啦操 1　初级爵士啦啦操 2

二、中级爵士啦啦操

中级组合主要以芭蕾和现代爵士相结合的风格为主，动作的幅度和延展性加大，融合了音乐的情绪来展现动作的张力，加强了技术技巧跳转翻的难度。

中级爵士啦啦操 1　中级爵士啦啦操 2

三、高级爵士啦啦操

高级组合主要以芭蕾和现代爵士相结合的风格为主，音乐的切分更丰富，音乐情绪的层次变化加强，技术技巧动作运用了高难度的翻腾动作和旋转跳跃动作，示范成套动作强度增强。

高级爵士啦啦操 1　高级爵士啦啦操 2

第五节 自由舞蹈啦啦操动作组合

一、初级自由舞蹈啦啦操

（一）初级自由舞蹈啦啦操（徒手，以傣族舞蹈为例）

1. 风格

傣族舞蹈动作柔美舒展、温婉细腻、古典雅致、丰富多变，节奏快速多变，动作灵活跳跃，感情狂放豪爽。其风格是外柔内刚、动静配合。最大的特点就是以特有的屈伸动律而形成的手、脚、身体“三道弯”的造型。

初级自由舞蹈啦啦操（徒手）

初级自由舞蹈啦啦操（道具）

2. 技术要点

傣族舞蹈的基本体态强调“三道弯”，基本动律为双腿保持半蹲的状态下双膝做重拍向下的屈伸，以屈伸带动身体颤动和左右摆胯，下肢多为后踢步，踢起时快而有力，落地时轻而稳。该套操选用的手型有掌型和握拳型，下肢选用了正步起伏步、前点起伏步、后点起伏步、旁点起伏步，配合了平展翅、高展翅、单抱翅、双抱翅、双合翅、合抱翅、顺展翅等基本手位，另外还加入了屈腿小跳、前点步小跳、旁点步小跳等。

（二）初级自由舞蹈啦啦操（道具，以维吾尔族手鼓舞为例）

1. 风格

维吾尔族手鼓舞强调昂首挺胸、立腰挺背、眼睛传神，加上动脖子、弹指头、翻腕子等一系列的动作，给人一种高傲挺拔的感觉。

2. 技术要点

要求身体挺而不僵、颤而不窜、上身撒得开、脚下不离散，手部拍打节奏清晰，动作要求干净利落、衔接自然、旋转快速、多姿和戛然而止。该套操融合了垫步、踏步、进退步、一步一点、托帽式、点肩式、移颈、上步转体、原地点地转等舞蹈动作。

二、中级自由舞蹈啦啦操

（一）中级自由舞蹈啦啦操（徒手，以藏族舞蹈为例）

1. 风格

藏族舞蹈以弦子的基本动作为主。舞蹈风格表现为热情奔放、姿态潇洒、节奏明快、身体舒展、脚步轻松等。

中级自由舞蹈啦啦操（徒手）

中级自由舞蹈啦啦操（道具）

2. 技术要点

强调脚、膝、腰、胸、手、肩、头、眼的配合及统一运用，有拉、甩、绕、升、扬等手势，通过膝部颤动、腰胯松弛、左右摆动的动律特点形成特有的动作和步伐。该套操以弦子为主，有长靠步、退踏步、踩踏步、三步一撂、原地绕手点步转、左右点转、上步转身起腿等舞蹈动作。

（二）中级自由舞蹈啦啦操（道具，以彝族烟盒舞为例）

1. 风格

烟盒舞是用烟盒作为道具的一种彝族传统舞蹈，是国家级非物质文化遗产之一。烟盒舞节奏鲜明，灵活多变，在手指弹击盒底发出悦耳清脆的音乐伴奏下，舞者全身富于弹性地起伏，手臂似凤凰点头般舞动，小腿灵活而富有韧性，其动作具有“柔”“韧”“脆”的动律特征。

2. 技术要点

通过头、手、身、腰、脚等各个身体部位的点、撩、屈伸、摆、踹、跳跃形成欢快活泼的律动。该套操融合了点跳步、凤凰点头、提压腕、单吸腿跳、片盖腿跳、交换吸腿跳、踩桥等舞蹈动作。

三、高级自由舞蹈啦啦操

（一）高级自由舞蹈啦啦操（徒手，以佤族木鼓舞、甩发舞为例）

1. 风格

佤族舞蹈强调头、颈、胸、腰、髋、膝、手臂的灵活配合运用。主要以佤族舞蹈中的“木鼓舞”和“甩发舞”两种舞蹈素材为主。通过木鼓舞铿锵有力的舞蹈节奏以及甩发舞柔中带刚的动作技术，表现质朴、豪迈、野性、粗犷、强健有力的风格特征。

2. 技术要点

主要手型有握拳和掌型，配合拉、提、撑、屈膝弹动、重拍向下的动律呈现。该套操以“甩发舞”和“木鼓舞”元素为主，有一步踩、三步踩、背部与手肘翻动的前后动律以及膝关节带动胯部与臀部的身体律动的舞蹈动作，其次需注重对跳跃技术和地面技术之间空间意识的灵活掌控。

（二）高级自由舞蹈啦啦操（道具，以东北秧歌手绢花为例）

1. 风格

东北秧歌手绢花保留了东北秧歌的泼辣、幽默、稳重的舞蹈风格，配上手绢花各种变化，既俏皮又欢快，刚柔结合，体现“稳中艮、稳中浪、稳中俏”的风格特点。

高级自由舞蹈啦啦操（徒手）

高级自由舞蹈啦啦操（道具）

2. 技术要点

身体要求颈立、背直、腿夹紧，腰部为轴，身体一肋带动胸腰交替提压，形成上半身动律，重拍向下，手绢靠手腕的力量来舞动，该套操融合了前踢步、吸腿跳片花、转体射燕跳片花、十字步转体、转体抛接、上步穿花等舞蹈动作。

思考与实践

1. 熟练掌握两套舞蹈啦啦操任意项目、级别的动作组合。
2. 通过团队配合掌握技巧啦啦操初级动作组合。

附录 FMS运动风险评估的具体评判标准

1. 过顶深蹲

（1）3分标准：木杆在双脚正上方保持水平；躯干与胫骨平行或与地面接近垂直姿势；股骨低于水平面以下；双膝在双脚的垂直上方。

3分动作正面、侧面示意图

3分动作正面、侧面示意图

（2）2分标准：可以完成动作，3分标准中有一条没有达到的；如果脚下垫了木板，完成了3分的标准，最高也只能得2分。

2分动作正面、侧面示意图

（3）1 分标准：受试者脚下垫了木板，仍然不能达到 2 分的要求。

1 分动作正面、侧面示意图

（4）0 分标准：测试过程中无论何时，运动员都感觉身体疼痛。

2. 跨栏架步

（1）3 分标准：髋、膝、踝在矢状面呈一条直线；腰部几乎没有明显的移动；木杆与栏架保持平行。

3 分动作正面、侧面示意图

（2）2 分标准：髋、膝、踝在矢状面上不呈一条直线；腰部有移动；木杆与栏架不平行。

2 分动作正面、侧面示意图

（3）1 分标准：跨栏架的脚触到弹力绳；动作完成过程中身体失去平衡。

1 分动作正面、侧面示意图

（4）0 分标准：测试过程中无论何时，运动员都感觉身体疼痛。

3. 直线弓步蹲

（1）3 分标准：木杆保持与头、胸椎、骶骨三点接触；躯干保持稳定，没有明显的移动；木杆和双脚保持在同一矢状面内；膝盖接触到木板上。

（2）2 分标准：木杆不能保持与头、腰椎或骶骨接触；可以观察到躯干移动；两脚没有处于同一矢状面；膝盖没有接触到木板上。

（3）1 分标准：完成动作过程中身体失去平衡。

2 分动作正面、侧面示意图

1 分动作正面、侧面示意图

（4）0 分标准：测试过程中无论何时，运动员都感觉身体疼痛。

4. 肩关节灵活性

（1）3 分标准：双拳距离在一个手掌长以内。

（2）2 分标准：双拳距离在一个手掌长至一个半手掌长。

（3）1 分标准：双拳距离超出一个半手掌长。

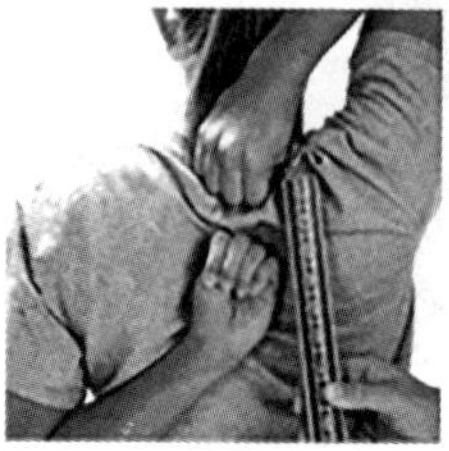

3 分动作示意图

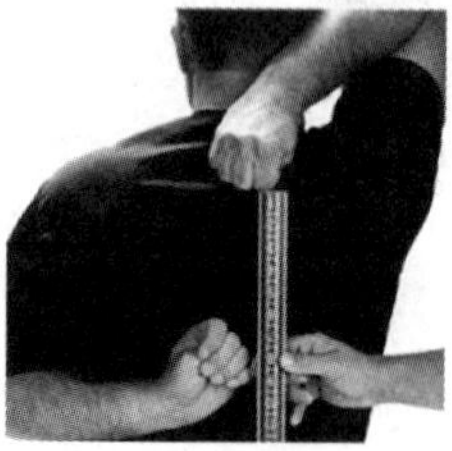

2 分动作示意图

1 分动作示意图

（4）0 分标准：测试过程中无论何时，运动员都感觉身体疼痛。

5. 肩关节排查实验

肩关节两侧均须进行排除测试。受试者单臂屈臂，手掌握住反侧肩膀。检查结果不计入评分，用于观察受试者的疼痛反应。若受试者感到疼痛，则记录阳性（+）并将肩关节排查测试评分记为 0 分。

肩部疼痛排查测试

6. 主动直膝抬腿

（1）3 分标准：抬起一侧腿的脚踝骨，垂线落在大腿中部和髂前上肌之间，非活动下肢保持中立位。

（2）2 分标准：抬起一侧腿的脚踝骨垂线落在大腿中部和膝关节线之间，非活动下肢保持中立位。

3 分动作示意图

2 分动作示意图

（3）1 分标准：抬起一侧腿的脚踝骨垂线落在膝关节线以下，非活动下肢保持中立位。

1 分动作示意图

（4）0 分标准：测试过程中无论何时，运动员都感觉身体疼痛，无法完成。

7. 躯干稳定俯卧撑

（1）3 分标准：男性受试者完成拇指与前额顶端平齐姿势的一次动作；女性受试者完成拇指与下颌平齐姿势的一次动作；受试者将身体作为一个整体撑起，脊柱未弯曲。

3 分动作正面、侧面示意图

（2）2 分标准：男性受试者完成拇指与下颌平齐姿势的一次动作；女性受试者完成拇指与锁骨平齐姿势的一次动作；受试者将身体作为一个整体撑起，

脊柱未弯曲。

2 分动作正面、侧面示意图

（3）1 分标准：男性受试者无法完成拇指与下颌平齐姿势的一次动作；女性受试者无法完成拇指与锁骨平齐姿势的一次动作。

1 分动作正面、侧面示意图

（4）0 分标准：测试过程中无论何时，运动员都感觉身体疼痛。

8. 脊柱伸展排查性测试

躯干稳定俯卧撑测试的最后还要进行排除检查，检查以伏地起身察看受试者的脊柱伸展。检查结果不计入评分，用于观察受试者的疼痛反应。若受试者感到疼痛，则记录阳性（+），并将整个躯干稳定俯卧撑测试评分记为0分。

脊柱伸展排性查测试

9. 躯干旋转稳定性

（1）3 分标准：受试者正确完成一次同侧动作，同侧肢体保持在板上方。

3 分动作示意图

（2）2分标准：受试者正确完成一次对侧动作，对侧的膝关节和肘关节接触于板上方。

2分动作示意图

（3）1分标准：受试者无法完成对侧动作。

1分动作示意图

（4）0分标准：测试过程中无论何时，受试者都感觉身体疼痛，无法完成。

10. 脊柱屈曲排除性测试

旋转稳定测试最后还有一个排除检查，受试者四肢着地，臀部后坐触碰双脚后跟，胸部触碰大腿，以此来检查脊柱伸展。检查过程中，双手保持置于身体前方，并尽可能向前伸展。检查结果不计入评分，用于观察受试者的疼痛反应。如果受试者感觉到疼痛，则在评分单上记录为阳性（＋），并将整个旋转稳定测试的评分记为0分。

脊柱屈曲排除性测试

参考文献

扫码可查看